광야의
소　리

윤종하

광야의 소리, 윤종하

성서유니온 편집부 엮음

차례

추천서문 1　진리를 위해 두려움 없이 | 배도선　6
추천서문 2　나의 형제요 친구였던 윤종하 | 원의수　10
추천서문 3　함께한 사역 자체가 축복이었던 사람 | 임익선　14
들어가는 글　18

1부

신실한 삶을 보여 준 사람 | 손봉호　27
바른 사표로서의 우리 시대 참 스승 | 황정길　41
내 삶에 흔적을 남긴 지도자 | 손희영　59
하나님 나라를 살아낸 묵상인 | 박대영　79
묵상에서 설교를 형성한 설교자 | 박은조　113
성경으로 신학을 형성한 신학자 | 이진섭　127
오직 하나님 나라의 나그네로 산 사람 | 송인권　153
선교는 말씀사역임을 몸으로 전한 선교사 | 이정복　171
그 강력하고 온유했던 목회자 | 광야교회 장로회　185
새 창조된 하나님의 형상을 빚는 교육자 | 성서유니온 편집부　229

2부

윤종하 강의 1　성경묵상과 우리의 구원　255
윤종하 강의 2　하나님의 지혜인 십자가　305

윤종하를 추억하며 | 고김람 외　327
윤종하 연보　366

추천서문 1

진리를 위해 두려움 없이

배도선

1966년 12월 17일, 우리 부부가 처음으로 한국 땅을 밟은 바로 그날 김포공항에서 윤종하를 처음 만났다. 그는 아버지 윤봉기 목사를 모시고, 다른 친구들과 함께 우리를 마중 나왔다. 그리고 그날부터 우리는 친구가 되어 길고 아름다운 교제를 나눴다.

우리 부부는 국립마산결핵병원에서 일할 예정이었는데, 윤종하가 젊은 나이에 결핵에 걸려 그 병원에서 투병했다는 이야기를 들었다. 또 그가 6.25 전쟁 기간 동안 다른 학생들과 함께 살았던 '칼빈기숙사'에 대해서도 들었다. 그때 윤종하는 김진경(평양과학기술대학교 총장), 홍치모(전, 총신대 교수) 등과 함께 서로의 믿음을 격려하며 어려운 시간을 견뎌냈다고 한다.

1972년 7월 1일 한국성서유니온이 설립될 때, 윤종하는 자연스럽게 성서유니온의 첫 총무가 되었다. 그 후 우리는 10년 이상 성서유니온에서 동역했고, 성서유니온의 발전을 위해 수

많은 대화를 나누고 사역을 개발했다. 우리가 처음 시작한 사역은 성경묵상 책(Bible Reading Notes)을 제작하는 일이었다. 처음에는 그 책을 「영생의 길」이라 불렀지만, 나중에 「매일성경」으로 바꿨다. 초창기에는 윤 총무 혼자 노트의 모든 해설을 집필했다. 그는 어린이와 그들의 가족 사역에도 열정이 있었기에, 곧 어린이와 가족을 위한 캠프 사역을 시작했고, 어린이 성경공부 교재도 제작했다.

그때 나는 마산에 살고 있었고, 서울에 갈 일이 있을 때마다 늘 윤 총무의 아파트에 머물렀다. 그의 아내의 따뜻하고 넉넉한 환대 속에서 거의 매번 새벽 2-3시까지 윤 총무와 교제하며, 한국성서유니온이 어떻게 하면 하나님의 뜻대로 사역할 수 있을지 고민하고 기도했다. 그는 힘이 넘치고 열정적인 사역자였다.

한국성서유니온의 사역은 어쩔 수 없이 한국 교회의 전통과 부딪혔는데, 그 이유는 다음과 같다.

큐티 대 새벽기도   윤 총무는 새벽기도가 시골 사람들의 생활 패턴에는 맞을지 몰라도 현대 도시인에게는 맞지 않다고 여겼다. 도시인에게는 시간을 자유롭게 활용할 수 있는 큐티가 더 좋으며, 큐티를 통한 개인 경건 훈련의 강화가 한국 교회의 집단적 영성이 일으키는 문제를 보완해서 균형을 이룰 것이라고 믿었다.

권위　권위가 교회와 교회 지도자들에게 있는가, 아니면 하나님의 말씀인 성경에 있는가? 이것은 비평적 종교개혁가의 생각으로, 자신의 권위가 무너지는 것을 막으려는 자들과 끊임없이 부딪혔다. 윤 총무는 진리를 위해 담대하게 싸웠지만, 겸손한 인격과 온유함으로 어려운 상황을 잘 극복했다.

성서유니온의 구조　한국성서유니온에는 위원회가 있었고, 당시 위원회는 한 번 모이면 몇 시간이고 회의를 했다. 우리는 성서유니온이 기관이면서 동시에 운동이라고 믿었기에, 이에 대한 정체성을 확립하려고 노력했다. 성서유니온이 단순히 성경적 삶을 강조하는 단체가 되기를 원치 않았고, 성경적 가치관을 실천하는 기독교 기관이 되기를 바랐다. 윤 총무는 우리가 가족이라는 사실을 강조하면서, 서로 돌보고 존경하는 자세로 함께 일하자고 말했다. 우리는 유교의 영향을 받아 형성된 경직된 한국인들의 수직적 관계에 도전했고, 이것이 한국 교회에 영향을 미쳐, 교회에 복음으로 말미암은 수평적 관계가 정착하기를 바랐다.

성경의 탁월함　이것은 윤 총무가 지닌 최고의 장점이었다. 윤 총무가 위에서 언급한 내용을 강조할 수 있었던 것도, 그가 성경의 탁월함을 신뢰했기 때문이다. 윤 총무는 성경의 탁월함 때문에 성경을 묵상했고, 성경을 연구해서 설교했고, 다른 사람들과 관계를 맺었다. 윤 총무는 "성경이 말하는 것이 곧 하나님이 말씀하시는 것이다"라는 생각으로 살았고, 사역했다.

여러 방면에서 윤 총무는 구약의 예레미야나 에스겔을 닮았다. 아니면 신약의 야고보나 유다를 닮았다. 그는 겸손과 사랑으로 가득한 사람이었으나, 진리를 위해서는 두려움 없이 싸웠다. 나 또한 그의 삶에서 큰 영향을 받았고, 이는 내가 받은 큰 복이다.

배도선(Dr. Peter Pattisson) 선교사는 옥스퍼드 대학교 의과대학을 졸업하고, OMF 선교사로 한국에 와서 15년 동안 국립마산병원 아동결핵병동에서 의사로 사역했다. 이 기간 동안 한국성서유니온, 한국누가회(CMF), 한국 OMF 선교회의 설립을 도왔으며, 영국으로 돌아간 후 런던 근교 펨버리(Pembury)라는 작은 마을에서 가정의로 마을 사람들을 돌보고 있다.

추천서문 2

나의 형제요 친구였던 윤종하

원의수

1969년 결혼 4년 차에 아이도 둘이나 있던 우리 부부는 한국을 섬길 선교사로 부름을 받았다. 시작은 영국성서유니온 잡지에 실린 한국성서유니온에 관한 기사 때문이었다. 호주 사람인 존과 주디 프라이스(John and Judy Price) 부부가 이제 막 한국에서 성서유니온 운동을 시작했다는 내용이었는데, 몇 달 후 존과 주디가 자녀의 질병 때문에 힘들게 시작한 사역을 모두 내려놓고 호주로 돌아갔다는 소식에 마음이 움직였다. 하지만 내가 한국에 관심을 가지게 된 것은 그보다 훨씬 이전이다. 브리스톨 대학교에 다닐 때 지금은 평양과학기술대학 총장으로 일하고 있는 제임스 김(김진경 박사)을 만나 가까운 친구가 된 후부터 한국에 관심을 갖게 되었다.

우리는 OMF 소속의 첫 번째 개척 선교사로 한국에 왔고, 성서유니온 운동을 다시 시작할 작정이었다. 존과 주디는 대학생들을 대상으로 사역했지만, 우리는 한국의 성서유니온 운동이 대학생뿐만 아니라 어린이와 청소년 어른들까지 전 세대를 섬기는 운동, 특별히 한국 교회를 섬기는 운동이 되었으면 했다. 1972년 한국성서유니온의 이사회는 윤종하를 초대 총무로 선임했다. 닥터 피터 패티슨(Dr. Peter Pattisson)이 소개하고, 당시 국제성서유니온의 동서아시아 총무였던 데이비드 챈(David Chan)이 인정한 윤종하가 총무가 되는 것은 매우 자연스러웠다. 그때부터 나는 종로 2가에 있는 조그만 사무실에서 윤 총무와 함께 일했다. 우리는 신비한 방법으로 한국의 성서유니온 운동을 이끌어 주시는 주님의 축복을 함께 누리며, 형제요 동료로서 아름다운 우정을 쌓았다.

1970년대 한국의 군대에서는 수백 명의 병사들이 연병장에서 세례를 받는 합동 세례식이 빈번했는데, 그때 대한성서공회는 그 병사들을 위해 주머니 크기의 신약성경을 만들어서 배포했다. 이 소식을 들은 윤 총무는 육군 군목을 설득해 같은 크기의 성경묵상 해설서를 제작해서 군대에 배포했다. 그 책의 제목이 「영생의 길」인데, 초판 1,000부를 제작해서 전국의 군부대로 보냈다. 물론 이 책은 판매용이었고, 책값이 바로 통장에 입금되었다. 우리가 처음으로 맛본 큰 성공이었다. 성경공부 자료를 팔아 또 다른 성경공부 자료를 제작할 수 있는 길이 열린 것이다. 이를 시작으로 우리는 성인용 묵상지인 「매일성경」과 어린이용 묵상지를 제작했고, 청소년용 찬양집인 「새노래」를 만들었다.

그 후 우리 가족은 전라남도 순천으로 이사를 했다. 그곳에서 우리는 당시 널리 알려진 미국인 선교사 휴 린톤(Rev. Hugh Linton)과 함께 시골 사역을 시작했다. 우리가 순천으로 내려간 것은 사실 윤 총무와 내가 오랜 고민 끝에 내린 전략적 결정이었다. 우리는 성서유니온의 묵상 운동이 전라도 지역으로도 확산되기를 바랐고, 곧 수많은 목회자가 우리 집을 찾기 시작했다. 그들은 성서유니온의 묵상집인 「매일성경」을 새벽기도 때 사용하길 원했다. 당시 나는 서울을 오가며 윤 장로를 만나 사역에 대한 이야기를 나누고, 성서유니온의 이사회에도 참석했는데, 그 일만큼 즐거운 일은 없었다.

하지만 슬프게도 아내가 심각한 병에 걸렸고, 우리는 영국으로 돌아오라는 명령을 받았다. 아내는 수술을 받지 않으면 생명을 잃을 상황이었다. 그 소식을 들은 윤 총무는 그가 구할 수 있는 첫 번째 기차를 타고 밤새 순천으로 내려왔다. 윤 총무는 새벽에 나를 보자마자 환한 미소를 띠며 우리 가족을 위해 할 수 있는 일이 있다면 무엇이든 하려고 내려왔다고 말했다. 그때 그의 미소는 지금까지도 잊을 수 없는, 그리스도인의 사랑을 가득 담은 미소였다. 윤 총무와 나는 함께 이삿짐을 챙겼고, 시내로 나가 쇼핑도 했다. 윤 총무는 나를 위해 할 수 있는 모든 말을 동원해 물건 값을 깎아 주었다. 그만큼 윤 총무는 언제나 자기보다는 우리 가정을 더 챙겨 주는 친구였다. 영국에 있는 우리 집에는 한국에서 가져온 옷장이 있고, 그 위에는 윤 총무의 사진이 붙어 있다. 그의 밝은 미소와 강인한 얼굴은 여전히 우리에게 감동을 준다. 윤종하, 그는 한국성서유니온을 개척한 거인이었다.

원의수(Rev. John Wallis) 선교사는 옥스퍼드 대학교(역사와 신학 전공)를 졸업하고 트리니티 대학에서 복음 사역자로 훈련을 받던 중 유학생 김진경 박사(평양과학기술대학교 총장)와 교제하며 한국으로의 부르심을 확인했다. 결국 OMF의 첫 개척팀 선교사로 한국에 와서 한국성서유니온의 설립을 도왔고 초대 이사장으로 섬겼다.

추천서문 3

함께한 사역 자체가 축복이었던 사람

임익선

나와 캐서린(Kathryn)은 1975년에 OMF 선교사로 처음 한국에 왔다. 그때 김포공항으로 우리를 마중 나온 분들 속에서 윤종하 형제를 처음 만났다. 우리 부부는 한국말을 전혀 몰랐기 때문에 그들이 어떤 인사를 건넸는지 모른다. 하지만 그의 밝은 미소는 정확히 기억한다. 그의 미소는 우리에게 주님의 사랑을 확신하게 했다. 그 후 그와 교제하면서 언제나 밝은 미소가 떠나지 않는 사람임을 알게 되었다. 지금도 그를 생각하면 밝은 미소가 떠오른다.

우리 부부와 배도선 선교사 부부 그리고 모신희(Cecily Moar) 선교사는 부산에 살면서 성서유니온 간사들과 함께 사역했다. 처음에는 부산지부 위원으로 섬겼고, 나중에는 광주지부 위원으로 섬겼다. 간사들과 위원들의 사역 뒤에는 언제나 윤종하 형제의 헌신이 있었다. 그는 쉬지 않고 전국을 다니며 말씀을 가르쳤고, 많은 간사들과 위원들이 그에게서 큰 영향을 받았었다. 그의 말씀사역으로 삶이 완전히 변화된 사람 중에 광주제일성결교회의 한 장로님이 기억난다. 그분은 하나님이 성경을 통해 성도 개개인에게 말씀하신다는 사실을 깨닫고, 섬기던 교회에 「매일성경」을 소개했다. 당시 그 교회가 큰 어려움 속에 빠져 있었는데, 거의 모든 평신도 지도자들이 날마다 말씀을 묵상하면서 그 어려움을 극복할 수 있었다. 의사였던 장로님은 심지어 환자들이 윤종하 형제의 설교를 들었으면 하는 마음으로 병원 환자 대기실에 자주 그의 설교 테이프를 틀어 놓았다. 한 사람의 삶을 완전히 바꿔 놓은 성경과 묵상의 힘을 생각할 때, 나는 언제나 그 장로님이 생각난다. 우리 부부는 윤종하 형제와 장로님의 도움을 받아 광주제일성결교회에 정착했고, 대학생들에게 묵상을 가르치는 제자훈련 사역을 할 수 있었다.

내가 한국말을 조금 할 수 있게 되었을 때, 성서유니온 서울지부 위원이 되어 달라는 요청을 받았다. 윤종하 형제의 리더십을 통해 멋지게 세워진 성서유니온 공동체와 다른 위원들의 사역을 곁에서 보는 것은 큰 특권이었다. 서양인인 나에게 동양적으로 이루어지는 위원회의 결정과 사역은 무척 낯설었지만, 그들의 결정과 사역 가운데 성경을 통해 역사하시는 성령의 인도하심이 있었기에, 나는 언제나 큰 감동을 받았다. 성경에서 주님이 원하시는 것을 찾고, 이를 통해 결정하고 실생활에 적용하는 자세, 아마 내가 한국에서 배운 것 중에 이보다

유용하고 귀한 것은 없을 것이다. 물론 한국성서유니온도 다른 나라의 성서유니온 사역에서 많을 것을 배우길 원했다. 그래서 성경을 이해하는 데 도움이 되는 책들을 찾아 한국어로 번역해서 출판했다. 그 후 윤종하 형제와 몇몇 핵심 위원들이 국제성서유니온 모임에 참여했는데, 이를 계기로 한국성서유니온은 '받는' 단체에서 다른 나라에 '주고' 그들을 '훈련하는' 단체가 되었다.

한국으로 불러 주시고, 윤종하 형제 그리고 성서유니온과 함께 사역할 수 있는 길을 열어 주신 주님께 감사한다. 그는 목사 중심의 한국 교회 문화 속에서 평신도 개척자로 사역했기에 많은 오해와 고난을 받았다. 그럼에도 불구하고 내 기억 속의 그는 바울의 빌립보서 3:12-16, "내가 이미 얻었다 함도 아니요 온전히 이루었다 함도 아니라 오직 내가 그리스도 예수께 잡힌 바 된 그것을 잡으려고 달려가노라 형제들아 나는 아직 내가 잡은 줄로 여기지 아니하고 오직 한 일 즉 뒤에 있는 것은 잊어버리고 앞에 있는 것을 잡으려고 푯대를 향하여 그리스도 예수 안에서 하나님이 위에서 부르신 부름의 상을 위하여 달려가노라 그러므로 누구든지 우리 온전히 이룬 자들은 이렇게 생각할지니 만일 어떤 일에 너희가 달리 생각하면 하나님이 이것도 너희에게 나타내시리라 오직 우리가 어디까지 이르렀든지 그대로 행할 것이라"는 말씀을 실제로 살아낸 사람이었다. 그러니 그와 함께 사역을 했다는 것 자체가 내게는 정말 큰 축복일 수밖에 없다(한국에서 처음 접한 이후 지금까지 개인 경건의 시간에 성서유니온 묵상 자료를 사용하는 것도 그 축복의 결과일 것이다).

임익선(Rev. Nic Deane) 선교사는 OMF 선교사로 1975년 한국에 와서 광주와 부산 지역에서 성서유니온 사역을 도왔다. 1989년 영국으로 돌아간 이후 줄곧 성서유니온의 묵상 자료로 성경을 묵상하면서 섬기는 교회들에서도 날마다 성경을 묵상하도록 권면하고 있다.

들어가는 글

드러내려 하지 않아도 드러나는 사람이 있고, 애쓰지 않아도 기억나는 사람이 있다. 힘들 때, 기로에 서 있을 때, 영락없이 생각나는 사람이 있다. 언제 들어도 새롭게 들리는 말이 있고, 소란스럽지 않아도 오래오래 그 영향력이 이어지고 전해지는 사람이 있다.

윤종하, 아는 이보다 모르는 이가 많고, 그의 평소 바람대로 그의 '제자'라고 자처하는 이도 드물다. 하지만 그 때문에 인생이 바뀌었고, 주님을 만났고, 성경을 깨달았고, 가치관을 새롭게 했다는 이들은 많다. 한 번의 강의를 경험한 사람에서부터 직접 대면하지 않고 책이나 테이프로 만났을 뿐인 사람들도 있다. 교회에서, 학교에서, 오래도록 곁에서 그의 일상까지 공유한 사람들도 있다. 그런데 저마다 하는 말이 어쩌면 그렇게 비슷한지 회고담을 읽으며 우리는 꽤 놀랐다. 그는 외모에서부터 남달랐고, 전하는 말씀에는 묘한 매력이 있었고, 그 말씀을 받아들이든지 거부하든지 둘 중 하나만 할 수 있을 만큼 도전적이고 급진적이었다. 하지만 가까이에서 겪어 본 사람들은 하나같이 그를 따스하고 인간적이고 일관성 있는 사람으로 기억한다. 보수적인 고장에서, 보수적인 교단에서, 엄격한 사역자의 가정에서 철저한 경건의 훈련을 받으며 자랐는데도, 그는 누구보다 개방적이었고, 겸손했고, 편했고, 차별하지 않았고, 섬김에 익숙했고, 검소했다. 그의 생각과 삶의 방식과 세계관은 그가 살던 시대의 교회에는 낯설었고 심지어 거북했다. 본인의 바람과 달리 그는 아웃사이더가 되었고 광야의 사람이 되었고, 그의 가르침의 핵심인 자기부인을 철저히 실천한 모범이 되었다.

그는 성장주의와 기복주의에 물든 한국 교회를 하나님의 말씀으로 일깨우기 위해 처음으로 이 땅에 '성경묵상'(QT)을 소개했다. OMF 선교사들과 「매일성경」을 만들어 보급하면서 성도들이 날마다 자신의 처소에서 말씀의 통치를 받으며 하나님의 백성으로 살도록 촉구했다. 또한 성경 66권만 전문적으로 가르치는 첫 신학교인 에스라성경연구원(에스라성경대학원대학교의 전신)을 시작하여 말씀의 사람들을 양육하는 일에 온 힘을 기울였다.

2017년은 종교개혁 500주년이 되는 해다. 그리고 국제성서유니온선교회 설립 150주년이 되는 해고, 한국성서유니온선교회 45주년이 되는 해다. 또한 윤종하 장로의 10주기가 되는 해다. 그가 남긴 적지 않은 유산에 비하면 그를 기억하고 기념하는 글이 너무 늦게 나온 감이 없지 않다. 하지만 이마저도 그에게 어울리는 일이다. 살아 있었다면 "윤종하가 뭐라고 이런 책을 내느냐?"며 이 책을 결코 기뻐하지 않았을 것이다. 그럼에도 그가 아니라 그가 힘주어 강조한 메시지가 오늘 다시 들려지길 원해서 그를 기억하는 이들의 목소리를 담았다. 그가 걸어간 길을 따라, 번영신학의 득세로 세속의 지탄을 받고 있는 한국 교회에 광야로 들어가신 그리스도를 따르는 길을 제시하고 싶어서다. 그래서 어릴 때부터 본 인간 윤종하는 누구였고(손봉호), 성경교사로서 그는 어떤 영향을 끼쳤는지(황정길)를 증언하는 목소리를 담았다. 지도자(손희영)와 설교자로서(박은조), 신학자로서(이진섭) 그가 어떤 독특한 목소리를 갖고 있었는지 담았다. 또한 바울처럼 디아스포라 교회들(송인권)과 선교사들에게(이정복) 그는 어떤 메시지를 남겼으며, 한 교회의 목회자로서(광야교회 장로회), 그리고 교육자로서(성서유니온) 그의 성품과 관점을 정리해 보았다. 무엇보다도 그는 묵상의 삶을 살고 그 중요성을 전하고 그 신학과 방법론을 정리하고, 그것을 한국 교회가 실행할 수 있는 자료(「매일성경」)로 개발한 사람으로서 얼마나 중요한 역할을 했는지도 조명해 보았다(박대영).

이 밖에도 그를 추억하는 사람들은 이루 헤아릴 수 없다. 그중에서 특별히 1970년대 초반에 그와 함께 사역을 시작한

OMF의 피터 패티슨(Peter Pattisson)과 존 윌리스(John Wallis), 닉 딘(Nic Deane) 선교사, 선교단체의 리더들(이승장, 박상은, 도문갑, 채종욱), 해외의 목회자들(나기호, 김북경, 천상호), 성서유니온과 에스라성경연구원의 동료들(KOH GIM LAM, 김한식, 김원모, 백정란, 윤덕희, 유미열), 그의 문하생(박경식)과 목회의 동반자(이성주), 이들이 추억하는 윤종하에 대한 글을 부록으로 실었다. 이외에도 그에 대한 추억을 갖고 있는 많은 형제가 있지만, 그들의 글을 담는 일은 다음 기회로 미룬다. 그리고 맨 뒤에는 윤종하 장로의 강의록 중에서, 그가 기여한 사상 가운데 "성경묵상과 우리의 구원", "하나님의 지혜인 십자가"에 관한 글을 간추려 실었다. 지금에야 이런 것들을 예사로 가르치지만, 30-40년 전부터 단 한 사람에 의해서 이런 사상이 전해졌다는 것은 놀라운 일이다.

이 책이 조금이라도 윤종하를 이해하고, 그를 보내 주님의 교회를 향한 사랑을 나타내신 하나님께 영광을 돌리며, 독자들과 교회가 오늘 그가 꿈꾸던 '하나님의 통치와 순종하는 백성', '말씀을 묵상하고 살아내는 그리스도인', '자기를 부인하고 자기 십자가를 지고 사는 성도'가 되고 교회가 되는 데 일조하기를 바라며 조심스럽게 내놓는다.

2017년 1월 공동 기획 편집
박명섭, 양인모, 김주련, 박대영

1부

일러두기: 기고자들은 고인에 대한 존경과 사랑을 담아 '장로님', '총무님'으로 칭했지만,
이 책에서는 편집 원칙상 '장로', '총무'로 표기하였다.

신실한 삶을 보여 준 사람

손봉호(고신대 석좌교수, 서울대 명예교수)

한 사람의 영향

한 사람의 일생은 수많은 사람을 만나고 다양한 환경에 처하며 이런 저런 사건을 겪으면서 이뤄진다. 그런 만남과 경험으로부터 자극과 영향을 받고 가끔 새롭고 독특한 것을 스스로 생각해 내면서 그런 것들이 복잡하게 얽혀서 삶의 모습이 결정(結晶)되는 것이다. 물론 그 가운데 어떤 것은 결정적인 영향을 미치고, 어떤 것들은 부차적이며 또 어떤 것은 미미해서 아무 자취도 남기지 않는다. 그러나 어떤 사람을 만나고 어떤 경험을 했으며 어떤 생각을 했는가는 한 개인이 어떤 사람이 되는가에 매우 중요한 영향을 미친다는 사실을 부인할 수 없다. 그리고 그 영향이나 생각이 언제, 어떤 상황에서 일어났는가도 중요하게 작용한다. 아무래도 생각이 아직 굳어지지 않고 삶의 방향이 확실하게 설정되지 않은 어릴 때 받은 영향은 장년기나 노년에 받은 것보다 그 미치는 정도가 클 수밖에 없다.

그런 점에서 윤종하 선생은 오늘의 내가 되는 데 큰 영향을 끼쳤음이 분명하다. 비교적 어렸을 때 그를 만났고 가까이에서 교제했기 때문이다. 지금의 나 자신을 좀 객관적으로 살펴보면 어느 면에서 그와 비슷한 면이 많은 것이 사실이고, 그를 잘 아는 사람들이 가끔 그렇게 말하기도 한다. 나는 스스로 그의 아버지 윤봉기 목사의 영향을 많이 받았다고 말하지만, 그 영향의 상당 부분은 윤종하 선생을 통해 받은 것이 아닌가 싶다.

윤 선생과의 만남

나는 중학교 2학년 때 경주읍교회에 출석하기 시작했고 거기서 '윤종하 선생'을 만났다. 그때는 교회 선배들을 모두 'ㅇㅇㅇ 선생님'으로 불렀다. 윤종하 선생은 온 교인이 존경하고 따랐던 윤봉기 담임목사의 독자인데다 총명하고 신실하며 겸손해서 모두 그를 좋아했고 어린 후배들은 그를 몹시 따랐다. 온 교회 중고등학생들의 맏형과 같았고, 거의 우상과 같은 존재였다. 당시 그는 약관의 나이였음에도 대부분의 교인이 '윤종하 선생'이라고 부를 만큼 많은 사랑을 받았다. 이는 존경하는 담임목사의 자제였기 때문이라서가 아니라 모든 면에서 사람들의 신실한 모범이 되었기 때문이다. 윤 선생뿐만 아니라 그 형제들이 모두 아버지 윤봉기 목사의 목회에 걸림이 되지 않았고 오히려 큰 도움이 되는 신실한 사람들이었다. 지금 생각해 보면 교인들이 너 나 할 것 없이 다 '윤 선생님'이라고 부르면서 따랐으면 꽤 교만했을 법도 한데, 그에겐 전혀 그런 모습이 보이지 않았고 언제나 겸손하게 사람들을 섬겼다. 그러나 나는 그런 윤 선생에 대해 상당 기간 특별한 관계를 가졌다는 기억이 없고 그의 주목을 받은 것 같지도 않다. 지금 내 기억에 생생하게 남는 관계는 오히려 그가 서울대학교 영문과에 다니기 시작한 뒤부터였다.

영어 편지를 주고받으며

고등학교 때, 서울에 간 '윤 선생'에게 편지를 쓴 일이 있었는데, 그 답장에서 놀랍게도 다음부터는 영어로 편지를 쓰라고 했다. 영어로 편지를 쓴다는 것은 시골에 사는 고등학교 2학년생에게 적잖은 부담이었지만 동시에 도전이기도 했다. 나중에 생각해 보면 순 엉터리 영어였는데도, 나는 그가 시킨 대로 영어 편지를 써서 보냈다. 그런데 그는 나의 영어에 틀린 부분을 하나하나 상세하게 고쳐서 다시 보내 주었다. 내가 대학에 들어가기까지 거의 2년 동안 한 달에 한두 번씩 꼬박꼬박 주고 받은 영어 편지가 내 영어 공부에 도움이 되었음은 말할 것도 없다. 내가 무엇을 잘하는지 아는 것은 별로 도움이 되지 않는다. 그러나 잘못한 것, 잘못된 것을 아는 것은 엄청난 이익을 가져다준다. 소크라테스가 그렇게 중요시했다는 '무지(無知)의 지(知)'가 삶의 의미, 가치관, 행동 방식, 습관 등에 대해서만 중요한 것이 아니라 영어 공부에도 도움이 된다는 것을 발견했다. 그 덕에 내 영어 실력은 많이 향상되었고, 그것이 내가 영문과에 지원하게 된 이유 가운데 하나가 아니었을까 생각한다. 그 외에 특별히 입시를 위한 준비를 하지 않았는데도 대학에 합격한 것은 그렇게 얻은 영어 실력 덕이었을 수도 있다. 언젠가 미국 입국 비자를 거부당한 목사 한 분이 미국 영사에게 보내는 편지를 한 장 써 주면 좋겠다고 요청해 왔다. 그래서 나는 목사라고 해서 무조건 비자를 거부하는 것은 정의에 어긋난 것이 아닌가 하는 항의의 글을 영어로 써서 보냈다. 그랬더니 영사가 비자를 내주면서 그 편지의 영어가 아주 훌륭했다고 했다. 그 말을 들을 때 제일 먼저 윤종하 선생이 생각났다. 지금도 가끔 그가 나의 말도 안 되는 영어 편지를 일일이 고치는 것이 얼마나 귀찮았을지 상상하면서 그의 사랑을 느끼곤 한다. 그때 본인의 삶이 무척 바빴을 텐데도 후배를 위해 기꺼이 사랑의 수고를 아끼지 않았던 것이다. 그를 생각할 때마다 나는 과연 어떤 후배를 위해 그런 수고를 할 수 있을까 하고 자문하면서 부끄러워하기도 했다.

엄격한 규율로

고등학교 때 또 하나 잊지 못할 사건이 있다. 여름 방학이 가까운 어느 날 학교에서 단체로 영화 구경을 갔다. 마침 경주의 유일한 영화관이 내가 다니던 경주읍교회 바로 앞에 있었기 때문에 단체로 교회 앞을 지나가고 있었다. 그런데 거기에 윤종하 선생이 서 있는 것이 아닌가! 대학교는 고등학교보다 방학을 일찍 시작했기 때문에 경주에 내려온 모양이었다. 그런데 그는 단체 관람을 위해 줄을 지어 가고 있는 학생들 사이에 끼어 있는 나를 발견하고 내게 거기서 나오라고 손짓을 했다. 하는 수 없이 줄에서 벗어나 그에게 가서 인사를 했더니, 예수 믿는 사람은 영화 같은 것을 보면 안 된다고 하면서 영화관에 가지 말라고 했다. 그때나 지금이나 어린 학생들은 대부분 영화를 좋아했으므로 보지 않는 것은 개인적인 자유였고, 내가 줄에서 벗어난 것이 규칙에 어긋난 것도 아니었다. 하지만 나는 윤 선생에게 붙잡혀 결국 영화를 보지 못했다. 그때는 TV도 없었고 재미있게 읽을 수 있는 책도 많지 않았다. 고등학생은 학교에서 단체로 보는 영화 외에 극장에 가는 것도 금지되었기 때문에, 그날 그 영화를 보지 못한 것이 나에게는 어지간히 아쉬운 것이 아니었다.

물론 당시의 전반적인 사회 분위기가 지금보다 보수적이었고, 인구의 절대 소수였던 그리스도인들, 특히 내가 속했던 고신파 교인들은 매우 엄격한 규율을 지켰으며, 그 가운데서도 윤봉기 목사는 좀더 엄격했다. 그래도 학교에서 단체로 관람할 수 있는 영화는 별 문제가 없을 것이라고 생각했기 때문에, 나는 별 망설임 없이 영화관으로 갔던 것이다. 그때 윤 선생은 대학교 1학년이었는데도 세속적인 모든 것에 대해 매우 심각하게 경계하고 있었다. 그의 신앙과 삶이 어떠했는지는 그 사건 하나만으로도 충분히 짐작할 수 있을 것이다.

그 사건은 내 삶에 상당한 영향을 끼쳤던 것 같다. 나는 대학 4년 동안 상당히 엄격한 삶을 살았다. 물론 학비를 벌어야 할 만큼 가난했기 때문에 세속적인 것을 즐길 만한 돈이나 시간도 없었지만, 같은 학과 친구들 사이에서도 '샌님'으로 통할 정도였다. 4년간 영화를 본 기억이 거의 없고, 당시 그렇게 흔했던 다방에도 거의 가지 않았다. 그리고 4.19혁명 이후 문리대 기독교 학생들이 주축이 되어 "새생활운동"이란 것을 조직하고는 거리에 돌아다니면서 '커피 마시지 말자', '양담배 피우지 말자', '댄스하지 말자'를 외치는 데 적극적으로 앞장섰다. 또 1980년대 "기독교윤리실천운동"을 시작하여 음란, 폭력물 퇴치 운동을 펼친 데도 윤 선생의 영향이 무의식적으로 작용했을 것이라 생각한다. 지금 생각해 보면 그렇게까지 엄격한 규율을 지키면서 살아야 했을까 싶지만, 어린 시절 내 생각이 굳어져 버리기 전에 그런 훈련을 받은 것은 내 인생에 큰 도움이 되었다. 생각이 굳어지면 그런 훈련을 받을 수 없기 때문이다.

인생의 반려자를 내게로

윤종하 선생은 내 인생에서 앞의 일들보다 더 중요한 사건에 관계했는데, 바로 내 아내를 소개해 준 일이다. 즉 결혼 중매를 한 것이다. 내가 대학에 다니기 위해 서울로 온 다음 해에 윤봉기 목사님이 서울중앙교회 담임목사로 오셨다. 나는 신앙생활을 윤봉기 목사님 밑에서 처음 시작했고 그분으로부터 극진한 사랑을 받으며 세례도 받았다. 어쩌면 지금의 내 인격 형성에 가장 큰 영향을 끼친 분이 바로 윤봉기 목사님이었고, 나 또한 그분을 매우 존경했으므로 자연히 나는 서울중앙교회에 출석하게 되었다. 그때 윤종하 선생은 폐결핵을 앓아 요양 중이었지만, 나는 그와 비교적 자주 만나서 교제할 수 있었다. 그때 지금 내 아내가 된 박성실의 가족도 서울중앙교회에 출석하였으므로 우리는 모두 서로 잘 아는 사이가 되었다. 그러나 1962년 미국에 있는 웨스트민스터 신학교로 유학을 떠날 때 박성실은 겨우 중학생이었으므로 결혼상대로 생각할 상황은 전혀 아니었다. 그런데 세월이 지나고 나이가 30이 넘어도 외국에서 체류 중이었던 나는, 결혼할 사람을 만나는 것이 쉽지 않았다. 마침 그때 윤종하 선생이 박성실과 결혼할 의사가 있는지 편지를 보낸 것이다. 나는 물론 박 양을 잘 알고 있었고 은근히 좋아하기도 했지만, 대학생이 중학생에게 이성적인 감정을 갖거나 표시하는 것은 점잖은 행동이 아니기에, 그런 감정을 당사자는 말할 것도 없고 어느 누구에게도 표현하지 않았었다. 그런데 윤 선생이 마치 내 속마음을 환히 꿰뚫어 본 듯 그런 제안을 해 왔기에 나는 당사자와 부모님이 반대하지 않으면 결혼하겠다고 태연하게 대답했다. 마침 양가 부모님들도 모두 동의해 주셔서 우리는 소위 '소포 결혼'을 했다. 소포 결혼이란 먼 곳에서 아내 될 사람을 주문해서 마치 소포를 받는 것처럼 결혼하는 것을 말한다. 그렇게 결혼한 아내 역시 신앙훈련을 잘 받아 매우 검소했고 하나님 앞에 신실했다.

한번은 내가 대학교 학과장으로 있을 때 교수 한 분을 채용하게 되었는데 학장이 그를 반대했다. 나는 그를 반대할 이유가 없어 교수로 채용했고, 교수로 채용된 분은 그 일이 내 덕분이라고 생각되었던지 어느 날 내게 전화를 걸어 내 연구실에 에어컨을 사서 설치하려 한다고 했다. 한사코 만류했지만 상대방의 뜻과 정성이 하도 간곡해서 어쩔 줄 모르고 있었는데, 옆에서 아내가 전화를 바꿔 달라고 하더니 절대로 안 된다고 야단을 쳤다. 결국 그날 그 에어컨은 안식년을 가서 연구실이 비어 있는 다른 교수의 방에 설치되었다. 그 일은 두고두고 아내에게 고마운 일이 되었다. 그런 좋은 아내와 결혼해서 지난 45년간 아들딸 낳아 잘 키우고 모두 건강하고 화목하게 잘 지나고 있으니, 윤종하 선생의 은덕을 잊을 수가 없다.

서로 다른 자리에서 일심으로 주를 섬기며

1973년 유학을 마치고 귀국한 후에는 윤 선생과 그렇게 자주 만나 교제하지 못했다. 이미 섬기는 교회도 달랐고 둘 다 몹시 바빴다. 윤 선생은 "성서유니온"을 시작해서 「매일성경」 홍보와 성경강의를 위해 전 세계를 다니느라 한국에 머무는 시간이 많지 않았고, 나는 한국외대, 총신대, 아세아연합신학원 등 여러 학교에서 강의하고, 기독교윤리실천운동(기윤실), 경제정의실천시민연합(경실련), 공명선거시민운동협의회(공선협) 등 시민운동에 많은 시간을 할애했다. 서로 많이 바쁜 데다 각자 활동 무대가 달랐기 때문에 만나기가 쉽지 않았다. 계속 더 깊은 교제를 했더라면 좀더 많은 생각을 공유할 수 있었을 텐데 못내 아쉬운 부분이다.

그런데도 우리 둘은 한국 교회에서 비판적인 사람들로 알려졌다. 우리가 보기에 한국 교회는 '장로의 유전'에 속한 것들을 너무 많이 가지고 있고 교회 성장에 지나치게 목을 매고 있었다. 그런데 놀랍게도 우리 둘 가운데 연장자인 윤 선생이 나보다 급진적일 만큼 비판적이었다. 십일조, 감사헌금, 수요예배 같은 것에 대해서 나는 비록 그런 것이 성경적으로 필수적이지는 않지만 묵과할 수 있다고 보는 반면에 윤 장로는 그런 것에 얽매일 필요가 없다고 강조했다. 그의 가르침이 성경에 철저했고, 그의 신앙이 신실하고 순수했으며, 그의 삶이 가르침과 일치했으므로 전 세계에 흩어져 있는 신실한 한국인 성도들이 그를 사랑하고 따랐다. 물론 나도 그의 용기와 순수성을 존경하고 흠모했다.

서로 생각이 다른 부분들

이처럼 내 삶의 많은 부분이 윤 선생의 영향을 받았지만, 그리스도인의 사회 참여에 대해서는 그와 생각이 달랐다. 그는 그리스도인들이 하나님의 뜻이라면서 세상의 제도를 바꿔야 한다고 나서서 무엇을 고발하고 반대하는 운동을 벌이는 것을 이해하기 어렵다고 했다. 나는 유학을 하는 동안 이런 생각들이 많이 바뀌게 되어 그리스도인의 사회 참여가 필요하다고 본다. 사실 우리가 아무것도 하지 않고 가만히 있겠다는 것도 어떤 의미에서는 사회 참여이기 때문이다. 사회의 어떤 일에 관심을 기울이지 않고 내가 빠져 버리면 그 일이 그만큼만 없어지고 나머지는 그대로 있어야 하는데 그렇지가 않다. 다른 편으로 그만큼 기울어 버린다. 가령 우리가 독재자의 통치 아래 산다면, 독재에 항거하지 않는 것은 결과적으로 독재에 공헌하는 것과 마찬가지다. 그러므로 사회 참여를 안 하는 것이 아니라 실제로는 하고 있는 셈이다. 물론 우리가 사회 참여를 할 수 없는 때도 있다. 그럴 땐 어쩔 수 없지만 참여할 수 있는데도 안하는 것은 문제가 된다. 가령 초대교회나 사도 바울 시대에, 교회가 설립되고 기독교 복음이 전파되어야 할 중요한 때에는 국가 문제에 관심을 기울일 수 있는 여건이 아니었다. 그러므로 실제 기독교인들이 로마 정치에 관여하거나 항거하지 못했다. 그러면서도 그리스도인들은 성경대로 사는 삶의 방식으로 로마의 힘의 문화에 맞섰다. 그때는 성경대로 그대로 지켜 사는 것이 바로 로마에 항거하는 것과 같았다. 이런 면에서 윤 선생은 아마도 적극적인 사회 참여와 사회 운동보다는 삶의 자리에서 말씀대로 사는 편을 강조한 것으로 보인다.

절제와 자기 부인의 삶

사람들은 종종 내게 어떻게 해야 한국 교회가 다시 믿음을 회복하고 세상에 영향을 끼칠 수 있겠느냐고 질문한다. 그때마다 내 대답은 간단하다. 돈을 무시하면 된다. 교회에서 돈이 무시되기만 해도 지금 우리 사회 전체에 엄청난 공헌을 할 것이다. 그렇게 해야만 기독교다운 기독교가 될 것이다. 예컨대 엄청난 부자나 영향력 있는 인사가 교회에 오면 목사는 그를 모른 체해야 한다. 그들에게 마음이 혹해서 굽실거리면 이미 복음의 능력과 권위를 잃어버리고 마는 것이다. 그러므로 간단하게 정리하면, 교회가 돈과 힘을 어느 정도 무시하느냐가 교회의 영적 수준이다. 일반 그리스도인의 영적 수준도 마찬가지다.

모든 사람에게는 어느 정도 바람직하지 못한 점이 있다. 버리지 못하는 욕망과 탐욕이 내재되어 있다. 다만 이것을 어느 정도 절제하느냐가 인격 형성과 신앙의 수준이라고 생각한다. 자신의 윤리적인 사고방식을 따르면 대부분의 감정과 욕망은 다른 사람에게 해를 끼치는 것들뿐이다. 그러므로 그 욕망을 따라가다 보면 반드시 이웃에게 피해를 입히게 된다. 내 경우, 다른 사람에 비해 그런 충동에 쉽게 휩싸이지 않을 수 있었던 것은 어려서부터 엄격한 신앙훈련을 받았기 때문이라고 생각하면서 다행스럽게 여긴다. 기본적인 원칙은, 생존과 활동에 필요한 것들만 소유하고 그 이상은 소유하지 않겠다고 결심하면서 살면 100퍼센트에 이르지 못 해도 괜찮다는 것이다. 거기 접근하려고 노력하면서 성경대로 사는 것이 중요하다. 지금은 기독교인의 삶이 무엇인지조차 모르기 때문에 이런 절제의 행동 하나만으로도 복음의 능력을 드러내는 기회가 될 수 있다. 그러므로 지금이라도 다시 돈과 하나님을 겸하여 섬길 수 없다는 윤 선생의 자기 부인과 절제에 대한 가르침과 모범이 한국 교회에 강조되고 회복되어야 할 것이다.

하나님의 뜻이 어디에 있는지 모르지만, 그를 나보다 먼저 불러 가신 것은 참으로 안타깝다. 그러나 그는 한국 교회에 커다란 족적을 남겼고, 나 같은 사람도 그 족적 가운데 하나로 꼽힐 수 있지 않을까 생각한다. 그를 만나고 그의 사랑을 받은 것은 나에게 주신 하나님의 은혜 가운데 하나였다.

1975년 목회자세미나 ⓒ 편집부

바른 사표로서의 우리 시대 참 스승

황정길(서울반석교회 원로목사)

나는 어렸을 때부터 이모님이 품에 안고 교회를 다니시면서 신앙생활을 시작했다. 그때 다닌 교회는 1950년 9월 28일 순교를 당한 조상학 목사님이 담임하던 교회였는데, 그분은 전쟁 중에 교회를 사수하다가 손양원 목사님이 당시 여수 순천의 많은 목사들과 순교를 당하시던 날, 같이 순교하신 분이다. 나는 타고난 선비요 인품이 훌륭하신 분 밑에서 어려서부터 철저하게 신앙훈련을 받았다. 그분은 특히 주일성수 개념이 매우 투철하셨다. 할머니와 교회를 가면서 호박이나 오이 같은 것을 가지고 가면, 목사님은 주일 아침에 땄는지 그 전날 저녁에 땄는지 물으셨다. 아침에 땄다고 그러면 "정길아, 갖다 버려라" 하며 책망하셨다. 어린 나이에도 눈물을 흘리면서 갖다 버린 기억이 있다. 그때부터 주일에는 절대 일을 해서는 안 된다는 철저한 습관이 몸에 뱄다. 그때는 개혁주의 교회든 보수적인 교회든 대부분 근본주의의 영향 아래 있었다. 특히 내가 다닌 교회는 고신에 뿌리를 둔 교회여서 그런 문자적 순종을 신앙생활의 최고로 여기는 분위기였다.

그런 분위기에서 신앙생활을 하면서 어렸을 적부터 "너는 목사 해라, 커서 목사가 돼라"는 말을 많이 듣고 자랐기에, 나는 목사가 되는 것이 마땅히 내가 가야 할 길인 줄 알고 총신대학교에 입학했다. 신학교에 다니면서는 어느 선교단체를 통해 주제별 성경공부라는 것을 접하게 되었는데, 성경공부에 흥미를 붙이면서 열심히 그 훈련을 받았다. 하지만 결과적으로는 성경을 전체 문맥으로 보는 훈련을 하지 못하고 주제에 따른 공부만 하다 보니 성경에 대한 이해가 크게 부족할 수밖에 없었다. 그런 상태에서 신학대학원에 진학했는데, 그 기간은 철저하게 신학의 안경을 쓰고 성경을 보는 훈련을 받는 시기였다. 이른바 '튤립'(TULIP: 전적 타락, 무조건적 선택, 제한적 속죄, 불가항력적 은총, 성도의 견인)으로 불리는 칼뱅의 5대 교리가 내 신학공부의 틀이 되었고, 한 번 구원은 영원한 구원이라는 확실한 개념을 갖게 되었다. 그러다가 70년대 후반 들어 「매일성경」을 접하게 되었다.

「매일성경」으로 날마다 성경을 읽으면서 성경을 보는 눈이 새롭게 열리기 시작했다. 그래서 언제 한번 교회에 윤종하 장로를 직접 모셔서 강의를 듣고 싶어 하다가 1980년대 초에 그를 모시고 말씀을 듣게 되었다. 그때 벌써 '성경묵상', '하나님의 뜻', '하나님 나라', '하나님의 인도를 받는 방법' 같은 어디에서도 들어보지 못한 강의들을 들으면서 큰 충격에 휩싸였다. 마치 커다란 망치로 머리를 얻어맞는 것과 같은 충격이었다. 그때부터 담임목사인 나부터 매일 철저하게 「매일성경」으로 성경을 묵상하면서 전교인이 말씀묵상을 신앙생활의 기본으로 하는 훈련을 받게 되었다. 그때까지 수많은 선생을 만났지만, 성경교사로서 나의 진정한 은사는 바로 윤 장로다. 오랫동안 문자주의 신앙생활에 빠져 있던 나를 그 답답함에서 건져 준 사람이기 때문이다. 그리고 무엇보다 성경을 주제별로 보기보다 문맥을 따라 읽고 묵상하면서 성경 본래의 참 뜻을 깨닫게 해준 사람이다. 더 중요한 것은 사람이 만들어 씌운 신학의 안경을 벗게 해주었다. 나에게 성경을 보는 안목을 넓혀 주고 새로운 지평을 열어 주었다고 해도 과언이 아니다. 그의 강의뿐 아니라, 책으로 발간한 『로마서 공부』(모리아출판사)를 구입해서 교인들과 함께 공부하며 점점 더 환하게 눈이 열렸고, 매번 '아, 이렇게 살아야 겠구나' 하고 결심했다.

  2007년 윤종하 장로가 갑작스럽게 하나님의 부르심을 받은 후, 내가 큰 빚을 지고 있는 스승에 대한 보답을 어떻게 할까 생각하다가 그의 강의를 책으로 발간하기로 했다. 오직 하나님의 말씀에 매여 그 말씀을 전한 귀한 강의들을 문자로 남겨서 좀더 많은 사람에게 보급하는 것이 스승에 대한 보답이 되겠다고 생각했다. 그래서 "하나님 나라", "복음이란 무엇인가", "갈라디아서", "히브리서" 등의 강의테이프들을 교역자들에게 분배해서 맡기며 녹취를 하게 했다. 일단 우리가 수고를 해서 강의를 녹취해 놓으면 다음은 모리아출판사나 성서유니온에서 책으로 내기에 수월하지 않겠느냐는 생각에서였다.

그렇게 녹취한 내용을 가지고, 아침마다 새벽기도를 마친 후 6시에 모여 일과시간 전까지 교역자들과 김밥을 먹으며 성경공부를 했다. 그리고 그때 교역자들의 입에서 하나같이 그 시간의 성경공부를 통해 성경을 보는 눈이 새롭게 열렸다는 고백을 들을 수 있었다. 목회자 가정에서 태어나 전통적으로 성경을 보던 목사들도 문자주의에서 벗어났다는 고백을 했다. 그런 변화를 보면서 같은 내용을 청년부 성경공부에도 적용하게 했는데, 마찬가지로 청년부에서도 놀라운 변화들이 일어났다. 그래서 이 녹취 내용을 책으로 내면 좋겠다는 확신이 생겨서 윤 장로가 목회한 교회의 장로들을 만나 책 출간을 제안했다. 그러나 그때는 그가 생전에 그런 작업을 원치 않았을 거라는 의견들이 많아 뜻을 접고 때를 기다리기로 했다. 그러다가 그가 하나님의 부르심을 받은 지 10년이 되어 가는 지금, 그에 대한 책을 기획한다는 소식을 듣고 반가운 마음에 이렇게 흐릿한 생각이라도 보태 그의 사랑을 나누고자 몇 자 정리해 본다.

먼저 그가 우리에게 남겨 준 것을 한마디로 정리한다면, 시대를 앞서가는 선구자적인 역할을 해주었다는 것이다. 앞서가면서 여러 수모와 어려움을 겪었음에도 흔들림 없이 그 길을 갔기에, 그 뒤를 따르는 우리의 눈을 열어 주고 닫힌 생각을 깨우쳐 주었다.

자기 이해가 분명한 사람

복음을 전하는 사역자들은 무엇보다 말씀사역자로서의 자기 이해가 분명해야 한다. 하나님의 말씀을 전하는 사역자라면 누구나, 이 말씀은 내 입에서 나오는 내 말이 아니라 하나님의 말씀을 위탁받아서 전한다는 자기 이해가 분명해야 한다. 구약의 예언서들, 예컨대 예레미야서나 에스겔서를 보면 항상 "여호와의 말씀이 내게 임하니라"라는 선언이 나온다. 또 아모스서나 요엘서 같은 소예언서에도 "여호와의 말씀이 ~에게 임하니라"라는 말씀이 기록되어 있다. 즉, 예언자가 지금 전하는 이 말씀이 하나님으로부터 신탁을 받은 말씀이라는 것을 전할 때만 청중을 의식하지 않고 바로 전할 수 있는 것이다. 이는 신약의 사도 바울도 마찬가지였다. 데살로니가전서 2:4을 보면, "오직 하나님께 옳게 여기심을 입어 복음을 위탁받았으니"라고 하여, 그가 복음을 전할 때 사람을 기쁘게 하지 않고 오직 하나님을 기쁘시게 하는 일에 매진했음을 밝히고 있다. 고린도 교회에서도 자신의 말과 전도가 사람의 설득력 있는 지혜의 말로 하지 않고 다만 성령의 나타나심과 능력으로 했다고 증언했다. 이는 복음 전도자로서 자기 이해가 분명했음을 보여 준다. 윤 장로는 말씀사역자로서, 또 복음 전달자로서 자기 이해가 분명한 사람이었다. 자신의 말이 오직 하나님의 말씀을 읽고 묵상하는 가운데 성령께서 깨우쳐 주신 것이라는 확신이 있었다. 즉, 자기에게서 나온 것이 아니라 하나님께 위탁받은 것을 그대로 전한다는 확신이다. 어쩌면 그는 하나님이 우리 시대에 보내 주신 예언자와 같은 사람이었다. 이렇게 말함으로써 한 사람을 미화하거나 과대 포장하는 것 같아 조심스럽지만, 이는 사실 내가 보고 느낀 대로다.

말씀에 매인 말씀의 사람

"내가 주의 법을 어찌 그리 사랑하는지요 내가 그것을 종일 작은 소리로 읊조리나이다"(시 119:97)라는 시편 기자의 고백처럼, 윤 장로는 늘 말씀을 묵상하는 사람이었다. 즉, 하나님의 말씀을 사랑하는 사람이었다. 말씀에 매인 사도 바울이 에베소 교회 장로들에게 마지막으로 부탁한 "지금 내가 여러분을 주와 및 그 은혜의 말씀에 부탁하노니 그 말씀이 여러분을 능히 든든히 세우사 거룩하게 하심을 입은 모든 자 가운데 기업이 있게 하시리라"(행 20:32)는 말씀을 윤 장로도 누차 말했다. 적어도 말씀사역자라면 능히 지혜가 있게 하고, 능히 구원에 이르게 하고, 능히 구비시키는 이 말씀에만 붙잡히기를 부탁한 것이다. 그리고 말씀사역자는 성도들로 하여금 직접 그 말씀을 대면하여 그 말씀 앞에 서게 하는 일에 집중해야 한다고 했다. 즉, 말씀에 성도들을 부탁하는 것이 말씀사역자의 일이라는 것이다.

말씀의 권능은 말씀 자체에 있다. 그러므로 말씀사역자가 너무 유식하거나 박식해서 자기 지식을 덧붙여 말씀을 전하다 보면 말씀의 권능을 약화시킨다고 염려했다. 예를 들어 백수의 왕인 사자의 위용을 드러내려면 그냥 사자를 우리에서 풀어 놓으면 되듯, 하나님의 말씀이 그 능력을 드러내도록 하려면 말씀을 그대로 전하면 된다. 말씀에 능력이 있고, 십자가의 도야 말로 하나님의 지혜이니, 말씀에 무엇을 더하려고 애쓰지 말아야 한다. 하나님의 말씀 자체에 운동력이 있고, 좌우에 날선 검처럼 살아 있는 말씀인데, 그 말씀을 전하는 자가 그 위에 자꾸 무엇을 덧입히려다 보니 호박 하나 베지 못하는 무딘 칼이 되고 만다. 윤 장로는 그 무딘 칼로 사람의 영혼이 소생되겠느냐고 책망하면서, 말씀사역자가 영혼을 소생시키는 능력의 말씀에 자꾸만 자신의 지혜를 덧대서 사람의 영혼을 죽이고 있다고 안타까워했다. 사실 오랫동안 설교사역을 해온

나도 늘 청중의 반응에 신경을 쓰다 보니 그런 유혹을 이기지 못하고 설교를 잘 하려고 애쓰는 바람에 그에게 한없이 부끄럽다. 그런데 오늘날에는 복음 전파가 더욱 시장과 마케팅 논리에 휘둘려 말씀사역자들이 사람들의 귀에 듣기 좋은 소리에만 집중하고 있어 더욱 안타깝기만 하다. 이 시대에 윤 장로의 가르침이 더욱 그립고, 사역자들이 그의 그림자라도 닮아서 말씀을 바로 전하면 좋겠다.

말씀을 삶으로 구현해 낸 사람

말씀을 전하는 자가 자신이 전한 말씀대로 산다는 것은 쉽지 않은 일이다. 그런데 윤 장로는 성경교사였을 뿐만 아니라 삶으로 말씀을 구현하는 것이 무엇인지 보여 준 삶의 교사였다. 이 부분이 그의 인생 여정에서 가장 귀하게 평가를 받아야 할 것이다. 삶 속에서 말씀을 살아내는 모습을 목격한 많은 사람이 그는 철저하게 자기 부정을 한 사람이라고 증언한다. 실제로 그의 가르침에 가장 많이 등장하는 단어들은 '자기 부인', '십자가의 도'라고 할 수 있다. 물론 한국 교회 강단에서도 십자가를 말하지만, 이것을 전하는 많은 이가 십자가의 도가 의미하는 바는 깨닫지 못하는 것 같다. 그래서 그는 자기 부정이 철저하게 일어나지 않는 한 구원에 이르지 못한다는 것을 강조하면서, 강의 중에 종종 "그런 구원은 없습니다. 착각하지 마십시오"라는 말을 많이 했다. 어떤 때는 "왜 그렇게 직설적으로 말씀하십니까?"라고 걱정스럽게 물으면, 그때마다 직설적으로 말해도 안 듣는데 우회적으로 돌려서 말하면 얼마나 안 듣겠느냐고 했다. 그만큼 분명한 가르침과 삶으로 말씀을 전했다. 그래서 때로는 오해를 낳기도 하고 공격을 받기도 했다. 하지만 본인이 철저하게 말씀을 깨달은 대로 살았고, 그만큼 강하게 "그렇게 살아서 어떻게 성화에 이르겠느냐?"고 호통을 쳤다. 오늘날 우리의 가르침들이 말랑말랑하고 사람들 귀에 듣기 좋은 말들로 점철되고 있는 것은 어쩌면 말씀을 전하는 우리의 삶이 그만큼 사람들과 다르지 않기 때문일 것이다.

사도 바울은 "내가 그리스도를 본받는 자가 된 것 같이 너희는 나를 본받는 자가 되라"(고전 11:1)고 했다. 윤 장로는 성경대로 살면서 성경을 가르쳐 준 바울과 같은 선생이다. 하나님의 말씀대로 사는 모습을 좀처럼 찾아보기 힘든 이 시대에 하나님의 말씀을 삶으로 보여 준 사표와 같은 사람이다. 한국 교회가 말씀의 능력을 체험하면서 그 능력을 드러내려면, 무엇보다 먼저 말씀사역자들과 성경교사들이 말씀을 삶으로 구현해 내는 모습을 보여 주어야 할 것이다. 자기가 전한 말씀을 도리어 자기 삶으로 부정하는 경우가 얼마나 많은가? 이 글을 쓰고 있는 나조차도 이 부분에 자유롭지 못하다는 사실이 종종 내 마음을 짓눌러 괴롭고 부끄럽다. 내가 전하는 말씀처럼 살아야 하는데 그러지 못했다. 내가 전한 말씀을 내 삶이 부정하는 일만 없어도 지금처럼 한국 교회가 지탄받는 일은 없을 것이다.

성경을 보는 새 지평을 열어 준 사람

장 지오노의 단편소설 『나무를 심은 사람』(The Man Who Planted Trees, 두레)을 보면, 한 양치기 노인이 황폐하기 이를 데 없는 곳곳에 너도밤나무와 떡갈나무 씨를 뿌리는 내용이 나온다. 한 젊은이가 여행 중에 그 노인의 도움을 받았는데, 노인을 따라 그 넓은 땅에 도토리 파종하는 모습을 지켜보면서 의구심을 갖게 된다. 지금 이 씨앗을 심는다고 무슨 일이 일어나겠느냐는 의구심이었다. 그러나 한참 세월이 흐른 뒤 그가 다시 마을을 찾았을 때는 그곳이 울창한 숲으로 변해 있었다. 모두가 의심하고 비웃는 시간에도 한 사람의 고독하고도 꾸준한 수고로 놀라운 숲이 생긴 것이다. 외로운 양치기 노인은 진정 그 불모의 시대의 선구자였다. 윤 장로의 삶과 사역 또한 영적인 불모지와 같은 한국 교회에 말씀의 씨앗을 뿌린 개척자와 같다. 지금에 와서야 그의 가르침이 특별할 것도 없을 만큼 많이 알려져 있지만, 70-80년대에는 시대를 뛰어넘는 가르침이었다. 대부분 의구심을 가졌고 비웃기도 했다. 그럼에도 성서유니온을 통해 「매일성경」을 만들어 보급함으로써 성도들이 직접 하나님의 말씀을 묵상하고 깨달아 순종의 삶을 살게 하는 일에 선구자 역할을 감당했다.

하나님의 나라라고 하면 으레 죽어서 가는 천당으로 여기던 시대에, 윤 장로는 말씀을 묵상하면서 하나님의 통치를 받는 것이 곧 하나님 나라 백성의 삶인 것을 가르쳐 주었다. 1970년대 기도와 부흥회로 한국 교회가 들썩일 때 날마다 성경을 보면서 하나님의 인도를 받는다는 것은 생각지도 못한 일이었다. 성서유니온이 1867년 영국에서 시작되었다고 하는데, 우리는 그 후 100년이 지나서야 성경을 읽으며 날마다 하나님의 음성을 듣고 순종하는 방법을 알게 된 것이다. 이는 한국 교회 역사에 참으로 획기적인 일이었다. 사도들의 복음의 핵심이 하나님 나라였는데, 그동안 우리 가운데 전혀 밝혀지지 않다가 「매일성경」을 통해 날마다 하나님의 통치 아래 거하는 삶의 즐거움을 깨닫게 한 것은 놀라운 일이 아닐 수 없다. 후에 듣기로는, 한국에 온 OMF 선교사들이 성서유니온 사역을 한국에 도입하기로 하고 누가 언제부터 이런 일을 할 수 있을까 했을 때, 윤종하 장로가 다 준비되어 있으니 바로 시작할 수 있다고 하면서 그 다음 달부터 책을 발간했다고 하니, 그는 참으로 준비된 말씀사역자였다.

십자가와 부활의 참 의미를 드러낸 사람

당시 우리는 예수님의 죽음을 대속의 성취로 보았다. 즉, 예수님이 나를 대신해서 십자가에 못 박혀 돌아가신 그 사건을 내가 믿음으로 받아들이면 구원을 얻고 복도 받고 하늘나라에 간다는 개념에 머물러 있었다. 그런데 1969년 웨스트민스터 신학교 교수였던 리처드 개핀(Richard B. Gaffin)의 『부활과 구속』(The Centrality of the Resurrection, 엠마오)이라는 책을 보면, "그리스도의 십자가 죽음과 부활은 결코 분리시킬 수 없는 불가분의 관계를 갖고 있으므로, 십자가 죽음이 없으면 부활이 있을 수 없고 부활이 없으면 십자가 죽음이 의미가 없다"고 하면서 그리스도의 부활을 십자가 죽음의 완성으로 보았다. 이러한 내용을 윤 장로가 우리에게 알려 주면서 예수님의 죽음과 부활이 우리와 신비롭게 연합되어 있음을 깨닫게 했다. 그렇게 연합을 이루려면 현재 내 삶 속에서 실존적으로 예수 그리스도의 십자가가 재현되어야 하는데, 그것이 바로 자기 부인이다. 그러므로 이러한 자기 부인이 없으면 부활도 없다는 것을 그는 누누이 강조했다. 자기 부인이란 내가 왕 노릇하는 왕권을 내려놓고 주님의 주권(Lordship)이 내 삶 가운데 이뤄지게 하는 것이다. 그때까지는 주고받는 존재론적인 것으로 생각해 온 '구원'을 관계론적으로 설명한 것이다. 그는 우리와 주님이 연합되어야 한다는 것을, 대신적 죽음도 물론 맞지만, 대표적 죽음으로 이해해야 한다고 했다. 예수님의 십자가 죽음은 그 죽음에 내가 내포된 대표적 죽음이다. 그러므로 예수님의 죽으심에는 그분이 죽으실 뿐 아니라 나도 죽어야 한다는 것이 포함되어 있다. 내가 죽지 않는 구원은 있을 수 없다. 예수님의 죽음에 연합하여 실존적으로 현재 내 삶 가운데서 죽는 삶이 있어야 한다. 이것이 자기 부인이고, 이러한 자기 부인이 될 때 주님의 성령이 내게 오셔서 주인이 되시는 것이다.

예수님의 죽음과 부활은 성도의 미래 부활에 대한 예표다. 그런데 성도가 미래 부활에 참여하려면 지금 여기서 현재의 부활이 있어야 한다. 중생이 곧 부활이다. 그래서 예수를 죽은 자 가운데서 살리신 영이 우리 가운데 거하시면 우리의 죽을 몸도 살리신다. 그러므로 주님의 영이 지금 내 마음에 들어와 내 삶을 다스리시고, 완전히 주권 이양이 되어 있을 때만 구원을 얻는 것이다. 즉, 현재 영의 부활이 있어야 한다. 현재적 부활 없이는 미래 부활도 없다. 자기 부인의 삶이 있을 때 부활을 사는 것이다. 윤 장로는 자기 부인의 삶을 실제 살았고, 가르침의 대다수가 자기 부인에 관한 것들이다. 가르침을 받는 사람들이 자꾸만 자기 부인이 어렵다고 말하면, 그는 늘 "하나님 앞에 순종하면 참 쉬운데, 순종하지 않아 어려운 것이다"라고 했다. 그렇다. 사실 오늘도 나를 부인하기 힘든 것은 말씀에 순종하지 않기 때문이다. 순종하면 쉬운 문제다.

참 성경교사로서의 사표

지금 우리 시대의 성경교육이 왜 힘을 잃었는가? 우리의 교육과 가르침이 너무 사변화되었기 때문이다. 우리의 언어에는 세 가지가 있는데, 지식(머리)의 언어, 입술의 언어, 가슴(혼)의 언어가 그것이다. 진실한 성경교사로서 윤 장로의 가르침은 단순한 지식 전달이 아니었다. 그는 말씀을 읽고 묵상하면서 충분히 이해하고 그 깨달은 말씀을 삶 속에서 반드시 육화해 사는 것을 보여 주었다. 지식의 언어 입술의 언어가 아니라, 가슴의 언어 살아내는 언어였기에, 언제나 그의 언어는 우리의 가슴을 뜨겁게 했다. 오늘 우리의 신학교 교육이, 교회의 성경공부가 사변적이고 관념적인 언어에서 하루속히 삶의 언어로 돌아오기를 고대한다. 뿐만 아니라 '신앙 따로 삶 따로'의 이원화된 신앙생활이 거듭나야 한다. 그래서 윤종하 장로는 늘 '신앙생활'이라고 하지 말고 '생활신앙'이라고 하자고 했다. 우리가 군대생활, 직장생활, 학교생활, 교회생활이라고 하니까 생활이 곧 그 사람의 신앙이기 때문이다. 이는 두고두고 생각하고픈 말이다.

그리고 우리의 다음 세대들에게 성경적 세계관을 심어 주는 것의 중요성을 강조했는데, 이는 무슨 일을 하든지 언제나 하나님 앞에서 살아가는 신전의식에 대한 가르침이었다. 한국교회교육이 위기라고 말하는 지금이 바로 이러한 성경적 세계관을 전해 주어야 할 때다. 생활과 신앙이 분리된 이원화의 종교에 빠지지 않도록 교육해야 한다. 윤종하 장로는 우리에게서 이러한 이원론의 틀을 벗겨 주었다. 교회당은 거룩하고 일터는 속된 것처럼 여기는 공간적인 이원론, 주일은 거룩하고 평일은 속되다는 시간적인 이원론, 교회에서 하는 일은 거룩하고 교회 밖에서 하는 일은 속되다는 직업적인 이원론, 이러한 이원론의 틀을 은연중에 우리 자녀들에게 전해 주지 않도록 철저하게 생활신앙을 전수할 수 있어야 한다.

다시 말씀 운동으로

윤종하 장로가 강의한 내용을 녹취해서 책으로 만들고 싶었던 나의 소망은, 이러한 가르침이 제대로 소개되어서 성경을 가르치는 사람들이 먼저 자기 이해를 바로 했으면 좋겠다는 간절함에서 비롯되었다. 그가 평소 입버릇처럼 말했던, "하나님으로 하나님 되게 성경을 성경 되게" 하면 한국 교회는 바로 설 것이다. 신학교에서도 교회에서도 성경을 성경 자체로, 하나님의 말씀으로 가르치지 못하기 때문에 성경교사들이 성경을 제대로 배우지 못한 채 성경을 가르치는 것이, 지금 한국 교회의 문제다. 그러므로 다시 말씀 운동이 일어나야 한다. 하나님이 에스겔에게 말씀을 전하라고 하시면서 "그들이 듣든지 아니듣든지 그들 가운데에 선지자가 있음을 알지니라"(겔 2:5)라고 하셨다. 우리가 하나님의 말씀을 제대로 전할 때 듣지 않는 자들이 더 많을 것이다. 하지만 분명 그들도 알게 될 것이다. 그들 가운데 말씀을 제대로 전하는 자가 있다는 사실을.

그의 강의가 있는 곳에는 늘 빗발치는 질문들이 따랐다. 질문자들 가운데 신학자들의 견해를 들어 말하는 이도 있었는데, 그러면 윤종하 장로는 언제나 "성경 어디에 그런 말씀이 있습니까?"라고 되받으면서 "신학자의 연구물이 우리의 구원을 보증하는 것이 아니라 하나님의 말씀이 우리의 구원을 보증합니다"라고 말했다. 신학과 역사를 무시하는 것이 아니라, 신학이라고 하는 것은 그 시대적 산물이라는 것을 강조한 것이다. 그러므로 시대마다 더 나은 신학은 있을지언정 단 하나의 신학은 있을 수 없다. 이러한 가르침들이 내가 신학의 안경을 벗게 된 결정적인 계기가 되었다. 이런 말들이 칼뱅이나 루터를 비하하려는 것이 아님을 밝힌다. 그들도 당시 로마가톨릭의 공로주의 사상에 맞서 싸우다 보니 그런 시각을 강조한 것이지 전체의 신학이 그렇지 않다는 것을 말하고 싶다. 『기독교강요』(Institutes of the Christian Religion, 크리스챤다이제스트)에서도 성화 없는 칭의는 분명 허구라고 하지 않았는가? 신학의 안경으로 성경을 보아서는 안 된다. 로마가톨릭의 공로주의를 강하게 부정하다 보니 오직 믿음, 오직 은혜가 강조되었고, 그러다 보니 행함이 없는 믿음 쪽으로 기울어 버린 것이 지금 한국 교회의 문제다. 그러므로 오히려 지금은 행함이 있는 믿음을 강조해서 균형을 잘 이루었으면 하는 바람이다.

　행함이 있는 삶, 변화된 삶은 성경을 성경으로 제대로 보면서부터 시작될 것이다. 성경이 우리 삶의 틀을 제공해 주는 것이다. 그러므로 성경을 가르치는 사람들은 날마다 성경을 읽고 묵상하면서 하나님의 선하시고 기뻐하시고 온전하신 뜻이 무엇인지 분별할 수 있어야 한다. 그렇게 할 때 온전한 삶의 예배를 드릴 수 있다. 우리가 믿음으로 산다는 것이 무엇을 말하는가? 하나님의 말씀에 순종하는 신실한 삶이 믿음으로 사는 것이다. 예수님이 그렇게 사셨다. 윤종하 장로도 그 길을 걸었다. 이것이 내게도 남은 생의 무거운 짐이다. 예수님처럼 살아가는 삶이다. 그러나 고맙게도 예수님은 이 큰 구원의 경륜을 창세전에 이뤄 놓으셨다. 그렇게 하나님의 자녀로 지어져 가도록 나를 만드셨다. 이것이 새 창조의 사역이다. 그러므로 이 부족한 사람을 하나님 나라의 백성으로 삼아 주셨지만, 여전히 주님 나라를 향한 열망은 51에 불과하고 세상의 소욕이 49나 차지하고 있는 것을 보면서, 오늘도 다시 말씀 앞에 나를 데려다 놓고 그 말씀에 순종하려 애쓴다. 내 스승이 그렇게 한 것처럼.

1983년 LTC ⓒ 편집부

내 삶에 흔적을 남긴 지도자

손희영(하나교회 담임목사)

첫 만남

1984년 7월 몹시 더운 여름 날, 경기도 현리에 있는 한명학원 건물에 80명 정도의 성도들이 교실 바닥에 앉아 아침부터 저녁까지 성경을 배우고 있었다. 이른바 성서유니온의 LTC(성경묵상인도자과정)였다. 요즘은 어느 집회에서든 시작할 때 찬양팀이 나와 한바탕 찬양을 부르는 것이 일반적인데, 그 흔한 찬송가 한 곡 부르지 않고 바로 기도하고 강의를 시작하는 장면이 인상적이었다. 간간이 짧은 휴식시간과 식사시간을 제외하고는 하루 종일 성경 이야기에 귀를 기울이는 천리행군 같은 수련회였다. 기존 집회 방식에 익숙한 회중 가운데 어떤 분이 "우리도 찬양을 한곡 부르고 합시다"라고 했더니 강사가 고른 찬송이 찬송가 350장(통일 393장) "우리들이 싸울 것은 혈기 아니오"였다. 세상에! 은혜가 넘치는 멋진 찬송이 얼마든지 있는데 도대체 이 강사가 고른 찬송이라니! 다들 기가 막혀하며 우물쭈물 불렀던 기억이 난다.

그 강사가 바로 지금은 고인이 되신 윤종하 총무(한국성서유니온 초대총무)였다. 그때 나이 오십 전후가 아니었나 싶은데, 스포츠형보다는 조금 길지만 짧게 자른 머리, 적당한 체구에 부드러우면서도 카리스마가 느껴지는 눈빛, 경상도 말인데도 표준말에 가까운 발음, 분명하고도 단호한 목소리는 영혼까지 아우르는 힘이 있었다. 그때까지 그런 식의 설교나 강의를 들어본 적이 없었는데 단순하고 명쾌하게 성경을 풀어 가는 길고 긴 강해는 결코 뿌리칠 수 없는 매력이 있었다.

30대 즈음 하나님 말씀의 맛을 알기 시작하던 그 무렵 그분과 「매일성경」을 처음 만났다. 그리고 「매일성경」은 지금까지 내 인생의 동반자가 되고 있는 소중한 친구다. 윤 총무는 이 「매일성경」을 처음 만든 분이었다. 목회자의 자녀로 태어나 서울대학교에서 영문학을 전공하고 폐결핵으로 젊은 시절을 다소간의 좌절 속에 보내다가 한국성서유니온이 발족하면서 총무로 섬기기 시작한 지 몇 년 지난 후였다. 당시 을지로 어느 골목에 위치한 사무실을 찾아갔을 때 보았던, 좁은 공간에 사무 간사 한 명과 윤 총무의 작은 책상, 겹겹이 쌓인 책들로 채워진 초라하고 어두컴컴한 공간이 지금도 기억에 남아 있다.

큐티라는 것을 처음 접했던 시절, 성경을 그렇게 밝히 깨달을 수 있다는 경이로움과 LTC라는 특이한 모임을 한꺼번에 접하면서 나의 신앙은 물 만난 고기처럼 생명을 누리기 시작했던 것 같다.

행적

1980년대 초 내가 연세대학교 의과대학에서 초임교수로 재직할 무렵, 꾸준한 중보기도 모임과 캠퍼스 기독동아리 지도교수를 맡으면서 윤 총무의 도움을 많이 받았다. 동아리 모임이나 여름, 겨울 수련회에 그분을 단골 강사로 모셨고, 그때마다 한 번도 실망을 주지 않는, 늘 새로운 도전과 깨달음을 주는 전천후 강사였다. 그분의 방식은 어떤 주제를 부탁하면 성경 안에서 적실한 장과 절을 뽑아서 질문을 만드는 것이다. 대개 그 질문은 한 번도 생각해 보지 않았던, 정곡을 찌르는 것이어서 금방 답을 할 수 없는 것이 대부분이었는데, 그런 질문을 던져 놓고 빙긋이 웃으면서 말문이 막혀하는 우리를 즐거운 듯 바라보곤 했다.

  그때 들었던 하나님 나라에 대한 새로운 개념들, 율법의 문제, 하나님의 인도, 성경묵상, 복음의 본질에 대한 명쾌한 해설들은 잠자던 내 영혼을 깨웠으며 말씀에 대한 갈망을 불러

일으켰고, 그 후로 지금까지 30년이 넘도록 성경연구와 묵상, 설교를 할 수 있는 토대가 되었다. 그러므로 내게 스승을 꼽으라면 단연 윤종하 총무다. 그분의 영향을 하도 많이 받아서인지 오랜 시간 후에 과거 성서유니온 가족이었던 해외 독자들 중 적지 않은 사람이 나의 설교에서 윤종하 총무의 향기가 많이 난다고 하는 것은 틀린 말이 아니라고 생각한다.

내가 그의 영향을 깊이 받게 된 것은 무엇보다 그의 탁월한 가르침이고, 다음은 그의 인격 때문이다. 당시 그는 다정다감하다든지, 다른 사람의 개인적인 일에 관심을 갖고 챙겨주는 스타일은 아니었다. 어떻게 보면 좀 쌀쌀맞을 정도로 군더더기가 없고 검소하며 정갈한 사람이었다. 사람에게는 어느 정도 군더더기가 있어야 정이 붙는다고 하는데, 그에게는 일부러 정을 붙이지 않으려고 작심이라도 한 듯 살가운 표현이나 몸짓이 없었다. 지금도 기억나는 1985년 초 어느 겨울밤의 일이다. 그는 인천의 한 장로교회의 계삭회(요즘은 그런 모임이 없다)에 말씀을 전하도록 초청을 받아 가게 되었다. 보통은 지하철이나 버스로 다니는데 그날은 억지로 내 승용차로 모시고 갔다. 당시 성서유니온 사무실이 이수교 부근 건물의 4층에 있었다. 사무실에서 무거운 「매일성경」 박스를 끌어내려서 힘들게 차에 싣고 갔는데, 그 교회의 본당은 2층에 있고 본당문 바깥 복도에 데스크를 차려놓고 거기서 「매일성경」을 판매하라는 것이었다. 그날따라 바람이 몹시 매서웠고, 추위에 떠는 동안 윤종하 총무는 무사히 설교를 마치고 돌아왔다. 그런데 안타깝게도 판매고는 「매일성경」 단 두 권이었다. 돌아와서가 더 문제였다. 다시 무거운 책 박스를 엘리베이터 없는 4층으로 들고 올라가야 하는데, 그는 뒤도 돌아보지 않고 총총 걸음으로 계단을 올라갔다. 끙끙대며 박스를 끌어올려 사무실에 올리고 나니, 수고했다는 한마디 없이 그냥 살짝 웃는 것이 전부였다.

그런데도 그에게는 결코 멀리 도망갈 수 없게 강하게 끄는 매력이 있었는데, 지금 전 세계에 흩어져 살면서 그가 끼친 영적 자양분을 누리는 많은 사람도 아마 대부분 그 매력을 기억할 것이다.

거친 질문을 즐기는

윤 총무의 강의는 구원에 대해 명쾌하게 알지 못하던 사람들에겐 언제나 도전이 되었다. 믿음만으로는 안 되고 순종하는 삶이 따라야 한다는 말씀이 분명히 맞는 말씀인데도, 자신의 구원이 불분명해지고 흔들리는 느낌을 받으면 강의 중에 거친 질문을 던지는 사람들이 많았다. 어떤 신학생은 고성으로 강사를 공격하듯 이의를 제기하기도 했다. 그럴 때마다 보여 준 윤 총무의 태도가 바로 그분의 트레이드마크가 되었다. 거친 공격성 질문을 받으면 그는 매우 즐거워했다. 강의가 끝나고 아무런 질문이 없으면 몹시 실망하는 반면, 활발한 질문과 반대 의견이 쏟아지면 물 만난 고기처럼 신이 나서 해설을 하는데 대학생 청년들의 수련회 같은 데서는 그런 토론이 종종 새벽까지 이어지는 경우가 허다했다. 어떻게 그토록 거친 질문과 항변에 오히려 즐거워할 수 있을까? 때로는 강의 중에 일부러 어떤 논리의 함정 같은 것을 만들어 놓고 거기 빠져서 아우성치는 청중을 보고 즐거워하는 건 아닐까 의심이 들 정도였다. 놀랍게도 그런 토론의 결말은 대부분 더 깊은 깨달음 가운데 가슴을 쓸어내리며 각자 자신을 돌아보고 감사의 마음을 품게 되는 것이었다(물론 항상 그런 것은 아니었다).

해외 사역의 시작

내가 해외연수를 가게 되었던 1987년 무렵, 그때는 윤 총무가 속해 있던 고신교단에서 그의 신학과 교리이해에 대해 정죄하고 고신교단 교회에서 설교를 하지 못하게 하는 극단의 조처가 내려진 시기였다. 하지만 큰 아픔을 겪고 있을 것이 분명한 가운데서도 한결같이 「매일성경」의 집필과 보급, 이어지는 외부집회를 통해 꾸준히 한국 교회에 복음의 씨앗을 뿌려 갔다. 아마도 그 시기에 그는 국내에서의 노골적인 반대를 겪으면서 사역의 또 다른 영역을 위해 하나님의 인도를 구하고 있지 않았을까 생각한다. 당시 한국성서유니온의 내부 문제도 적지 않아서 간사로 섬길 목사들을 선임하고 동역하는 일에도 마음의 부담을 느끼곤 했다. 그 어간에 그의 사역이 해외로 확장되기 시작했다. 내가 미국 텍사스 휴스턴에서 연구생활을 할 무렵, 그는 그곳을 방문해서 200킬로미터 내외 거리에 있는 한인 교회들과 접촉하여 집회를 했다. 그는 크고 작은 교회들과 소규모 가정 모임 등 하나님의 말씀을 사랑하는 사람들이 있는 곳에는 모임의 규모나 사례비 유무를 개의치 않고 달려갔다.

지금도 크게 다르지는 않지만, 당시 많은 이민 교회들은 주로 예화 중심의 윤리설교나 교회의 외적 부흥을 위한 봉사와 헌금을 강조하는 등의 설교가 주를 이루었는데, 그것과 전혀 다른, 말씀 자체를 간결하고도 깊이 있게 강해하는 그의 설교에 사람들은 호의적인 반응을 보이지 않았다. 그러나 소수의 사람들이 찾아와서 정말 이것이 하나님의 말씀인 것 같다, 우리는 정말 하나님의 말씀을 듣기 원한다고 말한 적이 여러 번 있었다. 후일에 윤 총무는 내게, "예나 이제나 진정으로 하나님의 말씀을 사모하고 그를 통해 주님과 인격적인 만남을 갈망하는 사람들은 어디에나 있다. 그런데 그 수가 많지 않다"는 말을 해주었다. 그 말을 할 때의 표정이 담담하면서도 어딘가 외롭고 쓸쓸해 보였다. 나는 그때나 지금이나 충분히 그 마음에 공감할 수 있고, 또 세월이 지나면서 점점 그 말씀이 현실로 아프게 다가온다.

  윤종하 총무가 사역 차 방문했던 적지 않은 교회에서 말씀을 들은 후 크게 기뻐하고 기꺼워하는 사람들이 많지는 않았으나 언제나 있었다. 그리고 과거 이런 저런 인연으로 「매일성경」으로 큐티를 한 적이 있거나, 계속 하고 있는 사람들은 대부분 말씀집회에 대단한 열성을 보였던 것으로 기억한다. 그래서 윤 총무의 해외집회는 상당 경우가 가정에서 모이는 소그룹이었다. 많아야 20명 내외, 적을 때는 대여섯 명이 모였지만 수백 명 모이는 교회의 강단에 선 것 이상으로 진지하고 열정적으로 말씀을 가르치곤 했다. 말씀사역자로서 그것은 결코 쉬운 일이 아니다. 그래서는 안 되지만 설교자는 청중이 많은 모임에서 긴장하고 에너지를 많이 쓰려 하고, 소그룹에서는 아무래도 느슨해지고 열정이 적어지기 마련이다. 그러나 그는 청중이 많으나 적으나 크게 차이가 없었다. 청중의 숫자나 반응 여부보다 당신이 전하는 말씀의 내용에 언제나 깊이 빠져 있었고 매순간 그것을 더 효과적으로 전달하기 위해 노력하고 있다는 것을 느낄 수 있었다.

해외 사역의 확장

1980년대 후반에 시작된 윤 총무의 해외 사역은 본인의 의사와 무관하게 계속 확장되었다. 지난 세월 동안 그의 가르침을 받았던 제자들이나 「매일성경」 큐티로 은혜를 체험했던 이들이 해외에 거주하면서 윤 총무를 초청하기 시작한 것이다. 물론 대부분이 소그룹이어서 여비를 감당하기가 쉽지 않았음에도, 그때마다 후원자가 나타나 경비를 조달하는 일이 많았다. 그들은 모시기 힘든 당대의 귀한 성경교사를 먼 이국땅에서 만나는 큰 은혜를 누린 것이다. 이런 모임들은 대개 계속적인 만남을 원하기 일쑤여서 그의 해외 사역 기회는 점점 많아졌다. 북미주는 기본이고 호주 지역과 아프리카, 남미, 동남아시아와 같이 교민들이 있는 곳은 어디나 그의 사역지가 되었다.

그러던 중 미주 지역에 성서유니온 지부가 생기게 되었다. 그 이전에도 미국 동서부, 캐나다 등지엔 「매일성경」 담당자가 있어서 그들을 통해 「매일성경」을 통한 큐티 보급과 훈련이 산발적으로 이루어지고 있었지만, 1991년경부터 LA를 중심으로 성서유니온 미주 지부가 결성되었다. 그때 나는 늦깎이 신학생으로 패서디나에 있는 풀러 신학대학원에서 신학 수업 중이었는데, 성서유니온과의 인연 때문에 LA에 있는 몇 교회에서 큐티 강의를 하고 「매일성경」을 보급했고 그 성과도 좋은 편이었다. 그것을 보고 윤종하 총무의 제자인 송인권 장로 내외가 아예 성서유니온 미주 지부를 세우자고 제안해 왔고 윤 총무를 초청하여 집회를 열면서 본격적인 태생기에 접어들었다.

사실 그 이전부터 나는 텍사스 휴스턴에 있을 때도 여러 교회에 큐티 강의를 하러 다녔고 그럴 때마다 「매일성경」을 권유하다 보니 수백 권씩 책을 주문하게 되었는데, 예상외의 수요를 위해 추가분을 가지고 있다가 팔리지 않으면 재고가 되고 그 책값을 내가 보전하는 식으로 일을 하다 보니 무리가 되었다. 그런 경험이 있었기에 미주에 성서유니온 사무실을 낸다는 것은 내게 매우 고무적인 일이었다. 그래서 이사회가 결성되고 내가 파트타임이지만 간사의 일을 맡는 것으로 일단 미주 지부가 생긴다.

성서유니온의 미주 지역 이사들은 하나같이 윤 총무를 존경하고 따르는 분들이었고, 하나님의 말씀을 사랑하고 순전한 복음이 널리 전해지기를 간절히 원해서, 1990년대 초반 미주 성서유니온은 활발한 사역을 펼쳐 갈 수 있었다. 윤 총무는 한국과 미국을 자주 오가며 이사들을 훈련하고 여러 교회를 순회하며 집회를 인도했다. 참으로 귀한 것은 지부의 재정도 별로 없는데 사역에 필요한 재정들이 뜻있는 후원자들을 통해 언제나 풍성히 공급되었다는 사실이다. 사실 그러한 현상은 윤 총무가 늘 가르치던 바였다. 하나님이 인도하시는 길로 가고 그분의 뜻을 행하려 할 때 필요한 것들은 언제나 적절히 채우신다는, 성경의 기본적인 진리가 참으로 진리라는 것이 그의 사역과 개인의 삶에서 늘 밝히 드러났다. 이 시대의 아리마대 요셉과 같은 사람들은 윤 총무의 가르침으로 회심을 경험하기도 했고, 거기까지 가지는 않더라도 알지 못하는 하나님의 힘에 이끌려 흔쾌히 지갑을 열었다.

  윤 총무를 가까이에서 지켜보며 그가 타고난 순회 사역자가 아닌가 생각했다. 우선 비행기를 타면 곧 잠이 들고 자주 미국과 한국을 오가도 시차 때문에 고생하는 경우가 드문 것 같았다. 젊은 시절 폐결핵으로 투병한 적이 있다고 하지만 체질은 매우 건강한 편이었는데, 무엇보다 어디에서든 금방 잠들고 숙면하는 습관과 무엇이든 잘 먹는 편한 식습관 때문인 듯하다. 오랫동안 외지에 다녀도 김치를 찾는 법 없이 그냥 현지 음식을 맛있게 먹는 특이한 분이었다. 그런데 그가 잠을 잘 자는 건 좋은데 내게는 개인적으로 아쉬운 문제도 좀 있었다. 나는 당시 그의 집회를 위해 수백 킬로미터 거리를 운전하며 모시고 다녔다. 그 시간은 말씀과 신학에 굶주린 내가 특별과외 강의를 들을 수 있는 절호의 찬스였다. 그래서 기쁜 마음으로 먼 길을 마다않고 기꺼이 운전을 자청했는데, 그건 나만의 오해였다. 차가 출발하고 5분도 안 되어서 그는 꿈나라에 들어갔다. 앞만 보고 운전하다가 이제 대화 시간이 됐다 싶어서 "총무님, 칼뱅주의에서는 말이죠…" 하고 운을 떼는데 아무런 대답이 없어 슬쩍 고개를 돌려 보니 머리를 뒤로 젖히고 깊은 잠에 빠져 있는 것이 아닌가! 억울하기 이를 데 없는 일이지만 그때마다 복음과 함께 받는 고난으로 알고 인내하곤 했다.

  윤 총무를 처음 만나고 약 10년의 세월이 흘렀다. 가까이에서 그를 경험하면서 내가 알지 못했던 점들이 새록새록 발견

되었다. 그중 하나는 그가 다른 사람에게 개인적인 관심이 없는 줄로만 알았는데 그렇지 않다는 점이었다. 10년 전에는 그 추운 날 무거운 「매일성경」 박스를 들고 4층 계단을 올라가도 거들떠보지 않던 분이, 내가 이국땅에서 신학교를 다닐 때는 돈이 부족하지 않는지 자상히 물으면서 주머니에 100달러짜리 지폐를 찔러 주곤 했다. '아, 사람이 이렇게 변하는 수도 있구나' 하고 생각할 정도로, 이 일은 내게 대단한 충격이었다. 이렇게 말하면 이전의 윤 총무가 냉정하고 동정심 없는 사람처럼 느껴지겠지만 전혀 그렇지 않다. 사실 그는 정이 많고 진리와 함께 기뻐하며 다른 사람을 사랑하는 사람이었다. 그런데 가식이나 위선, 겉치장, 허례허식, 빈말 같은 것을 너무 싫어하다 보니 자질구레한 일에 살가운 표현을 하는 인간적인 손짓(personal touch)이 약한 것일 뿐, 그는 매우 인간적인 사람이었다. 제법 긴 시간을 곁에서 지켜보며 내가 받은 전체적인 느낌은 참 따뜻하고 믿음직한 사람이라는 것이다. 그에게는 결코 배신당하지 않을 것이라는 믿음, 잘못해도 내치지 않을 것 같은 안전감, 항상 곁에서 이끌어 줄 것 같은 편안함이 있었다.

외모

그와 함께 있어 본 사람은 누구나 그의 헤어스타일에 대해 궁금하지 않았을까 생각한다. 언제나 똑같이 단정하고 짧게 손질한 머리. 그가 헤어스타일에 무관심한 것 같지만 사실 조금이라도 머리가 길어지면 대단히 불편해하면서 근처의 좋은 이발소를 찾는다. 주인에게 물어 봐서 자기 스타일을 잘 유지할 수 없을 것처럼 보이면 절대로 맡기지 않았다. 내가 텍사스 주 휴스턴에 있을 때 교회 초청집회를 가졌는데, 끝난 뒤 할머니 권사님들이 이구동성으로 "저 목사님은(당시 권사님들은 목사 아닌 설교자를 알지 못한다) 형무소에서 갓 나왔나? 왜 머리가 저리 짧은고?"라며 의아해했다. 나도 궁금하긴 일반이라 한번 물어 봤는데, 의외로 답이 단순했다. "길면 귀찮잖아." 세상에! 난 또 뭔가 심오한 이유가 있을 줄 알았는데 고작 귀찮아서라니! 그렇게 재미있는 분이기도 했다.

또 한 가지 특이사항은 최진한 사모에 관한 내용이다. 일제강점기에 의사집안의 딸로 태어난 그는 결혼 전에는 영화 "바람과 함께 사라지다"에 나오는 비비안 리가 입었을 법한 드레스를 입고 다녔고, 그의 집은 자가용 자동차와 영사기를 가졌을 정도로 부유했다. 그런 귀한 집 딸을 데려다 결혼식을 하는데 윤 총무가 신부 화장을 못하게 했다는 비화가 있다! 내가 듣기로는 신부가 로션만 바르고 아주 살짝 파운데이션을 바르고 결혼식에 임했다고 한다. 최 사모께 "도대체 왜 그랬느냐"고 두어 번 여쭸는데, 빙그레 웃으며 대답이 없으셨다. 그래서 영원한 비밀이 되어 버렸다.

  한번은 텍사스에 있을 때 윤 총무가 우리 집을 방문했다. 그런데 외지에 나온 사람치고 가방이 너무 작고 가벼운 게 아닌가? 자세히 살펴보니 가방에 옷가지가 없었다. 입고 있는 티셔츠와 남방, 바지 한 벌, 게다가 속옷도 딱 두 벌이 전부였다. 그래서 샤워할 때마다 속옷을 세탁하고 말려 두곤 했다. 그것을 검소하다고 해야 할지 생활에 무관심하다고 해야 할지 모르겠지만, 당시에 나는 그를 너무나 존경했기에 그런 모습까지도 본받고 싶었다. 그래서 나도 외부집회를 다닐 때 샤워하며 속옷을 손빨래하기에 짐을 많이 가지고 다니지 않는다. 물론 그런 외적인 모습을 흉내 낸다고 그의 영성과 비슷해지는 게 아니니 쓸데없는 일 같지만, 그래도 나는 내 삶에 남겨진 그런 흔적이 좋다.

가르침

윤 총무의 제법 많은 제자가 기억하듯, 그의 가르침 중 가장 벅찬 것은 하나님의 말씀대로 살자는 것이다. 그건 너무나 옳은 말씀이다. 그런데 막상 살아 보면 잘 되지 않는다. 그래서 여러 번 질문을 드렸다. "총무님, 말씀대로 사는 게 너무 어렵습니다. 어떻게 늘 순종만 하며 삽니까?" 그때마다 그는 정색을 하고 대답했다. "아니, 손 선생, 순종 안 하고 사는 게 얼마나 어려운데 그런 소릴 해? 하나님 말씀에 순종 안 하고 살려면 머리를 이리저리 굴려야 하고 꾀를 써야 하니 얼마나 골치 아프고 힘들겠는가? 그런데 순종해 봐, 얼마나 쉬워? 그냥 하라는 대로 하고, 하지 말라는 거 안 하면 되는데 뭐가 어렵다고 그래?" 그러면 바로 그 앞에서 "음, 맞아요. 그러네요" 하다가도 다시 속으로는 '도대체 이분이 세상 물정을 너무 모르시는 거 아냐?' 하는 생각이 들다가 '그래 이게 총무님의 매력이지' 하고 결론을 내렸다. 이것은 나뿐 아니라 다른 사람들도 그랬다.

그렇다. 그래서 윤 총무는 한국 교회의 무성한 교회주의, 물질주의와 성공주의가 안방을 차지하고 있는 교회 현실에 매우 비판적이었다. 목사들이 교권에 집착하고 교회 내에서 영적 착취를 일삼고 돈을 밝히는, 소위 목회성공에 목을 매는 모습들에 신랄한 비판을 가했다. "하나님이 한국 교회를 싹 쓸어버리고 새로 시작하실지 모른다"는 등의 발언을 거침없이 하곤 했다. 하나님의 말씀을 가감 없이 강해하고 말씀에 온전히 순종할 것을 강조하는 그의 눈에 현실에 타협하고 세속에 물든 한국 교회는 건강한 교회로 보일 수가 없었.

그러한 윤 총무의 생각은 막상 현실 교회 속에서 많은 반발에 부딪힐 수밖에 없었다. 거의 행위구원론으로 들리는 구원론에 대한 도전, 펠라기우스가 무엇이 잘못되었느냐는 반박, 아르미니우스가 맞다, 한국 교회 대부분이 구원받지 못했을 거라는 등의 발언은 엄청난 비난과 반발에 직면하게 되었다. LA의 어떤 교회에서는 집회 중에 장로들이 음향 시스템을 꺼 버렸고 몇 년 동안 구독했던 「매일성경」을 모두 취소하고 윤 총무의 설교 테이프나 글을 일체 접하지 못하도록 엄명을 내리기도 했다. 이런 일이 일어나면서 LA 지역에서 여러 해에 걸쳐 「매일성경」을 보급했던 나는 매우 난처해졌다. 그래서 "성도들의 수준을 살펴서 설교의 수위를 좀 조절하시면 안 될까요? 꼭 그런 식으로 성도들이 붙들고 있는 가냘픈 신앙을 흔들어야 합니까?" 하고 항변하기도 했다. 그러나 그는 결코 흥분하는 법 없이 진리를 전하는 일에는 언제나 담대해야 한다고 했다.

윤 총무를 존경하고 사랑하는 사람들은 그런 상황에도 불구하고 계속해서 그에게 지지를 보내는 편이다. 나도 예외가 아니었다. 그러나 그에게 아쉬움이 있었던 것은 한 사람이 예수를 믿고 지나가는 길고 긴 신앙의 여정 가운데 많은 기복이 있으며 방황도 있고 오류와 실수도 있을 터인데 어릴 때부터 거의 방황하지 않고 올곧게 자라 온 자신과 다른 사람을 똑같이 봐서는 안 되지 않을까 하는 점이었다. 그래서 어느 날 윤 총무께 상당한 항의성 발언을 하고 한동안 소원한 상태가 된 적이 있었다.

그리고 나는 신학대학원을 졸업하고 당초 품었던 선교사의 꿈을 접고 미국 플로리다의 시골 도시에 있는 한인 교회를 섬기게 되었다. 그것이 1995년인데, 그해 여름 한동안 소식을 끊고 지내던 나에게 윤 총무가 전화를 해주었다. 제자의 불손한 항의가 불쾌했을 텐데 언제 그랬느냐는 듯 밝고 다정한 목소리로 우리 교회를 방문하겠다고 해서 반가운 해후를 했다. 당시 내가 섬기던 교회는 대부분의 성도가 그곳에 있는 제법 괜찮은 대학에 유학을 온 한국 젊은이들로 구성된 교회였다. 나름 구원의 확신도 있고 신앙생활의 자부심도 있는 사람들이었다. 그런 곳에서 그는 또 그들의 구원 확신을 흔들어 놓고 하나님에 대한 순종이 따르지 않는 믿음의 허구성을 신랄하게 지적했다. 반응이 어떠했겠는가? 젊은이들은 앞다투어 일어나서 소리를 높여 반박하고 윤 총무의 신학이 이상한 것 아니냐고 나에게도 항의했다. 그러나 나는 그가 아주 편하게 웃으면서 그 질문들에 일일이 답하고 또 답하는 것을 보았다. 그때 전에 윤 총무에 대해 가졌던 일말의 의심이 사라지는 것을 느꼈다. '이분의 가르침을 지금은 내가 다 이해할 수 없을지도 모른다. 그런데 내가 이분만큼 성숙하고 깊어질 때 이분과 같은 생각을 가지게 되지 않을까?'라는 생각을 하게 되었다.

그렇다. 시대마다 많은 사람이 동의하는 신학의 체계가 있다. 그리고 그것을 벗어나는 것은 당대에 용납될 수 없는 사상이 된다. 그렇지만 누가 알겠는가? 계시는 완성된 것으로 우리에게 주어졌지만 그 계시의 조명은 시대마다 더 밝혀질 수 있다. 그리고 복음은 매 시대의 '삶의 정황'(sitz im Leben)에 따라 재해석(reinterpretation)되고 재현(representation)되는 것 아닌가? 복음에 있어서 하나님이 이루신 일에 대한 전적인 의뢰와 우리가 하나님께 적극적으로 순종함으로 그 은혜 가운데 거하고 있음을 자증해야 하는 것의 균형은 매 시대의 필요와 요구에 따라 조금씩 변할 수 있지 않겠는가? 그렇게 생각했다. 그리고 그 생각은 지금도 변함이 없다.

이후 그는 내가 섬기는 교회를 여러 번 방문하여 가르침을 주었다. 그리고 나에게 여러 번 한국성서유니온 총무를 맡으라고 강권하였다. 그러나 나는 행정적인 일에 전혀 관심이 없고 또 내가 선임하지 않은 스태프들을 아우르며 한 기관을 맡을 재능이 없기에 항상 고사하였다. 윤 총무는 그것을 매우 섭섭하게 여긴 것 같다.

그동안 윤종하 총무는 꾸준히 해외 사역을 펼쳐 나갔고 동시에 한국에서 에스라성경대학원대학교의 초대 총장으로 설교자를 양성하는 일에 전념했다. 아마 에스라에서의 사역은 윤 총무의 생애에 큰 기쁨과 보람을 주는 일이었을 것이다. 그곳에는 신학박사 학위를 가진 교수들이 여럿 있었지만, 신학교를 정식으로 수학하지 않은 그는 학문적으로 해석된 성경 본문을 삶에서 실제로 살아내고 적용하는 일을 가르치는 일을 열정적으로 감당했다. 임기를 마치고 총장직을 물러날 때 자신의 거취에 대한 하나님의 인도 역시 성경묵상에서 발견하고 적용했던 일은 지금도 여러 사람이 기억하고 있다. 그때 해준 말이, "노욕에 빠지지 않게 해 달라고 기도했다"는 것이다. 아마도 윤 총무가 더 오래 에스라 사역을 했어도 누구도 노욕 때문에 그랬다고 비난하지 않았을 것이다. 그러나 그는 아무런 미련 없이 총장직을 내려놓고 여러 나라를 누비고 다니며 순회 복음전도자로 남은 생애를 살았다.

마지막 죽음까지도

이상하게 잘 기억이 나지 않는 어느 해에, 교회로 그의 전화가 왔다. "손 목사, 이제 목회는 웬만큼 했으니 한국에 돌아가 성서유니온 총무를 하세요"라는 당부의 말이었다. 하지만 나는 "총무님, 그것은 제 자리가 아닌 것 같습니다"라는 답을 드렸고 몇 마디 더 나눈 뒤 전화는 끝났다. 그리고 정확히 일주일 후 그는 바하마 군도를 여행하던 중 바다에서 심장마비로 소천했다. 아, 그러니까 그 해가 2007년이었나 보다. 1992년, 내가 미국 신학대학원에 다니다가 잠시 한국에 들어갔을 때 영국에서 잠시 공부를 하고 돌아온 그를 만난 적이 있었다. 그런데 얼굴이 많이 초췌해 보여 건강검진을 권했다. 그러는 중

복부초음파 검사에서 간에 제법 큰 종괴가 발견된 것이다. 부랴부랴 세브란스병원에 부탁해서 CT검사를 했는데 다행히도 간암이 아니고 혈관종으로 판명되어 놀란 가슴을 쓸어내렸다. 그런데 가슴을 쓸어내린 사람은 그가 아니었다. 오히려 그는 초음파 검사에서 간암이 의심된다고 한 날 저녁, 평소와 같이 짧게 기도하고 편안하게 잤다고 했다. 그날 저녁 나는 에스라대학원대학교의 백정란 이사장과 통화하면서 울었는데 말이다. 그런데 훗날 들으니 윤 총무는 그날 하나님 곁으로 가는 건 언제든지 좋은데 사역이 남아 있는 듯하니 히스기야처럼 15년만 더 살게 해 달라고 기도드렸다고 한다. 그는 그 후로 정확하게 15년을 더 살고 하나님 곁으로 갔다.

하나님 나라를 살아낸 묵상인

박대영(「묵상과 설교」 책임편집자, 광주소명교회 담임목사)

말씀이 들렸다

지금도 생생하다. 무심한 나를 깨우던 테이프 너머의 명징한 그의 음성이. 간간이 몇 마디를 섞어서 성경을 찬찬히 읽어 주었을 뿐인데 전혀 낯설게 그 말씀이 들려왔다. 흐름이 잡히기 시작했고, 속뜻이 만져지면서 마음속 안개가 걷혔다. 속을 내리누르던 것이 내려가고 정신이 맑아졌다. 내가 그러고 있는지도 모르는 그 까까머리 중년 남성은 다소 건조하리만치 태연하게 자기 할 말을 이어가고 있었다. 과시도 과장도 없고, 수사나 수식도 없다. 그런 거 없어도 해야 할 말이 많다는 듯, 드러낼 말이 너무 많다는 듯, 그 말씀만으로 충분하다는 듯, 매우 빠르게 그러나 서두르지 않으면서, 그러면서도 또박또

박 '복음과 하나님 나라'를 설명해 갔다. 성경 구절을 여기저기 찾아서 그 관계를 주변 문맥에 따라 설명하는 것을 듣고 있으면, 그가 목사인지 평신도인지, 그의 신학적 입장이나 배경은 어떠한지, 심지어 그가 얼마나 좋은 학교에서 많은 신학공부를 했는지 궁금해할 틈이 없었다. "나는 쇠하고 그분은 흥해야 한다"고 했던 세례자 요한처럼, 그는 오직 말씀을 통해 풍성하게 계시해 놓은 복음의 영광을 드러내는 데만 주목하는 것처럼 보였고, 적어도 나에게는 그의 진심이 고스란히 전달되었다. 강한 자극이나 선동, 도전적인 요구가 없는데도 내 가슴은 뜨거워졌고 머잖아 눈물이 쏟아졌다. 카세트의 '멈춤'을 누르고서는 곧장 무릎을 꿇고 기도하기 시작했다. "저도 주님 나라의 백성으로 당신의 통치 속으로 들어가 오늘 여기서 주의 다스림을 구현하며 살고 싶습니다." 그날 나는 '말씀이 들린다'는 것을 난생 처음으로 경험했고, "말씀이 살아 있고 활력이 있어 좌우에 날선 어떤 검보다도 예리하다"(히 4:12)는 성경 말씀을 실감했다. "백수의 왕 사자의 용맹을 증명할 필요가 없다. 단지 그 사자를 우리 밖으로 풀어 주기만 하면 된다"던 블랜차드의 말대로, 왜 성경이 역사적 정보에 그치지 않고 오늘도 하나님의 자녀들을 인도하고 새롭게 창조하고 빚어 가는 살아 계신 하나님의 능력 있는 말씀인지를 몸소 배우는 사건이었다. 군대에서(1991년) 그런 경험을 하고 그분을 직접 뵙기까지는 2년이 더 흘렀다.

말씀이 삶이 된 사람, 윤종하

나에게 윤종하는 총무님, 원장님, 장로님으로 불리던 분이다. 한국성서유니온에서, 에스라성경연구원에서, 그리고 광야교회에서 나는 그와 같이했고 부지런히 배웠다. 한마디도 놓치지 않으려고 무척이나 애썼다. 질문이 많았고 딴지도 자주 걸었고 끝내 동의하지 못한 것들도 있었지만, 여태 가장 힘차게 갈채를 보내고 닮으려고 애쓴 제자 중 하나일 것이다. '말씀의 사람'을 떠올릴 때 나에게는 두 사람이 생각난다. 우리에게 「성서조선」을 남겨 준 김교신 선생과 「매일성경」을 남겨 준 윤종하 총무다. 그가 전하는 말씀에는 힘이 있었다. 하지만 알아듣기 쉬웠고, 다 들은 다음에는 절로 어떻게 살아야 하는지에 대한 상(像)이 생겼다. 그 말씀을 받아들이려 할 때 우리가 치러야 할 대가를 분명히 제시했고, 그 가르침과 양립할 수 없는 기성의 다른 가르침이 무엇인지에 대해 주저 없이 말함으로써 듣는 이로 하여금 입장을 분명히 하도록 촉구했다. 불편하고 불쾌하게 여기든지, 시원하고 통쾌하게 여기든지였다. 그간 내가 옳다고 믿어 왔던 것과 단호하게 결별하지 않으면 그분과는 친구조차 될 수 없을 것 같았다. 그것은 단지 성경에 있는 대로 듣고 배우라는 명령만이 아니라, 잘못 알고 있던 지식에 취해 거짓 안전감을 즐기던 이들을 정신 번쩍 나게 하는 냉수 같은 말씀이었다. 강의 후에 강한 반발과 비난, 무례한 항의와 거친 질문이 늘 뒤따랐던 것은 그래서였다. 하지만 윤종하 총무는 눈 하나 꿈쩍 않고 초연하게 대답하면서 응수했다. 이미 예상이라도 한 듯이 적어도 자신이 아는 한에서는 명쾌하게 답변하였고, 공부가 부족한 부분에 대해서는 잘 모르겠다고 대답하였다. 신학적인 질문에 대해 신학적인 논리로 대응하기보다는 성경이 실제 어떻게 말하고 있는지에 대해 성경 여러 곳을 찾아 주면서 대답하는 식이었다. 그것은 또한 신학적 논리보다는 삶의 논리에 더 가까웠다. 즉, 성경이 신학을 구성하기도 하지만 우리의 삶을 구성하고 있다는 사실을 그의 성경 사용에서 배울 수 있었다.

그의 침착함과 대범함, 그리고 단호함과 자상함의 비결을 그의 곁에서 함께 지내면서 배울 수 있었다. 적어도 그를 '말씀의 사람'이라고 부를 때, 그것은 말씀 연구에 매진하는 사람, 말씀을 사랑하는 사람, 말씀 가르치기에 늘 힘쓰는 사람이란 의미만은 아니다. 그보다는 그 말씀을 따라 살아가려고 애쓰는 사람이라는 의미가 더 강하다. 그에게는 심지어 그게 너무 쉬워 보였다. 말씀이 한 개인의 마음과 삶에 어떻게 영향을 미치게 할지를 잘 아는 사람이었다. 나에게는 그냥 무심히 스쳐 지나가는 말씀이 그에게는 오래 머물러 사도 바울의 말처럼 "교훈과 책망과 바르게 함과 의로 교육하기에 유익한" 말씀이 되고 있었다. 그가 말씀을 묵상하고 나누는 말씀이나 강의 때 듣는 말씀, 그리고 설교 중에 들려주는 말씀을 들으면,

말씀이 살아 움직여서 때로는 심령에 큰 수술을 하기도 하고, 망치로 때리는 것 같기도 하고, 부드럽게 아픈 데를 쓰다듬어 주는 것 같기도 했다. 성경의 목소리가 다양하게 들려왔고, 그 말씀이 자신과 자신의 삶을 조명하고 해석하도록 잘 맡기는 것을 보았다. 그에게 말씀은 더 이상 연구의 대상만도 아니고, 쌓고 모으는 정보만도 아니었다. 그것은 살아 계신 하나님의 말씀이었다. 그 생생함 때문에 더욱 내 눈에 윤종하 총무는 그 말씀을 따라 자연스레 살아가는 분이었다. 내가 모르는 크나큰 결단도 있었겠지만, 대개는 아주 소소한 일상의 결정들까지도 말씀묵상을 거친 후에 내리는 것을 보면서, 그에게는 "하나님이 어떻게 생각하실까?"라는 물음이 생활화된 것이 아닌가 생각했다. 그의 말에 힘이 있었던 것과 그가 쓰는 언어들이 매우 실제적이고 구체적이고 생활 친화적이었던 것은 바로 오래 지속한 말씀묵상과 실천의 삶 때문이 아니었을까 생각한다. 윤종하 총무는 하나님 말씀의 뜻은 주의를 기울인 해석을 통해서보다 자기 수준에 맞게 실천할 때 깨달아진다고 늘 강조했다. 나는 그를 자신부터 소박하게, 단출하게, 정갈하게 살면서 그것을 실천한 사람으로 기억한다. 여기 그가 남긴 여러 공헌 가운데 특히 성경묵상과 관련하여 끼친 영향을 몇 가지 소개하고자 한다.

성경을 묵상의 대상으로 삼다

윤종하 총무의 가장 큰 공헌으로 '성경묵상'을 이 땅에 본격적으로 도입한 일을 우선 꼽을 수 있을 것이다. 성경이 없는 곳에 성경을 번역하는 일은 '성경번역선교회'가 한다면, 성경을 신자들의 손에 들려주는 일은 '성서공회'가 맡고, 그 성경을 성도 개인이 실제로 묵상하고 삶에 실천하도록 돕는 일은 '성서유니온'이 감당한다는 말이 있다. OMF 선교사들에 의해 성서유니온이 한국에 들어온 1970년대 초는 교회마다 부흥회 열기가 뜨거웠고, 이는 "잘 살아보세"라는 새마을운동의 기독교 버전이 되어 "예수 믿고 복 받자"는 말씀이 널리 받아들여지던 때였다. 선교사들은 이런 상황을 심각하게 여겼고, 성서유니온의 '성경읽기사역'을 통해 성도들이 다시 성경의 가치관을 따라 살도록 촉구할 필요를 느꼈다. 그들은 감정적인 위무를 전해 주는 예배나 피안적인 구원(예수 천당, 불신 지옥)만 강조하는 강단이 회복되기를 기대했다. 그나마 열정이 있는 교회에서는 하루에 성경 세 장 읽기 운동을 전개했고, 학생선교단체들에서 성경공부가 진행되었지만, 대부분의 지역 교회에서는 성도가 스스로 성경을 읽고 해석하는 일이 그릇된 해석을 할 수 있다는 이유로 허용되지 않는 분위기였다. 그럴 때 성서유니온과 윤종하 총무는 영국의 「생명의 양식」(Daily Bread)을 번역하여 사용하다가 1년 만에 자체 집필하여 「매일성경」을 출간하고, 그때부터 성도들이 직접 성경을 읽고 해석하여 자신의 삶에 적용하고 실천하도록 가르치기 시작했다. 이는 매우 선구적이고 성경적이고 또 급진적인 운동이었다. 성경은 성직자인 훈련받은 목사들만 다룰 수 있다고 여기고, 또 그 목사의 해석이나 설교를 하나님의 말씀과 동일시하던 한국 교회 상황에서, 성경을 목사나 성도의 '개인 묵상' 대상으로 사용할 수 있다는 것을 보여 준 획기적인 제안이었다. 하지만 쉽사리 받아들여지기 어려운 제안이고, 기성 교회로부터 환영은커녕 의혹의 눈초리를 받기에 족한 생각이었다. 그래서 기성 교회가 전격적으로 수용하기보다는 한 사람 한 사람 전도하듯 소개하고, 호의적으로 반응하는 사람들이 모이면 그룹을 지어 공부하고, 그래서 점점 지역으로 확산되는 과정을 장기간에 걸쳐서 보내야 했다. 윤종하 총무에 의해 이제 성경은 목사들에 의해 설교 강단에서만 선포되는 말씀이 아니라, 성도든 목회자든 성경 앞에서 똑같이 조아리고 공적인 메시지뿐 아니라 개인적인 메시지도 듣고 반응해야 하는 대상으로 재조명된 것이다. 심지어 그것은 선택이 아니라 의무다. 성경묵상이 개인의 구원과도 밀접하게 관련 있다는 주장을 펼치면서 오해와 고난을 받기도 하였다. 보기에 따라서는 행위구원론으로 비칠 수 있었던 것이다. 하지만 터무니없는 오해다. 말씀에 대한 순종이 없는, 즉 행함을 동반하는 믿음이 없는 하나님 백성의 삶은 없기 때문이다. 윤종하 총무는 그만큼 성도 개인이 단독자로서 하나님의 말씀을 따라 주님과 교제하는 일을 중요하게 강조한 사람이었다. 윤종하 하면 맨 먼저 떠오르는 것이 「매일성경」과 '묵상'인 이유가 이것이다. 심지어 그는 모든 신학공부, 신앙생활, 독서, 체험 등이 바로 이 '묵상'에 수렴되어야 한다고 보았다. 결국 말씀묵상을 통한 깊은 교제를 위해 하나님이 우리를 구원하셨고, 우리가 많은 지식을 쌓고 경험을 더해 가는 것이라고 본 것이다.

성경묵상과 하나님의 인도

하나님의 뜻을 분별하고 그 뜻을 따라 산다는 주제는 교회가 있는 동안 늘 강조된 메시지였을 것이다. 하지만 어떻게 분별하고 또 어떻게 하나님의 인도하심을 따라 살 수 있는지에 대해 구체적으로 가르쳐 주는 일은 드물었다. 강단에서는 늘 "하나님의 뜻대로 순종하라"는 말을 하고, 강단 아래서는 "아멘. 주님 원합니다"라고 대답하는 것이 전부였다. 게다가 그것은 특별한 경우에 한하여 필요한 일이라고 여기기도 하였다. 예를 들면 누구와 결혼할 것인가, 어떤 직장으로 가야 할 것인가, 이 사업을 시작해야 하는가, 선교사로 부름받았는가와 같은 큰 일 앞에서 필요한 것이 하나님의 뜻 분별인 것으로 생각했다. 또 그것은 좀 특별한 사람들이 더 잘 분별하는 것으로 간주되었다. 영적으로 더 예민하고 성경을 잘 아는 목회자나 은사가 있는 사람들이 더 잘 분별하여 지도해 줄 수 있는 것처럼 이해했다. 하지만 윤종하 총무는 말씀묵상을 바로 그 하나님 뜻의 분별과 하나님의 인도하심을 따르는 삶의 구체적인 방법으로 제시했고, 또 실제적인 예들을 손에 잡히게 보여 주었다. 그에게 성경은 단지 하나님의 뜻을 가르쳐 주는 큰 원리를 제시하는 데 그치지 않고 아주 구체적으로 해야 할 일을 알려 주기도 하는 말씀이었다. 때로는 오늘 해야 할 일과 만나야 할 사람을 가르쳐 주기도 하고, 오랫동안 기도하던 문제가 오늘 묵상한 말씀을 통해 그 대답으로 주어질 수도 있다. 날마다 인도를 받는 경우도 있고 오랜 기간에 걸쳐서 하나님과의 교제로서의 묵상이 깊어지다 보면 저절로 분별력이 생기기도 한다고 그는 주장했다. 가령, 에스라성경연구원의 초대 원장을 지낸 후 사임하려고 하였지만, 이사회의 거듭되는 연임 부탁을 받던 중 사무엘상을 묵상하면서 사울이 자신의 의지와 상관없이 이스라엘 왕의 자리를 수락한 것처럼, 자신도 2대 원장직을 받아들이는 것이 하나님의 뜻이라고 생각했다는 말씀을 들은 적이 있다.

  그러나 그는 문자적으로 말씀을 적용한 것이 아니고, 묵상하는 성경 본문의 문맥을 고려하고 자신의 상황을 주의 깊게 묵상하여 적용하였고, 경우에 따라서는 문자적으로 적용하기도 하였다. 그 역시 자의적인 적용의 위험을 충분히 알고 있었지만, 그는 "실수를 하더라도 적용하는 것이 성경을 살아 있는 하나님의 말씀으로 여기지 않고 묵상하지 않는 것보다 낫습니다. 실수하면서 배워 가는 겁니다"라고 말하곤 했다. 주의 깊지 못한 일부의 적용 사례들 때문에 묵상을 권한 그가 비난을 받기도 하였다. 또 너무 개인적인 적용을 강조하다 보니 아전인수 격 적용의 위험도 있었다. 하지만 그동안 말씀이 개인의 아주 구체적인 마음이나 삶의 사례들에까지 적용될 수 있다는 것이 매우 낯선 주장이었기 때문에, 개인적인 적용의 강조는 필요했고 적절했다고 생각한다. 하나님의 말씀을 따라 나 자신의 삶과 시대를 분변하고, 삶의 모든 영역에서 하나님의 다스림이 구현되도록 맡기지 않으면서 그리스도인으로 산다는 것, 하나님의 나라를 오늘 산다는 것이 불가능하다는 그의 주장은 지금 들어도 지나치지 않다. 장로교 전통이 강한 한국 교회에서는 초월의 하나님, 엄위하신 하나님, 근엄한 하나님을 지나치게 강조하였는데, 말씀 묵상을 통한 하나님과의 교제와 하나님의 인도 혹은 하나님과의 동행을 강조하여 내재의 하나님, 우리의 삶에 구체적으로 관여하여 새롭게 창조해 가시는 주권자 하나님을 잘 보여 준 것은 윤종하 총무의 적잖은 기여라고 생각한다.

성경묵상과 복음과 하나님 나라

그의 성경묵상은 탄탄한 주해와 하나님 나라 신학에 기초하고 있다. 특히 복음을 하나님 나라의 소식으로 정의한 것은 주목해야 할 선구적인 주장이었다. 하나님 나라 신학이 신학계와 교회 안에 어느 정도 정착된 지금은 그의 주장이 새롭게 들리지 않지만, 하나님 나라가 장소적 개념이 아니라 왕의 주권을 핵심으로 하는 개념이며 따라서 하나님 나라는 죽어서 가는 천국이 아니라 이미 여기에 임한 나라라는 그의 가르침은, 1970년대와 1980년대를 지날 당시에는 너무나 낯설어서 믿기지 않을 정도였다. 1980년대 초와 1990년대 초 영국의 런던 바이블 칼리지[London Bible College: 런던 신학교(London School of Theology)의 전신—편집자]에서 각 1년씩 수학한 경험이 그의 신학에 크게 영향을 미쳤을 것으로 본다. 그가 간혹 막스 터너(Max Turner)에게서 '하나님 나라'를 배웠던 경험을 나누기도 했지만, 서울대학교에서 영문학을 전공해서인지 조금 일찍 원서를 가지고 연구할 수 있었고, 성서유니온이라는 국제단체의 총무로 있으면서 해외의 사역자들과 교분을 나누고 신학자들과 친밀한 관계를 가진 것이 그의 신학 형성에 적잖은 영향을 미친 것으로 보인다.

구약과 신약을 하나님 나라의 관점으로 해석하는 것이 당시 신학계에서도 일반적이지 않은 상황에서 평신도의 언어로 성도들에게 가르쳤으니, 그것을 배운 성도들과 목사들의 반응이 뜨거웠던 것은 당연하다. 하나님 나라에 대한 그의 이해가 가장 크게 영향을 미친 영역은 단연 '구원'이다. 그간 예수님의 십자가 효력이 개인의 속죄에 미친 영향과 그것을 믿는 '믿음'의 측면에서 구원을 정의했고, 그것을 또 칭의와 성화와 영화라는 구원의 서정으로 설명하던 것이 일반적이었다. 그런데 윤종하 총무는 구원을 하나님 나라가 아니라 흑암의 권세, 사탄의 권세 아래서 종노릇 하던 자들이 예수님이 왕으로 다스리시는 나라의 백성이 되는 것으로 성경을 따라 정의하기 시작했다. 그때 '믿음'이나 '회개'는 철저히 정치적인 개념이 된다. 이전에 충성하던 대상에게서 돌아서는 것이 '회개'라면, 새로운 주권자, 새로운 세계관을 향해 사랑으로 충성하는 것을 '믿음'이라고 부르게 된다. 당시 일반적으로 속죄의 측면에서 십자가가 우리 죄를 용서하기 위한 그분의 은혜와 사랑의 표현이었다는 점을 강조하였지만, 안타깝게도 우리가 "자기를 부인하고 자기 십자가를 지고 그분을 따라야" 하는 것에 대한 강조는 상대적으로 약했다. 그런데 하나님 나라 신학에서 십자가는 동일하게 그분의 사랑이지만, 이제 나도 이 세상에 대해 죽고 그리스도께서 내 안에 왕으로 통치하시도록 하는 것이 "자기를 부인하는 것"이고 "자기 십자가를 지는 것"이 된다. 따라서 윤종하 총무의 하나님 나라 신학에 근거한 묵상은 날마다 나 자신을 어떻게 부인할 것인가를 중요한 질문 혹은 도전으로 제시하였고, 주님의 십자가를 지고 따르는 삶이 나의 삶에서는 어떻게 실현되는가를 많이 강조하였다. 이러한 강조가 중요했던 이유는, 당시 교회의 큰 문제는 너무 구원의 첫 시점 즉 영접을 강조한 나머지 구원받은 성도의 윤리적이고 도덕적인 삶에 대한 강조가 약했기 때문이다. 물론 성도답게 살라는 요구를 하지 않은 것은 아니지만, 그것은 '상급'이나 '축복'과 관련지어질 뿐 '하나님의 통치에 대한 복종'이나 '구원'과는 연결 짓지 않았다. 하지만 윤종하 총무는 하나님 나라의 '이미와 아직 사이의 긴장'을 말하면서, 성경묵상이 날마다 우리의 구원을 이루어 가는 과정이라고 가르침으로써 윤리적인 삶의 열매를 나타내지 않으면 구원이 없다고 단정적으로 말하기도 하였다. 이런 강한 도전이 구원의 확실성을 훼손하는 것처럼 들리고 또 마치 구원이 우리의 선한 행위나 열매에 따라 결정되는 듯 말한다고 하여 '행위구원론자'라고 비난하기도 하였고, 심지어 '펠라기우스주의자'라고 비난하기도 하였다. 하지만 이는 그의 가르침의 전체 구조를 충분히 이해하지 못한 채 가한 치우친 비판이다.

이런 하나님 나라 신학과 복음, 그리고 구원에 대한 그의 논의는 필연적으로 '성경묵상'의 삶에 대한 강조로 이어질 수밖에 없었다. 하나님 나라의 왕이신 예수님이 지금 자신을 계시하고 당신의 뜻을 드러내시는 가장 결정적인 방식이 '성경'이고, 따라서 그 성경을 통해 그분의 뜻을 헤아리려 하지 않으면 예수님의 왕적 통치 아래 있을 수 없고, 그러면 구원을 현재적으로 누리지 못하는 것이 되기 때문이다. 이런 배경에서 『성경 묵상과 우리의 구원』(모리아출판사)이라는 책을 펴낸 것이다. 하나님 나라의 현재적 통치에 참여하여 영생을 누리는 구체적인 방식이 말씀을 통해 그분의 뜻을 알고 교제하고 사명을 감당하는 것이라는 그의 주장은 여전히 의미 있고 적실한 가르침이라고 하겠다.

에스라성경연구원의 원장으로 있으면서도 1년 동안 기숙사 생활을 통해 목회자들에게 가장 심어 주고 싶어 했던 습관이 바로 사역자들이 이제는 설교를 위해 말씀을 보는 대신에 자기 자신을 향해 들려주시는 하나님의 말씀을 듣게 하는 것이었다. 그는 우리가 성경을 해석하기 전에 성경이 우리를 해석하도록 맡겨야 한다고 가르쳤다. 하나님과 말씀으로 교제하지 못하는 사역자는 필경 그 말씀을 권력으로 삼아 성도들 위에 군림하고, 자신의 뜻을 하나님의 뜻이라고 강변하고, 성도들과 차별된 대우를 기대하게 될 것이라고 경고했다. 즉 자신 안에 하나님의 통치가 이뤄지도록 하지 않으면서 하나님 나라 공동체인 교회를 지도할 수 없다는 뜻이다. 진정한 교회 갱신은 복음으로 인한 목회자의 갱신으로 시작한다고 그는 믿었다.

성경묵상과 탈종교생활

윤종하 총무가 한국 교회로부터 곤경을 당한 것은 성경묵상 때문도 「매일성경」 때문도 아니었다. 그가 율법으로서의 주일 폐지와 십일조 폐지를 거론하였기 때문이다. 그에게 율법은 하나님의 말씀이며 동시에 이스라엘 국가에는 실정법의 역할을 하였다. 하지만 그는 그 율법이 이제 예수 그리스도 안에서 모두 성취되었으며, 더 이상 문자적인 준수에 매여서는 안 된다고 주장하였다. 그것이 율법폐기론처럼 들리겠지만, 그는 율법의 완성일 뿐 율법의 폐기는 아니라고 분명히 한다. '폐지'는 그 역할이 만료되어 사라지는 것이다. 실체가 오면 그림자는 사라지는 것과 같다. 하지만 '폐기'는 그 자체가 잘못되었기 때문에 사라지는 것이니 완성의 의미를 담지 못한다. 윤종하 총무에게 율법은 폐지와 완성의 대상이지 폐기 대상이 아니다. 과거에 임의로 학자들이 율법을 의식법, 정결법, 도덕법으로 나눠서 의식법과 정결법은 폐지되었지만 도덕법은 유지된다는 식으로 주장해 왔다. 하지만 성경은 그런 구분 자체를 허용하지 않으며, 모든 율법은 하나로 간주되어 다 그리스도 안에서 완성된 것으로 보고 있다. 그 범주 안에 안식일과 십일조가 포함되는 것은 당연하다. 하나님 나라에 관한 가르침을 전하면서 예수님이 가져오신 새 언약의 시대가 옛 언약의 시대와 어떻게 달라야 하는지를 전하지 않을 수 없었다. 이제 그리스도인들은 주일 하루만이 아니라 모든 날을 안식일로 보내야 하고, 10분의 1만이 아니라 10분의 10 전체를 주님이 기뻐하시는 데 사용해야 한다고 본 것이다. 이제 성령의 시대이니 더 높은 수준의 삶을 살아야 하고, 그것이 말씀을 묵상하면서 성령에 민감하게 반응하여 사는 삶의 결과라고 주장하였다.

이런 그의 주장에 주일 출석을 등한히 하고 헌금생활에 소홀한 성도들이 생기기도 했기에, 목회자들에게는 위협적인 가르침으로 들렸을 것이다. 하지만 그런 부작용이 생긴다고 하여 성경의 가르침마저 위협받는 것은 아니다. 어찌 보면 그는 신학적인 선구자였다. 광야에서 외치는 자의 소리였다. 종교생활과 율법주의에 물든 한국 교회를 본 것이다. 성직주의와 교권주의에 포박된 교회의 형편을 본 것이다. 경건의 모양은 있지만 주일과 주중의 삶이 다른 위선적인 모습을 본 것이다. 마음에 진리가 주는 자유함이 없이 늘 상벌에 길들여진 성도들을 본 것이다. 목사를 영매로 간주하는 무당종교를 본 것이다. 예수 그리스도의 통치가 오늘 말씀을 통해 임할 때 그런 껍데기를 벗고 모든 성도가 직접 진리가 주는 자유함을 누리고, 율법이 강제하는 삶의 수준보다 성령이 역사하시는 더 높은 수준의 경건의 삶을 살 수 있다고 가르친 것이다.

성도들에게 진리 안에서 자유하는 삶에 대해 가르쳤지만, 정작 자신은 가장 보수적인 교단 가운데 하나인 고신 측에서 자라고 활동했다. 총회장에 세 번이나 추대되어 역임한 윤봉기 목사의 아들로 어릴 적부터 철저하게 경건훈련을 받아서인지, 몸에 밴 신앙으로 한결같이 말씀과 기도에 전무하는 모습을 보였다. 윤봉기 목사는 아들이 폐병을 앓고 있는 중에도 아들이 참석할 때까지 새벽예배를 시작하지 않을 정도였다고 한다. 윤 총무가 50대 중반쯤 되었을 때로 기억하는데, "그간 성경을 몇 번이나 읽으셨습니까?"라고 물었더니 "안 세어 봐서 모르겠습니다. 한 300독은 했지 싶습니다"라고 대답하는 것을 들었다. 나이 들어서도 안경을 안 쓸 만큼 눈이 좋아, 항상 포켓성경을 갖고 다니면서 읽던 모습이 기억난다. 진리가 주는 자유가 방종이 아니라 더 진실하게 더 기쁜 마음으로 주님을 향해 순종하는 것임을 그는 몸소 보여 주었다.

성경묵상과 성령과 공동체를 통한 성경해석

하나님 나라 신학에 근거한 그의 묵상 이론은 소위 성직자와 평신도의 구분을 없애고 종교개혁의 중요한 유산인 만인제사장설을 따라 누구든 말씀 앞에서 책임 있게 살아야 한다는 사실을 강조하였다. 따라서 그동안 목회자나 전문가의 손에 들려졌던 성경을 성도의 손에 쥐어 주었고, 전문가가 해준 성경해석에만 의존하다가 이제 능동적으로 성도들이 직접 자기 수준으로 성경을 읽고 자신의 삶에 적용하게 되었다. 이는 성경

해석을 특정인이 독점하거나 특정 교단이 독점하는 것이 아니라 다양한 상황과 처지에서 다양한 목소리로 들리도록 허용하는 소위 성경해석의 민주화를 이루는 일이었다. 그것은 마치 한 노래를 여러 가수가 작곡자의 기본적인 의도를 존중하면서 자신만의 색깔로 부르는 것과 같다. 그러면 우리는 지나치게 자의적이고 독자중심적인 해석으로 흐를까 봐 우려할 것이다. 하지만 윤종하 총무는 그 지점에서 성령의 역사를 강하게 주장한다. 성경의 참뜻을 조명하시는 분은 성령이시다. 그분이 성경의 저자이시기 때문이다. 따라서 윤종하 총무는 성령께서 각자의 신앙 수준과 지금 묵상에 임하는 마음 상태에 따라 적절하게 말씀을 깨닫게 하시고 특별히 특정 구절이나 단어를 마음에 와 닿게 하셔서 전문가와 다른 각도와 깊이로 말씀을 통해 하나님과 교제할 수 있게 역사하신다고 믿는다. 이런 성령의 역사를 의지하지 않고는 아무도 성경을 해석할 수 없고 스스로 묵상할 수 없을 것이다. 그는 진정한 앎은 성경 본문에 대한 깊은 이해에서뿐 아니라 순종을 통해서 생겨난다고 보았다. 더욱이 해석은 혼자 하는 것이 아니라 공동체가 함께 한다고 주장했다. 따라서 개인은 늘 공동체, 특히 공동체의 지도자를 통해 계속해서 말씀의 깊이를 더해 가야 하며, 공동체의 도움으로 하나님의 뜻을 발견하고 하나님의 인도를 받는 것이 중요하다고 말한다. 아마 성경해석과 묵상에 있어서 공동체의 중요성을 강조하는 일은 당시로서는 드문 일이었을 것이다. 특히 묵상을 개인적으로 하는 데 그치지 않고 묵상 나눔(sharing)을 하도록 강조한 것은 바로 자신의 묵상을 점검하고, 또 타인의 묵상과 적용을 통해 다시 더 많은 통찰을 얻을 수 있기 때문이다.

그는 성경묵상의 영역을 여섯 가지로 설명했다. 즉 성경묵상은 개인적으로만 하는 것이 아니라 그룹으로 모여서 하기도 하고 공동체(회중)가 함께 하기도 한다고 하여 그 다양성을 인정하고 있다. 또 그 방법에도 연구 중심으로 하는 묵상도 있고 적용 중심으로 하는 묵상도 있다고 인정한다. 이에 따라 그가 나눈 여섯 가지 영역은 다음과 같다.

그는 초신자에게 어울리는 방식이 있고, 어린이나 노인에게 어울리는 방식이 있으며, 전문가에게 적합한 방식의 묵상도 있다고 말한다. 즉 성경은 모든 사람을 위해 주신 것이며, 그것을 통해 하나님의 뜻을 알고 주님과 교제하기를 원하여 주신 것이니, 묵상이 특정한 사람들의 전유물이 되거나 신앙의 액세서리가 되어서는 안 된다는 점을 분명히 하고 있다. 이런 폭넓은 묵상에 대한 이론을 남긴 것은 그의 중요한 유산 가운데 하나다.

그가 성서유니온의 총무로 있을 때나 광야교회에서 목회할 때, 늘 회의 전에 당일 본문으로 함께 묵상을 나눈 후에 회의를 시작하곤 하였다. 그날 우리에게 말씀하시는 하나님을 만난 후에 사람들을 만나야 하나님의 마음으로 회의할 수 있다는 의미라고 했다. 심지어 당일 묵상 본문을 결혼 주례사 본문으로 삼는 일도 있었다. 늘 그렇게 하지는 않았기 때문에 그것을 일반화하여 본을 삼는 일은 삼가야 할 것이다.

성경묵상과 바람직한 기도

성경묵상을 하는 사람들은 기도생활에 소홀할 것이라는 우려가 있지만, 이는 사실이 아니다. 윤종하 총무는 성경묵상을 충실히 하면 할수록 더욱 기도생활을 열심히 할 뿐 아니라 잘 할 수 있다고 가르쳤다. 기도는 우리 뜻이 하늘에서 관철되도록 비는 것이 아니라 하늘의 뜻이 나의 순종을 통해 이 땅에서 이루어지도록 비는 일이기 때문이다. 성경묵상은 말씀을 통해 하나님의 마음과 같아지는 시간이고 하나님의 뜻을 듣는 시간이다. 우리는 많은 시간 기도하고 더 큰 소리로 기도하면 믿음의 기도라고 오해한다. 하지만 윤종하 총무는 그와 같은 기도를 샤머니즘적 기도라고 하여 경계하였다. 전도서 5장을 인용하면서 많은 말을 하는 기도가 늘 좋은 기도는 아닌 이유를 제시했다.

> 너는 하나님의 집에 들어갈 때에 네 발을 삼갈지어다 가까이 하여 말씀을 듣는 것이 우매한 자들이 제물 드리는 것보다 나

으니 그들은 악을 행하면서도 깨닫지 못함이니라 너는 하나님 앞에서 함부로 입을 열지 말며 급한 마음으로 말을 내지 말라 하나님은 하늘에 계시고 너는 땅에 있음이니라 그런즉 마땅히 말을 적게 할 것이라. (전 5:1-2)

여기서 우매한 자는 말씀을 먼저 듣지 않는 자, 그래서 하나님의 크기와 자신의 크기를 모르는 자를 가리킨다. 그는 우매한 자가 말을 많이 하는 것은 심지어 불경하고 위험하다고까지 말한다. 그래서 에스라성경연구원 원장으로 있는 동안 목사들이 대다수인 학생들에게 "기도하지 말라"고까지 지시하여 큰 파장이 일기도 하였다. (말씀 묵상 없이) 기도하지 말라는 말을 기도 자체를 부정한다고 오해하여 일어난 일이다. 그는 기도를 '자기부인'의 중요한 표현으로 보았다. 자기 십자가를 지는 일은 기도를 통해서만 가능하다고 보았다. 따라서 하나님의 뜻이 분명하면 그 누구보다 열심히 기도해야 한다. 자기 뜻을 내려놓고 하나님의 뜻이 이뤄지도록 기도해야 한다고 하면서 겟세마네 동산의 예수님을 소개하곤 하였다. 예수님이 피땀 흘리며 기도하신 것은 "십자가를 지게 해 달라"는 기도였고, 결국 그 기도는 응답을 받았다. 예수님이 바라신 것은 이 십자가의 잔이 지나가는 것이었지만, 그분은 자기를 부인하고 아버지의 뜻대로 십자가 지기를 구하셨다. 실제 윤종하 총무가 늘 갖고 다니는 수첩에는 중보기도를 하고 있는 사람들의 명단이 빼곡했다. 버스를 기다리면서, 지하철에서 그 수첩을 꺼내 기도하는 것을 보았다. 때로는 누군지 기억하지도 못하는 사람들도 많다고 실토했다. 여기저기 집회를 다니다 보면 즉시 상담을 하는데 그때마다 "기도해 주십시오"라고 부탁을 받으면 꼭 이름과 함께 기도제목을 적어 두었다는 것이다.

윤종하 총무의 묵상 방식은 독특했다. 그는 묵상이 늘 성경공부로 흐르지 않도록 주의하고, 해석보다는 적용에 초점을 맞추고 하나님과의 교제가 되게 하라고 가르쳤다. 그렇게 하여 제안한 것이 기도식 묵상이다. 그는 하나님의 말씀을 실제 하나님이 성경 저자의 입을 통해 들려주신 말씀으로 듣고 하나님과 대화하듯 묵상하도록 권했다. 그렇게 메모한 것을 보면서 맨 나중에 다시 그것으로 하나님과 대화하듯 기도하고 마무리하라고 권했다. 그에게 기도는 말씀을 듣고 대답하는, 그야말로 하나님과의 대화다. 그러니 멀리 있는 신이 듣도록 부르짖는 기도보다 내 앞에서 조곤조곤 말씀해 주시는 하나님을 향해 대답하는 기도를 강조한 것이다. 통성기도가 때로 지나치게 감정에 치우칠 수 있는 것과 금식기도가 단식투쟁으로, 철야기도가 철야농성으로 전락할 수 있다는 것을 언급하면서, 말씀 묵상을 거친 기도가 이와 같은 자기중심적인 기도의 오류에서 벗어날 수 있는 좋은 기도 방법이라고 권하곤 했다.

나는 그의 기도를 좋아했다. 그의 기도는 하나님을 바로 앞에 모셔 두고 기도하는 것처럼 들렸다. 많은 목회자의 기도가 마치 설교를 요약하는 것처럼 들리기도 하고, 우리를 가르치는 것처럼 들리기도 한다. 하나님께 기도하면서 왜 그렇게 권위적인 음성으로 기도할까? 아랫사람에게 지시사항을 전달하듯 평소와 다른 묵직한 목소리로 기도하는 것을 보면 참 거슬린다. 그런데 윤종하 총무는 조심스럽게, 예의를 갖춰서, 바로 앞에 계신 주님 발 앞에서 그러나 담대하게 대화하듯 기도했다. 하나님의 뜻에 민감하게 반응하여 드린 기도라 그런지, 나도 모르게 그런 기도를 통해서 '하나님이 기뻐하시는 간구는 저런 것이구나' 하는 생각을 하게 되었다. 묵상을 통해 자신을 성찰한 사람의 기도는 참 멋지고 아름다웠다.

성경묵상과 지혜

윤종하 총무는 말처럼 글도 쉽고 명쾌했다. 그래서 더 많은 책을 저술하시라고 부탁했는데 그 뜻을 이루지 못하고 가셔서 많이 아쉽다. 하지만 '지혜' 시리즈 세 권을 남긴 것은 그나마 다행이고 감사한 일이다. 성경에서 '지혜'의 중요성에 대해 성도로서 이만큼 주목하고 또 의미 있는 가르침을 전한 이는 드물 것이다. 그는 믿음의 사람이 된다는 것은 지혜로운 사람이 되는 것이기에, 지혜는 결국 새 창조의 목표가 되는 성품이라고 주장했다. 지혜는 선과 악을 분별하는 능력을 가리킨다. 그러자면 그 기준이 되시는 하나님을 알아야 한다. 그래서 모든 지혜와 지식의 근본은 여호와 경외가 되는 것이다. 그것은 사랑과 존경을 담은 '외경'의 감정이다. 그분을 깊이 알고 경험할 때 경외할 수 있고, 선과 악을 분별할 수 있다. 따라서 지혜는 성경묵상을 통해 하나님을 알고 교제함으로써 생길 수 있다.

성경묵상을 통해 지혜로운 사람이 될 때 우리는 하나님의 선하시고 기뻐하시고 온전하신 뜻을 분별할 수 있다(롬 12:2). 그는 히브리서 5장을 인용하면서 신앙이 성장한다는 것은 곧 지혜로운 사람이 되는 것이라고 설명한다.

> 때가 오래 되었으므로 너희가 마땅히 선생이 되었을 터인데 너희가 다시 하나님의 말씀의 초보에 대하여 누구에게서 가르침을 받아야 할 처지이니 단단한 음식은 못 먹고 젖이나 먹어야 할 자가 되었도다 이는 젖을 먹는 자마다 어린아이니 의의 말씀을 경험하지 못한 자요 단단한 음식은 장성한 자의 것이니 그들은 지각을 사용함으로 연단을 받아 선악을 분별하는 자들이니라. (히 5:12-14)

우리는 지각을 사용함으로 연단을 받아 선악을 분별하는 지혜로운 자가 되어야 하며, 그러지 않을 때는 뒤로 물러나 믿음을 아예 잃어버릴 수 있다는 히브리서 기자의 경고에 주목한다. 즉 날마다 묵상을 통해 더 깊이 하나님을 알아 가서 지혜를 갖지 못하면 날이 갈수록 더 악한 세상에서 어떻게 주님 뜻을 따라 살지 모르게 되고, 그러면 구원조차 위태롭게 된다는 것이다.

그에게 바울의 유언 서신인 디모데후서도 이 지혜의 중요성을 강조할 때 꼭 언급되는 구절이다. 디모데후서 3장에서, 바울은 마지막 때가 되면 교회 안에 경건의 모양은 있지만 경건의 능력은 부인하는 자들이 압도적인 다수가 되어 도리어 경건하게 살고자 하는 자들이 핍박을 받기에 이를 것이라고 말한다. 하지만 그럴 때에라도 어떻게 살아야 하는지를 바울은 이렇게 권면한다.

> 그러나 너는 배우고 확신한 일에 거하라 너는 네가 누구에게서 배운 것을 알며 또 어려서부터 성경을 알았나니 성경은 능히 너로 하여금 그리스도 예수 안에 있는 믿음으로 말미암아 구원에 이르는 지혜가 있게 하느니라 모든 성경은 하나님의 감동으로 된 것으로 교훈과 책망과 바르게 함과 의로 교육하기에 유익하니 이는 하나님의 사람으로 온전하게 하며 모든 선한 일을 행할 능력을 갖추게 하려 함이라. (딤후 3:14-17)

윤종하 총무는 성경이 우리로 하여금 구원에 이르는 '지혜'를 갖게 한다는 바울의 말(15절)에 주목한다. 말씀 묵상을 통해 교훈과 책망과 바르게 함과 의로 교육을 받을 때, 그럼으로

써 우리가 지혜로워질 때, 우리가 이 핍박이 심하고 진리와 비진리의 구분이 모호해진 때에라도 선을 행하는, 즉 경건하게 사는 자녀로 살 수 있다고 말하기 때문이다. 즉 말씀 묵상의 목표가 '지혜로운 사람으로의 새 창조'라고 주장한 것은 윤종하 총무의 독특한 관점이다. 신앙이 좋다는 사람들이 세상에서는 별로 영향력이 없고 심지어 세상으로부터 밉상으로 간주되는 일이 있지 않은가? 그건 그들이 지혜롭지 못하기 때문이다. 예수님은 제자들더러 "비둘기처럼 순결하고 뱀처럼 지혜로우라"고 하셨다. 윤종하 총무는 우리가 성경묵상을 통해 정욕적이요 마귀적인 세상의 지혜를 버리고, 성결하고 화평하고 관용하고 양순하고 긍휼과 선한 열매 가득한 위로부터 난 지혜를 얻으려면(약 3:15-17), "말씀을 행하는 자가 되고 듣기만 하여 자신을 속이는 자가 되지 말아야 한다"(약 1:22)고 가르친다. 즉 성경묵상을 통한 지혜는 교회 안에서 인정받는 신앙인이 되게 하는 데 그치지 않고 이 세상을 본받지 않고 물들지 않고 거룩한 산 제물로 자신을 하나님께 드릴 수 있는 사람이 되게 한다는 것이다. 이 얼마나 소중한 통찰이고 가르침인가!

성경묵상과 통전적, 전인적 세계관

윤종하 총무가 생각하는 하나님 나라는 교회만이 아니다. 온 세상이 하나님의 통치 아래 있는 하나님의 나라임을 그는 분명히 가르쳤다. 따라서 하나님의 통치가 구현되어야 할 곳은 교회 안뿐 아니라 성도가 가는 곳 어디든 포함된다. 그는 성경 묵상을 통해 직장과 학교와 가정에서 어떻게 사는 것이 하나님 나라 백성으로 사는 길인지 늘 배워 가도록 촉구했다. 사도 바울의 가정에 대한 권면이 당대에 급진적이고 심지어 혁명적이었던 것처럼, 윤종하 총무의 가정에 대한 권면도 그와 같았다. 그는 가부장적인 가정 운영에 대해 성경적으로 잘 진단하여 바꾸어 가도록 권면하였다. 예를 들면, 1980-90년대에 남편에게 설거지를 하게 하거나 가정경제에 대해 충분히 알도록 손수 가계부를 쓰게 하는 일은 파격적인 조언이었다. 사치하지 못하게 하였고, 옷을 자주 갈아입는다거나 비싼 차를 사는 것도 경계하였다. 아이들 교육을 엄마에게만 맡기는 것도 지적하였다. 직장을 잃는 한이 있어도 직장에서 불의한 일에 관행이라는 이유로 동조하지 못하게 하였고, 그러다 직장을 잃은 가장은 적당한 직장을 얻을 때까지 교회가 부양해야 한다고 주장하였다. 단기수익을 노리는 주식투자라든가 부동산을 통한 재테크 같은 것들은 엄격히 금하였다.

  하지만 그는 사회 구조를 변혁하는 일에 대해서는 소극적이었다. 사회 구조가 변한다고 해서 세상이 크게 달라지진 않는다고 생각했다. 그는 세상은 멸망의 날로 갈수록 점점 악해지는 일만 남았고, 그리스도인들은 그 가운데서 박해를 무릅쓰

고라도 의의 자리를 지켜야 한다고 강조하였다. 하지만 인생 말년으로 갈수록 노동운동을 할 수밖에 없는 노동자의 처지에 대해 깊이 공감하고 지지하는 말도 했다. 즉 적극적인 나눔과 환대, 기부 등 묵상을 통한 개인윤리나 교회윤리에 대해서는 아주 적극적으로 강조했지만, 시민운동이나 불복종운동을 통한 제도개혁에 대해서는 상대적으로 소극적이었다. 하지만 말씀 묵상을 통해 그리스도인이 왕 같은 제사장으로서 이 세상에 하나님 나라를 나타내는 일에 참여해야 한다는 사실만은 분명히 가르쳤다. 큐티가 광장까지 나아가지 못한 채 골방에 그치고, 신앙이 사적인 영역에 머물고, 그래서 교회가 힐링센터로 변하는 요즘의 세태를 생각하면, 윤종하 총무의 묵상 영역은 광범위했고 구체적이었다.

그는 또한 묵상의 전인적 성격에 대해 잘 이해한 사람이었다. 그가 성경묵상을 가르치면서도 성도 한 사람 한 사람의 정서적, 실제적 문제를 보살핀 이유가 그것이다. 그는 묵상의 지성적 측면과 감성적 측면에 대해 두루 고려하여 올바른 성경해석과 더 깊은 성경 지식과 신학 지식이 더 풍성한 말씀 묵상으로 이끈다는 사실을 간과하지 않았다. 하지만 각자의 수준과 감정적 상태에 따라 성령께서 다양하게 말씀하신다고 했고, 적용을 할 때도 실천적인 적용뿐 아니라 세계관적 적용, 즉 마음의 적용도 같이 해야 한다고 했다. 몸이 정신과 영성에 미치는 영향에 대해서도 주의를 기울여 자신부터 규칙적이고 절제하는 삶을 살아냈다. 나는 그의 선비 같은 삶에서 정갈한 메시지가 나왔으리라 생각한다. 그는 하나님이 우리의 전인(全人)을 온전하게 형성해 나가신다는 것을 일찍부터 강조하였으며, 그런 모든 영역을 포괄하여 '영적인 존재'가 구성된다고 가르쳤다. 이는 이분설이니 삼분설이니 논하던 시기에 일찍부터 인간을 통합적인 존재로 본 혜안이 돋보이는 주장이다.

성경묵상과 상담과 목회

요즘 상담목회나 묵상목회를 하는 교회들이 나오고 있다. 하지만 내가 가까이서 본 윤종하 총무는 이미 생전에 그것을 하셨던 분이다. 그에게 묵상 나눔의 시간은 사실상 상담 시간이었다. 물론 인간에 대한 그의 깊은 이해나 유연한 사고도 곤경에 처한 이들에게 활로를 터 주었지만, 그는 상담이라는 것이 듣기만 하는 것이 아니라 궁극에는 말씀을 통해 잘 진단하고 조언하는 데까지 나아가야 한다고 생각했다. 내담자 중심의 상담 한계를 잘 지적한 것이다. 그러나 무엇보다도 직접 내담자가 성경묵상을 통해 하나님으로부터 말씀을 듣고 말씀이 비추는 자기 모습을 보게 하는 것이 중요하다고 가르쳤다. 묵상을 통한 상담은 묵상일기를 쓰거나 기도문을 쓰는 등의 방법을 활용하도록 구체적으로 권면하기도 하였다.

그의 목회는 묵상목회였다. 온 성도들이 말씀을 묵상하게 돕고, 교회에서는 묵상을 서로 나누고, 심방을 할 때도 당일 묵상 본문으로 설교하고 서로 나누었다. 회의나 모임을 하기 전에 꼭 묵상 나눔의 시간을 가짐으로써 성도들을 하나님 앞에 세우고 하나님의 마음을 품도록 가르쳤다. 지도자가 몸소 자신의 이야기, 특별히 자신의 연약함, 실패, 고뇌, 기도제목을 허심탄회하게 나누니 성도들이 더 친근하게 다가갔다. 윤종하 총무는 말씀을 전할 때는 때로 강한 사람으로 느껴지지만, 개인적으로 만나 본 사람은 누구나 사랑이 많고 자상하고 혈기를 부리지 않는 사람으로 기억할 것이다. 실제로 그렇게 숱한 공격을 받으면서도 한 번도 면전에서 화내는 것을 본 적이 없다. 물론 마음의 상처는 컸을 것이다. 아팠던 이야기를 자기도 모르게 반복하여 토로한 것을 보면 그도 인간이었구나 싶다. 하지만 에스라성경연구원에서 원장으로 수업을 진행할 때도 목사 학생들로부터 무례하다 싶을 만큼 심하게 공격적인 질문과 인격모독적인 대우를 받으면서도 평정심을 잃지 않고 끝까지 응대해 주고, 나중에는 따로 불러서 또 강의를 하거나 교제를 하여 기어이 친구로 삼던 모습은 두고두고 잊을 수 없다. 그의 신학을 두고 비판하거나 교제를 거부할 수는 있겠지만, 적어도 그가 사람을 대하는 태도나 자신이 깨달은 말씀에 따라 사는 모습을 안다면, 그를 진심으로 존경하게 될 것이다.

열린 마음의 권서인, 윤종하

처음 「매일성경」이 나왔을 때 아무도 그 가치와 중요성을 인정해 주지 않았다. 하지만 그는 한 사람 한 사람 만나서 설득하고 시연하고 섬겨 주었다. 무슨 교회 관련 행사가 있는 날이면 손수 「매일성경」 꾸러미를 들고 다니면서 책장사를 하였다. 권서인(勸書人)의 삶을 산 것이다. 묵상하는 사람들이 부르면 어디든 갔다. 큰 모임이든 작은 모임이든 가리지 않았고, 국내와 국외도 가리지 않았다. 독일에 있는 간호사들이 윤 총무의 방문에 감격했고, 선교지의 선교사들도 손수 경비를 마련하여 찾아와 섬겨 준 모습을 지금도 회고하고 있다. 그가 다닌 지역은 유럽과 북미는 물론이고 남미와 오세아니아, 아프리카 등 세계 곳곳을 망라한다. 체력도 좋았고 어느 나라에서든 아무 것이나 잘 먹었다. 여행을 즐겼고, 각국의 미술작품을 감상하는 것을 좋아했다. 그렇게 성경만 좋아한 게 아니라 사람을 매우 좋아했고, 또 하나님이 지으신 세계를 무척이나 아끼던 사람이다. 책이나 강의에서 두드러지게 강조한 것은 안 보이지만, 하나님이 주신 이 세상의 진선미(眞善美)를 잘 묵상하고 만끽하는 것의 중요성을 알고 누린 듯하다. 아이들을 몹시 사랑했고 그들을 인격적으로 대하면서 대화를 이끌어 나가는 것은 옆에서 보는 것만으로도 배움이 되었다.

서른 살 이상 차이가 나는 내게 한 번도 말을 놓은 적이 없었다. 모든 사람을 존대하며 대했고, 누가 강의하거나 설교하든 맨 앞에서 귀에 손을 대고 들으면서 메모하던 모습이 눈에 선하다. 늘 토의하는 것을 좋아했고, 상대방의 좋은 생각에 대해 칭찬하면서 받아들이겠다고 하는 모습도 자주 볼 수 있었다. 유학 중인 내게 한 번씩 방문하면, "요즘 영국의 신학교에서는 무엇을 가르칩니까? 제가 더 알아야 할 게 무엇이 있습니까?"라고 묻곤 했다. 내가 '독자반응비평'이나 '후기구조주의' 문학 이론 등이 현재 충분한 훈련이 되어 있지 않은 이들도 성경묵상을 직접 하게 해주는 좋은 신학적 근거를 제시한다고 하자 좋아하던 기억이 난다. 박남우 선생을 통해 욥기에 대한 중요한 통찰을 얻었다고 좋아했던 일도 있다. 에스라 성경연구원을 시작하면서 특히 성경에 대해 이해가 깊어지고 또 강의나 설교가 풍성해지는 것을 보았는데, 아마 성경 본문을 강의할 기회를 더 자주 얻고 갓 공부하고 돌아온 학자들과 더 자주 교류하면서 본인이 갖고 있던 생각이 훨씬 잘 정리되었던 시기가 아니었나 싶다. 그의 열린 마음 때문에, 불이익이 돌아올 것이 분명한데도, 담대하게 안식일이나 십일조, 더 나아가 구원의 탈락이나 원죄론 문제까지 대담하게 제안할 수 있지 않았을까 생각한다. 그는 평생 학생의 마음으로 배우기를 게을리하지 않았다.

이 선배의 기도와 수고로 이제는 격월간으로 나오는 「매일 성경」은 나올 때마다 20만 명 이상의 독자들 손에 전달되고 있다. 유아에서부터 어른에 이르기까지 그리고 영어와 중국어를 비롯한 10여 개 언어로 번역되어 보급되고 있다. 윤종하 총무가 한 사람 한 사람을 소중히 여기고 밤을 지새우며 가르쳤던 수고의 열매다. 나는 그가 몸소 보여 주었던 묵상인의 삶, 실천적인 하나님 나라 백성의 삶, 자신을 먼저 살피고 성찰한 지도자의 삶을 가까이서 보고 배운 제자였고 성도였고 독자였다. 가끔 기로에 설 때마다 "예수님이라면 어떻게 하셨을까?"라는 질문보다는 "윤 총무님이라면 어떻게 하셨을까?"라고 생각할 때 훨씬 더 결정하기가 쉬웠다. 사도 바울이 "나를 본받으라"고 했던 것처럼, 예수님을 본받기 위해 애썼던 윤종하 총무의 삶을 기억하기에, 그러면 분명 예수님이 좋아하시는 결정을 내렸을 것이라고 믿기 때문이다.

모든 면에서 그의 가르침과 같이 갈 수 없고 그의 삶을 따라 살 수 없더라도, 하나님이 이 종을 이 땅에 보내 성서한국을 이뤄 주신 것에 깊이 감사드리며 흉내라도 내며 살려고 한다. 나의 첫 책 『묵상의 여정』(성서유니온)을 윤종하 총무에게 헌정한 것은 나로서는 아주 당연한 일이었다. 묵상을 통해 그윽해진 그의 인격과 명징한 분별력, 누구든 차별 없이 진정성을 갖고 대해 준 진한 사랑과 투명하고 정직한 삶, 단순하고 소박한 생활을 곁에서 보고 배울 수 있었던 것은 큰 기쁨이고 감사다. 주님 품에 안기신 지 벌써 10년이라니. 나는 그새 얼마나 묵상을 통해 예수님의 삶을 따라 살고 있고 그분의 형상으로 빚어지고 있는지 돌아본다. 윤종하 총무는 평생 제자를 두지 않겠다고 했다. 오직 예수님의 제자만 있을 뿐이라고 했다. 하지만 나는 그를 통해 내 젊은 날 예수님을 만났고, 그분의 말씀과 만났다. 그에게서 교회를 배웠고, 교육을 배웠고, 선교를 배웠다. 거인의 어깨 위에서 더 진전된 모습을 보임으로써 그가 보고 싶어 하던 하나님의 교회, 하나님의 나라, 하나님의 영광을 보는 것이 그를 존경하는 사람의 합당한 삶이 아닐까 생각한다. 그래도 윤 총무께서 살아 계셨다면 무엇이라고 말씀하실까 생각하니 조바심이 난다. 하지만 이번에도 얼굴 한번 붉히지 않고 늘 미소 가득하던 그 모습으로 대해 주실 것이다. "박대영 형제, 어려운 일 없습니까?"라고 물어 주실 것 같다.

2005년 7-8월 「매일성경」 윤종하 노트
© 편집부

묵상에서 설교를 형성한 설교자

박은조(은혜샘물교회 담임목사)

지금도 그때처럼

내가 윤 선생을 처음 만난 건 1971년 가을 무렵이었다. 당시 나는 전국 SFC(학생신앙운동, Student For Christ) 위원장을 맡고 있었고, 경남 지방에 속한 교회를 대상으로 「매일성경」을 보급하는 일을 하게 되면서 그를 만났다. 윤 선생은 한국성서유니온의 총무로 있으면서 「매일성경」을 직접 만들어 보급했고, 초창기였던 그때 나는 「매일성경」 보급자로, 나중에는 집필자로 참여하면서 윤 선생의 영향을 많이 받았다. 나는 당시 마산 국립요양원에서 의사로 재직 중이던 배도선 박사(Peter Pattisson, OMF 선교사)와 경남 지방 교회를 순회하면서 큐티 가르치는 사역을 함께 하고, 학생들을 모아 책자를 보급하면서 성서유니온과 동역했다. 매우 행복하고 뜻깊은 시간이었다. 특히 성경을 읽을 때마다 "하나님은 어떤 분인가?"라는 질문을 던지며 묵상하고 기도하는 일은 당시 충격적일 만큼 신선했고, 30년이 지난 지금까지도 변함없이 그 질문은 나에게 성경을 대하는 첫 문이 되고 있다. 그때 윤 선생을 만나 큐티를 배우지 않았더라면 어디 가서 무엇을 배웠을지, 생각할수록 큰 은혜다.

묵상이 설교로

내가 30대 때 윤 선생이 제안해 준 설교 방법은, 목회자가 묵상한 큐티 본문에 따라 설교해 나가는 것이었다. 당시 책 한 권을 선택해서 강해설교를 하는 것이 유행이었고, 나도 막 확신을 갖고 시작하던 때였지만, 엄두를 내지 못하고 있다가 그의 제안으로 그 방법의 의미와 중요성을 깨달았다. 목회자가 한 주간 묵상했던 본문을 주일설교로 선포하자 성도들이 말씀에 더 익숙해지고, 이제 막 믿기 시작하는 이들도 주중 묵상모임에서 나눈 이야기를 다시 주일설교로 들으니 성경에 더 친숙하게 접근할 수 있었다. 큐티 본문을 따라 주일설교를 하기 전에 이미 새벽기도회와 심방설교에서 그날 본문으로 성도들과 같은 본문 앞에 설 수 있었다. 물론 윤 선생이 권면해 준 방법이다. 성도들이 묵상한 내용을 강단에서 목회자가 다시 설교하고, 설교한 내용을 다시 성도들이 개인 예배 시간에 같은 흐름 속에서 묵상한다는 것은 공동체가 말씀 안에서 깊은 사귐을 갖는 특별한 경험이었다.

하나님의 백성이 왕이신 하나님의 통치를 받으며 하나님과 교제할 수 있는 가장 중요한 장(場)은 큐티, 즉 성경묵상의 시간이다. 이 시간에 성경을 펼치고 하나님의 음성을 들으면서 반응하여 살아가는 것이 신앙생활의 핵심이다. 그러므로 하나님의 백성을 지도해야 할 목회자가 먼저 말씀을 들으며 반응하는 큐티 훈련을 하지 않는다면, 이는 하나님의 음성 듣기를 소홀히 하는 것이다. 어떤 목회자들은 큐티를 가볍게 여겨 '목회자쯤 됐으면 큐티는 기초니 그만하고 더 깊이 성경을 연구해야 한다'고 말한다. 하지만 이는 우리가 겸허히 성경을 펼칠 때 성령께서 새롭게 역사하시고 인도하시는 생생한 체험을 놓치는 것이다. 물론 목회자의 큐티는 더 깊은 묵상과 연구로 나아갈 수 있는 관문이다. 그러나 매일 성경을 펼쳐서 하나님과 교제하는 기본적인 사귐의 시간을 갖는 것만큼은 반드시 목회자가 놓치지 말아야 할 경건의 연습이다.

신학대학원에서 3년 동안 제대로 훈련을 받고 나와도 목회 현장에 서면 설교를 어려워하고 또 성경 보는 안목이 아예 없어 스스로의 힘으로 설교를 만들지 못하는 이들이 많다. 어떻게 이 문제를 해결할 수 있을까? 날마다 본문 자체를 읽고 묵상하고 오해하고 다시 깨달아 돌아오고 적용해 보고 다시 고민하는 씨름이 있어야 비로소 설교를 할 수 있다. 설교자가 묵상을 하지 않으면 자기 언어를 가질 수 없다. 그러니 어떻게 설교를 할 수 있겠는가. 아예 신학교 커리큘럼에 1주일쯤 큐티 과목이 있었으면 한다. 이런 훈련을 통해 목회자들이 먼저 평생 스스로 성경 먹는 법을 배울 수 있기 때문이다. 나 자신이 말씀을 먹는 훈련을 해야만 성도들에게 어떻게 말씀을 먹는지 보여 줄 수 있다. 목회자가 매일 먹은 말씀을 곰곰이 연구하면 석의가 되고 주석이 되고 주해가 되어 설교를 할 수 있는데, 다행히도 나는 목회 초기부터 좋은 선생을 만나 좋은 훈련을 받을 수 있었다.

윤 선생은 대중설교뿐만 아니라 심방설교에서도 그날 묵상한 본문으로 성도들을 권면하도록 지도해 주었다. 이는 처음부터 지금까지 내가 심방설교에서 그대로 적용하는 방식이다. 이에 대해 모든 성도가 다 알고 있었는데, 어느 날인가는 도대체 오늘 본문으로 어떻게 환자를 심방하면서 말씀을 전할지 함께 심방을 간 사람들이 궁금해했다. 그래서 누군가는 아마 오늘 본문만큼은 건너뛸 거라고 예측했지만 나는 그날 본문으로 말씀을 전했다. 덧붙여 하나님이 오늘 이 본문을 주신 이유가 다 있고, 다 필요하다고 말씀을 전하면서 오늘 우리 삶에 이런 쓸데없어 보이는 일들이 왜 필요한지에 대해 설교했다. 그날 본문은 그날 하나님의 백성이 하루를 살아가는 데 충분한 양식이 되었다.

말씀이 전부다

요즘 가슴 아픈 일 중에 하나는 교회 사역자들로부터 "말씀만 가지고는 안 된다"는 말을 들을 때다. 말씀사역자들이 말씀만으로 안 된다는 생각을 하고 있다는 것 자체가 충격적이다. 사실 말씀이면 전부다. 말씀이면 충분하다. 심지어 말씀과 기도도 아니다. 말씀과 기도, 말씀과 전도, 말씀과 성령, 말씀과 상담, 이렇게 구호를 내세우는 것은 말씀에 대한 이해가 불충분하기 때문이다. 말씀이면 충분하다. 말씀 속에 기도에 대한 가르침이 있고, 말씀 속에 성령에 대한 가르침이 있고, 말씀 속에 선교에 대한 가르침이 있다. 그러므로 말씀이 어떻게 가르치는지 성경을 보자고, 말씀이 말하는 지점을 보자고 성도들을 인도해 나가야 바르게 신앙훈련을 할 수 있다.

이런 점에서 윤 선생이 한국 교회에 끼친 영향은 지대하다고 할 수 있다. 1970년대는 한국 교회에 부흥회 위주의 교회성장이 일어날 때였다. 그때 OMF 선교사들과 윤 선생이 「매일성경」을 만들어 보급하면서 매일 말씀을 읽고 묵상함으로써 하나님과 사귀는 것이 신앙생활의 핵심이라는 점을 널리 알리기 시작했다. 이는 한국의 그리스도인들이 말씀을 중심으로 하나님과 인격적인 사귐을 갖게 하는 일에 매우 중요한 공헌을 했다고 본다. 눈에 보이지 않을지 몰라도 실제 「매일성경」을 통해 믿음이 자라고 목회자와 선교사로 세워진 사람이 한둘이 아니다. 오늘날 큐티지와 큐티사역이 보편화되고 있는 것도 윤 선생과 성서유니온의 공헌이라고 생각한다. 그런 면에서 한국 교회는 윤 선생에게 많은 빚을 지고 있다.

얼마 전 한 기관으로부터 부탁받아 '설교 멘토링'을 하게 되었는데, 이 프로그램은 말씀사역자 60여 명이 강사가 있는 교회를 직접 찾아가 가르침을 받는 형식이었다. 사역자들이 나를 찾아왔을 때 설교에 대해 내가 줄 수 있는 가르침이란 다름 아닌 30여 년 전에 윤 선생이 내게 준 가르침이었다. 설교자로 지내 오는 동안 나에게 가장 중요한 기본은 큐티였다. 그러니 열심히 큐티하라고 할 수밖에 없었다. 물론 사람마다 다를 수 있지만, 내가 은혜를 받는 방식은 매일 정해진 본문을 묵상하면서 받은 은혜를 다시 설교로 나누는 것이었다. 성도들이 묵상하는 큐티 본문을 한 주간 앞당겨 묵상하면서 어떤 본문을 설교로 전할지 월요일에 결정한다. 한 주간 묵상하면서 어떤 본문이 나오든 성도들이 읽고 묵상한 본문의 범위 안에서 설교를 하는 목적은, 성도들로 하여금 설교를 듣는 데서 그치지 않고 다시 집으로 돌아가 그 성경을 찾아 읽고 씨름하도록 돕는 데 있다. 그래서 그런지 지금 우리 교회 성도들 중에는 개인적으로 큐티하는 숫자가 매우 많다. 그리고 성도들로부터 자신들의 삶의 자리에서 그 본문을 따라 어떻게 살아내고 있는지 듣게 되면 목회자로서 이보다 행복한 일이 없다. 그러므로 설교를 배우고 싶다는 젊은 사역자들에게 아주 기본적이면서 단순한 부탁을 한 것이다. 큐티 열심히 하라고.

살아 있는 공부

설교자로서 윤 선생의 신학적 지식이 짧지 않은가 하는 의심들이 있었다. 내가 알기로도 신학공부는 런던 바이블 칼리지에서 1년 동안 수학한 것이 전부인데, 그의 성경 지식은 누구도 쉽게 범접할 수 없을 만큼 탁월했고, 강의를 듣는 대부분의 청중은 그가 신학을 공부하지 않았다고는 전혀 생각하지 않는 분위기였다. 윤 선생이 젊을 때 아파서 요양할 때가 있었는데, 죽을지 살지 모르는 상황에서도 독학으로 히브리어와 헬라어를 마스터했다는 이야기를 들었다. 참 지독한 사람이라고 생각했다. 그만큼 혼신을 다해 성경연구에 매진했고, 그에 따라 그가 가르치는 내용들은 성경을 벗어나지 않았고, 누구나 한 번만 제대로 성경을 보면 어김없이 성경이 가르치는 내용 그대로라는 것을 확인할 수 있었다. 또 성경을 성경으로 풀어 가는 방식은 많은 말씀사역자에게 이정표가 되었다.

윤 선생의 강의는 신학교나 교회에서 가르치는 내용이나 방식들과 달랐다. 당시 흔하지 않았던 '하나님 나라 복음'은 듣는 이들로 하여금 망치로 머리를 맞는 것처럼 충격적인 신선함을 주었다. 특히 주일성수나 십일조에 대한 가르침은 당시 엄청난 반향을 일으키기도 했다. 성경을 보는 안목이 좁은 청중 가운데 어떤 이들은 '정말 저렇게 해석해도 되나' 하는 의심을 갖고 돌아가 성경을 펼쳐 보다가 시간이 지나면서 '그게 정말 성경의 가르침이었구나' 하고 확신을 갖게 되었다. 반면에 어떤 이들은 그동안 자기가 갖고 있던 생각들과 다르다며 비판과 공격을 퍼붓기도 했다. 성경이 가르치는 바가 무엇인지 성경적인 근거를 가지고 문제를 풀어 보려는 노력과 의지가 별로 없는 사람들이 경솔한 선입견만으로 윤 선생을 교회를 위해하는 자로 오해한 것이다.

공격을 많이 받은 십일조 같은 강의는, 얼핏 들으면 율법폐기론을 말하는 것처럼 들리지만, 성경의 가르침이 무엇이냐에 초점이 맞춰져 있었다. 구약성경이 십일조를 말하고 있지만, 신약 시대에 들어와서는 모든 것이 하나님의 소유라는 면이 강조되어야 한다고 가르쳤다. 즉 교회가 10분의 1만 강조하여 가르치면서 나머지 하나님의 소유에 대한 청지기 의식을 약화시켰다는 점을 지적한 것이다. 10분의 1만 중요한 것이 아니라, 나머지 10분의 9도 하나님의 것이라는 게 가르침의 골자였다. 그러나 교회들은 윤 선생이 10분의 1을 약화시켰다며 오해와 공격을 가했다. 주일성수 역시 같은 맥락이었다. 나는 30대 때부터 윤 선생의 가르침에 전적으로 동의하면서 지금까지도 그 범위 안에서 성도들을 지도하고 있다. 예컨대 성도들은 '주일에 밥을 사먹어도 되느냐, 안 되느냐'라는 질문에 '예스 아니면 노'로 답해 주길 바란다. 주일이 무엇을 의미하는 것인지, 그 핵심가치를 놓치지 말 것을 주문하면 성도들은 아예 그런 논의가 골치 아프니 그냥 되는지 안 되는지만 말해 달라고 한다. 여기서 목회자들이 단순화의 함정에 빠지는 것 같다. 그러한 수준을 넘어서서 진정 주일을 지키는 것이 무엇인지, 십일조 생활이 무엇인지 성경의 가르침에 집중할 수 있도록 이끌어 주어야 한다. 이런 면에서 윤 선생의 가르침은 실제 있을 법한 사례들을 통해 명쾌하고도 정확하게 전달되었다.

하나님의 인도를 받는 방법이나 소그룹 인도법 같은 경우에는 단지 강의만 하는 것이 아니라 항상 강의 후에 시연을 해주는 방식으로 진행했는데, 이는 당시 어디에서도 보기 힘든 강의였고 모든 궁금증이 없어지는 시간이었다. 가정예배 인도법 같은 경우에도 150명의 리더들 앞에서 실제로 가정예배를 어떻게 시작해서 어떻게 마치는지 모든 과정을 상세하게 시연하면서 강의했다. 이런 모범들은 누구라도 쉽게 따라할 수 있게 해주었고, 듣는 데서 그치지 않게 하는 좋은 강의법이었다.

가르침과 삶의 일치

윤 선생의 가르침이 누구보다 강렬했고 또 따르고 싶을 만큼 매력적이었던 것은 무엇보다 그의 삶이 그 가르침을 대변했기 때문이다. 그는 실제로 매우 검소하게 살았고 옆에서 보기에 교회 전도사보다 궁핍하게 살았다. 그의 아버지 윤봉기 목사 역시 평생 검소하게 살면서 성경 말씀을 전하는 데 혼신의 노력을 기울인 것으로 고신 교단에서 아주 유명하다. 두 분 다 물질에 대해 초연하게 사셨다. 이는 본받을 만한 점이면서 한편으로는 조금 아쉬운 점이기도 했다. 평소 자신의 삶에 너무나도 철저했던 만큼 연약한 사람들의 심정을 이해하는 데는 부족한 면이 있지 않았나 싶다. 윤 선생은 늘 "말씀대로 살면 된다"며 단순한 길을 제시했지만, 대부분의 사람은 말씀을 읽고 그대로 살지 못해서 허우적거린다. 그러다 보니 늘 갈등과 번민에 사로잡혔다. 윤 선생은 어려서부터 경건한 부모 밑에서 엄격하게 신앙훈련을 받으며 자랐을 뿐만 아니라 천성적으로 의지가 강하고 두뇌가 명석했다. 심지어 예수님을 믿지 않아도 바르게 살 것 같은 사람이었다. 그러나 나 같은 사람은 어려서부터 교회를 다녔지만 부모님이 안 믿으셨기에 혼자 다녔고, 고등학생 때 예수님을 영접했지만 기존의 사고방식을 그대로 지니고 있었다. 삶의 변화라는 것도 좀처럼 쉽지 않았다. 새로운 피조물의 새로운 삶의 방식이 어렵다는 것을 뼈저리게 체험하면서 몸부림치는 데, 옆에서 "살면 되는데 왜 그렇게 안 사느냐"고 다그치면 참 답답하고 절망스럽기도 했다.

어쩌면 논쟁이 되어 온 원죄론에 관한 문제도 그가 평소 가지고 있었던 '그렇게 살면 된다'라는 생각과 관련이 있지 않았나 생각한다. 하나님이 우리를 지으셨고 능력의 말씀을 주셨으니 말씀대로 살면 되는데 왜 안 되느냐고 하는 점에서, 우리는 힘으로도 능으로도 안 되지만 우리를 도와 가능케 하시는 성령의 역사를 약화시키는 것 같았다. 그래서 한번은 윤 선생을 존경하고 아끼는 지인들과 함께 찾아가 선생을 비판하려는 것이 아니라 지금까지의 영향력을 생각할 때 이는 불필요한 이슈니 한국 교회를 위해서라도 그런 주장을 펼치지 말 것을 간곡히 부탁했다. 하지만 윤 선생은 우리가 서양신학의 잘못된 영향을 받아서 성경을 오해하는 것이라며 뜻을 분명히 해서 아쉽게도 사상적으로는 그와 헤어지게 되었다. 지금도 못내 아쉬운 부분이다. 하지만 여전히 그를 사랑하고 존경하는 면에는 변함이 없고, 신학적으로는 같이하지 못했지만, 지속적인 사랑의 교제를 나누었다.

그의 길을 따라

윤 선생이 젊은 목회자였던 내게 제안해 준 목회론 중에 또 하나가 있다. 그것은 큰 교회 말고 작은 교회를 지향하면 좋겠다는 권면이었다. 성도들이 많아지면 1교회, 2교회, 3교회로 분리하는 방식이었다. 샘물교회를 목회할 때는 엄두가 나지 않았는데 샘물교회 임기를 마치고 최근에 와서 이를 실행하기 위해 준비하고 있다. 1부, 2부, 3부로 예배 시간을 늘려 가는 것이 아니라 1교회, 2교회, 3교회라는 이름으로 준비해 가다가 어느 시점에는 독립시킨다는 것을 공동의회에서 결정했다. 너무 큰 교회로 가면 교회의 건강함을 잃을 수 있기 때문에 아예 건축 초기부터 강당의 크기도 500석을 넘지 않게 설계했다. 그게 옳다고 생각하고 마음속에 그런 방향성을 정하고 있으면서도 못하다가 수십 년이 지나서야 실행하는 셈이다.

예전에는 교회의 훈련 프로그램이 약해서 외부에서 성서유니온이나 윤 선생 같은 좋은 사역자들이 장을 열면 찾아가 열심히 훈련을 받고 돌아와 교회들이 건강하게 자랄 수 있는 기틀을 마련했다. 그런데 지금은 교회들이 많이 자랐고 또 훈련 프로그램도 매우 다양하다. 그러므로 그만큼 교회에 무거운 책임이 있다고 생각한다. 이제는 교회가 마땅히 그러한 역할을 해야 한다. 교회에서 제대로 말씀을 가르쳐서 성도 한 사람 한 사람이 말씀에 익숙해지고 성령의 인도를 받아 삶의 자리에서 말씀의 체화가 일어나게 하는 것이다. 그러기 위해서는 말씀을 깊이 읽고 묵상하고 적용하면서 앞서 살아가는 성경교사들을 세워야 하는데, 목회자들이 그 일을 해야 할 것이다. 교회마다 윤 선생과 같은 성경교사들이 목회자 그룹이 아닌 평신도 리더들 가운데서 세워질 수 있어야 한다. 목회자들은 바로 그러한 성경교사들을 세워 그들이 성도들을 섬길 수 있도록 돕는 역할을 하면 좋을 것이다. 지금 우리 교회는 평신도 리더들을 세워 그들이 실질적인 목회를 하도록 시스템을 만들어 놓았다. 다섯 가정 정도 하나님 나라의 공동체로 세워지고 그 속에서 말씀을 묵상하고 기도하면서 실제로 어떻게 살아내는지 매주 만나서 말씀을 나누고 공동체를 세워 가는 것이 마지막 내 목회의 핵심 사역이다. 이는 윤 선생이 오래전부터 내게 모범을 보여 준 것이고, 나는 그 길을 따라 조용히 사명을 다하는 것뿐이다. 오래전 스승과 교제하며 훈련을 받을 때마다 '맞아, 저거야' 했던 부분들이 내 목회의 자리에서 자연스럽게 계속되는 셈이다.

가르치는 자로서의 윤 선생을 회고하면서 여전히 가장 중요한 핵심은 말씀 묵상이 사역의 기본이면서 전부라는 것이다. 사도 요한이 요한일서에서 말한 것처럼, 태초부터 있는 생명의 말씀이 우리에게 나타내신 바 되었고 우리가 보고 들은 이것을 전할 때 우리의 진정한 사귐이 발생한다. 하나님과의 사귐이 그렇고 우리 가운데의 사귐이 그렇다. 그러므로 말씀 안에서라야 목회자는 하나님과 바른 사귐을 갖고, 그 말씀으로 성도들과 바른 사귐을 갖게 된다. 이 아름다운 사귐이 한국 교회에 회복되어야 한다. 말씀이 우리 가운데 오셨는데 이 말씀을 교회에서만 듣고 삶은 따로 사는 사귐이란 있을 수 없다. 나는 오늘날 한국 교회의 약화는 말씀이 육신을 입고 오신 그리스도와의 사귐의 길이 바로 말씀 묵상을 통해 이뤄진다는 관점이 부족한 데서 기인한 것이라고 생각한다. 윤 선생이 말씀 묵상을 강조할 때는 잘 몰랐는데, 요즘에 와서 교회를 섬길수록 '아하, 이런 문제구나' 하는 깨달음이 온다. 말씀을 듣고 그대로 반응하며 살아가도록 연결하는 접점인 큐티가 교회 공동체의 모든 가족에게 익숙해지도록 목회자들이 새삼 이 말씀 묵상사역에 힘쏠 필요가 있다. 이참에 사람을 끌어 모으는 설교방식을 개발하기 위해 애쓰던 것을 그치고, 성도들이 예수님의 제자로서 예수님의 길을 따르는 것을 최고의 복으로 알도록 하는 말씀의 가르침을 회복하길 기대한다.

성경으로 신학을 형성한 신학자

이진섭(에스라성경대학원대학교 교수)

강력계 형사 분위기를 풍기는 짧은 헤어스타일, 인자하게 웃는 온유함과 명료한 어투가 기억난다. 종종 전철을 함께 타고 가며 이런 저런 이야기를 해주시던 윤종하 장로에 대한 기억이 새록새록 올라온다. 하나님과 교회를 깊이 사랑하시던 마음과 한국 교회의 일탈을 누구보다도 안타까워하시던 모습이 함께 떠오른다. 필자가 영국 유학생활을 시작하던 첫날, 숙소에 아침 일찍 찾아와서 전철 타는 법 등 영국생활의 이모저모를 알려 주시던 그 다정다감함도 또렷이 기억난다. 에스라성경연구원을 만들던 시절, 교수를 섭외하려고 동남아 지역을 함께 다닐 때 보여 주셨던 부드러움도 잊을 수 없다.

그의 신학에 대해 말하기 전에 그의 인격적 면모를 이렇게 먼저 말하는 게 필요하다는 생각이 든다. 그가 얼마나 다정다감하며 실제적인 사람이었는지, 얼마나 하나님과 교회를 사랑했는지를 알아야 그의 신학적 면모를 더 이해하게 된다고 말하고 싶다. 종종 그를 깊게 만나 보지 않은 채 피상적으로 그의 생각과 신학을 말하는 경우, 불필요한 오해와 편견을 갖게 됨을 자주 보았기 때문이다. 사실 한 사람이 인생에서 추구하던 신학의 모습을 이렇게 짧은 글에서 말한다는 것이 어불성설일지 모른다. 이런 고찰 자체가 쉽지 않고 간단하지도 않다. 어쩌면 필자에겐 주제넘은 일일지 모른다. 그럼에도 불구하고, 이런 회고의 시간이 주어졌으니, 필자가 경험하고 이해하는 한에서 그가 보였던 신학의 길을 이야기해 보려 한다.

여러 직책을 따라: 총무, 장로, 원장, 교수

1988년 늦봄에 그를 처음 만났다. 등대교회, 석촌교회, 제자들교회가 '등대교회'라는 이름으로 하나의 교회가 되던 즈음이었다(당시 등대교회는 현재 송파구 아시아공원 옆에 있었다). 나는 그해 가을 군대에서 제대한 후 직장을 다니며 하나로 통합된 등대교회에 출석했다. 당시 그는 성서유니온 총무(1972~1986)를 그만둔 상태였지만, 사람들은 여전히 그를 '윤 총무님'으로 불렀다. 그는 적지 않은 기간 동안 '윤 총무님'이라는 호칭으로 교회에서 목양하며 외부 강의를 했다.

나는 영국의 한 성경학교(London Bible College)에서 1년간 (1992-1993) 공부한 후, 한국에 돌아와 성경학교를 만드는 일에 기획자로 참여하게 되었다. 당시 그가 1993년에 등대교회에서 나온 후 일정 기간 교회 사역을 하지 않을 때였는데, 영국에서 공부하고 있던 내게 성경을 집중적으로 연구하는 학교를 만드는데 기획자로 참여해 달라고 제안했다. 나는 성경학교를 만드는 꿈을 갖고 있었기에 한국에 돌아와 그와 더불어 기쁘게 그 일을 시작하여 백정란 선생(현재 에스라성경대학원대학교 이사장)과 함께 성경학교를 만드는 일을 진행할 수 있었다.

나는 전에 함께 성경을 공부하던 사람들과 다시 만나 1993년 가을부터 '광야교회'라는 이름으로 조그만 교회 공동체를 시작했다. 1년 정도 지난 즈음 윤 총무께 광야교회에 와 달라고 요청했고, 그는 몇 번의 거절 끝에 결국 광야교회로 오시게 되었다. 그는 에스라성경연구원을 만드는 과정 중에 광야교회 장로로 장립되었고, 그때부터 윤종하 장로로서 교회 사역을 하였다. 광야교회는 점점 커져서 세 개의 교회(광야교회, 에스라교회, 강북교회)로 분리되었고, 그동안 추진하던 성경학교는 광야교회 부설 '에스라성경연구원'으로 정식 발족하였다(나는 연구원 기획을 마치고 개원 직전인 1996년에 다시 영국 유학의 길을 떠났다).

윤 장로는 백정란 선생과 함께 에스라성경연구원을 만드는데 앞장서 일하며 결국 에스라성경연구원을 일구어 냈고, 연구원 원장으로 4년간(1997~2000년) 봉직했다. 또한 그 기간 중에 양용의, 김지찬, 송병현, 장미자 등 다른 교수들과 함께 교수 사역을 감당했다(나도 1999년 잠시 한 학기 동안 시간강사로 참여하는 특권을 누렸다).

그는 성서유니온 총무로, 광야교회 장로로, 에스라성경연구원 원장과 교수로 사역했다. 이런 직책으로 미루어 볼 때 그에게 신학에 대한 이해는 필수였다. 그는 신학을 전문적으로 연구하는 학자는 아니었지만, 신학에 깊은 관심을 갖고 신학적 삶을 추구하며 바른 신학의 길을 추구하던 사람이었다. 연구원을 어느 정도 정상 궤도에 올려놓은 후 이제는 전문적인 학자들에게 학교를 맡겨야 한다며 사람들의 만류에도 불구하고 에스라성경연구원 원장직을 사임했다. 당시 영국에서 성경학 박사과정을 하던 나는 윤종하 원장이 떠난 빈자리를 채워야 한다는 요청에 2001년 연구원으로 다시 돌아와 교수로 일하게 되었고, 연구원은 2003년부터 교육부 인가를 받은 '에스라성경대학원대학교'로 새롭게 발돋움하게 되었다.

신학의 태도

신학 무용론?

어떤 사람들은 그의 강의나 삶을 보며 신학무용론을 주장하기도 한다. 그의 가르침과 행동을 신학에 대한 거부감으로 오해하기 때문이다. 하지만 그는 신학무용론자가 아니다. 가끔은 신학자들을 비판할 때가 있었지만 그것은 신학자들이 신학자로서 마땅한 역할을 제대로 못하거나 교회의 현실과 괴리된 사변적 연구에만 머무를 때, 또는 개인의 영락만을 추구하는 정치교수로 활동했을 경우에 국한된 것이었다.

그는 신학에 늘 관심이 있었고, 신학자들의 말에 귀 기울였다. 목회자와 성도들은 학자들의 말을 잘 들을 필요가 있다고 언급하면서 스스로도 학자들의 글을 읽는 노력을 게을리하지 않았다. 신학을 폐기하던 사람이 아니라, 늘 바른 신학을 찾아 세우려던 사람이었다.

LBC 1년 수학

윤 장로의 그런 입장을 상징적으로 잘 보여 주는 단면은 그가 영국의 런던 바이블 칼리지(이하, LBC)에서 1년간 수학한 경험에 잘 배어 있다. 그는 한국성서유니온 사역을 감당하다가 1980-1981년에 안식년을 맞아 영국의 LBC로 갔고, 그곳에서 수학하며 영국의 복음주의 학자들이 지닌 학문적 엄밀성과 교회를 향한 실제성을 동시에 경험했다. 그는 가끔 LBC의 수학 경험을 얘기해 주었다. 과제를 제출하는 정규 과정을 밟는 대신 강의를 즐겁게 들으며 도서관에서 각종 자료를 접하는 기쁨을 누렸다고 했다. "정식으로 공부한 게 아니에요"라고 겸손하게 말했지만, 학자들이 어떻게 생각하고 학계가 어떻게 돌아가며 학문이 교회와 어떻게 연계되어야 하는지를 깊이 고찰한 기간임을 눈치 챌 수 있었다.

늘 자신은 학자가 아니고 그냥 성경을 배우고 연구하는 사람이라고 말했다. 당시 청년이었던 내게도 좋은 학자들의 말을 잘 경청하라고 일러 주었고, 내가 영국에서 공부하고 돌아온 후에는 새로운 연구 동향에 대해 묻기도 했다. 그에게 1년의 LBC 수학 기간은 학위와 관련되지는 않았지만 신학을 바라보는 안목과 시야를 열어 준 창이 되었을 것이다.

성경으로 신학을

그가 추구한 것은 단순히 '학자 중심주의'가 아니었다. 학자들의 말에 귀 기울이는 건 성경이 말하는 바가 무엇인지 제대로 알기 위해서였다. 통용되는 성경 이해가 과연 성경이 진정 말하는 바인지를 확인하려 했다. 기존의 전통적인 설명 방식, 즉 전통적 신학 이해가 과연 성경에서 제대로 온 것인지에 의문을 던졌다. 본인이 성경을 읽으며 깨닫는 내용과 전통적인 설명 사이에서 종종 차이를 느꼈다. 그래서 성경을 좀더 잘 설명하는 학자들을 눈여겨보려고 했다. 이런 배경에서 그는 특히 성경신학에 깊은 관심을 보였다.

신학에 대한 그의 관심은 '성경'을 중시하는 태도에서 나온 것이며 성경에 충실하려는 마음에서 기인한 것이다. 따라서 신학에 대한 그의 태도는 한마디로 '성경으로 신학을 하는 것'이라 말할 수 있다. 이런 태도는 역사 속에서 하나님을 신실하게 따르던 훌륭한 사람들의 삶에서도 종종 발견되는 모습이다.

신학의 성격

그가 추구하던 신학의 성격은 크게 네 가지 정도로 압축하여 정리해 볼 수 있다.

관념의 신학이 아닌 '삶의 신학'

첫째, 윤종하 장로가 추구한 신학의 성격은 '삶이 있는 신학'이라고 부를 수 있다. 그는 사변적이고 관념적인 신학을 좋아하지 않았다. 오히려 철저하게 삶의 자리에서 등장하는 질문에 신학적으로 답하려고 노력했다. 그래서 그가 다루는 신학적 주제나 영역은 삶의 자리에서 누구나 부딪히는 의문과 연결되어 있었다. 삶이 있는 신학, 삶에서 하나님을 만나는 신학을 추구했다.

이런 성격은 그가 지닌 성경관에서 비롯되었다고 생각된다. 그에게 성경은 하나님을 만나게 하는 중요한 통로였다. 자연히 그의 시각에서 볼 때 성경이 지향하는 신학은 현실에서 하나님을 만나게 하는 신학이어야 했고, 결국 하나님을 만나는 삶의 자리가 있는 신학이어야 했다. 현학적이기만 한 신학적 이슈는 그에게 별로 의미가 없었다. 그가 추구하는 신학은 '관념의 신학'이 아니라 '삶의 신학'이었다고 말할 수 있다.

번영신학에 대한 철저한 반대

그가 추구하는 '삶의 신학'은 '내 삶이 무조건 잘되고 풍요로워진다'는 생각과는 거리가 멀었다. 오히려 그는 20세기 후반 한국 교회에 만연한 번영신학을 적극적으로 반대하며 강하게 비판했다. 그의 설교와 강의 여기저기에는 번영신학에 대한 반대와 비판이 강하게 스며들어 있다. 종종 그는 자본주의 사고방식(예를 들어, 교회 안에 만연하는 경쟁의식 같은 것)이 교회에 들어오는 것과 번영신학이 교회를 잠식해 가는 모습을 통렬하게 비판했다. 이 두 가지가 서로 밀접한 관계를 갖고 있음을 날카롭게 지적하기도 했다.

때로는 그 비판이 너무 거세서 사람들에게 역효과가 나기도 했다. 그럼에도 그는 거침없이 그 지적을 이어 나갔다. 아마도 번영신학이 한국 교회를 크게 무너뜨리고 있다는 판단 때문인 듯하다. 그의 이런 모습은 예언자적 열정으로 비치기도 했다. 어쩌면 짧은 머리의 헤어스타일은 이런 예언자적 모습과 잘 어울렸다(사실 그의 머리 모양은 이런 점과는 전혀 상관이 없다. 내가 사적으로 물어 보았을 때, 그냥 머리카락이 뻐세서 관리가 힘들어 언젠 가부터 스포츠머리를 했다고 말했다).

믿음과 행위의 연결

셋째로 생각할 수 있는 그의 신학의 성격은 '믿음과 행위의 연결'을 중시했다는 점이다. 어쩌면 이 점이 그가 추구하는 '삶의 신학'에서 가장 중요했던 사항일지 모른다. 그에게 믿음과 행함은 서로 대척점에 있지 않고 연결선 위에 있었다. 그는 언제나 믿음과 행위의 일치성을 강조했다. 특히 한국 교회가 믿음을 강조한다고 하면서 행위를 무시하는 경향을 강하게 비판하였고, 무엇보다도 구원파적 구원론이 한국 교회에 스며드는 모습을 예리하게 지적했다.

근래에는 이런 점을 비판하는 사람들을 그리 어렵지 않게 볼 수 있다[예를 들어, 김세윤 교수는 『칭의와 성화』(두란노서원)라는 책에서 이런 점을 지적하고 있다]. 하지만 불과 수십 년 전만 해도 윤 장로의 이런 주장은 현장에서 그리 쉽게 받아들여지지 않았다. 혹자는 행위를 강조하는 그의 주장을 얼핏 듣고 '행위구원론자'라고 오해하기도 했다.

하지만 내가 가까이서 지켜본 그는 하나님을 신뢰하는 믿음이 삶으로(즉, 행함으로) 나타나야 한다고 주장하는 사람이었다. 믿음과 행함을 분리해서는 안 되고, 믿음과 행함을 하나로 연결해서 보아야 한다고 주장한 것이다(약 2:14-26에 대한 그의 설명은 이런 시각의 전형적인 예다). 따라서 그가 볼 때 행함이 없으면 믿음이 없는 것이 되고, 믿음이 없으면 행함이 소용없는 것이 될 뿐이었다.

물론 어떻게 해서 믿음과 행위가 그렇게 연결되는지에 대한 신학적 이론을 자세하게 제시한 듯 보이지 않기에 그의 주장이 충분히 설득되는 데 한계가 있음도 인정할 수밖에 없다. 전통적 이신칭의의 이해가 지닌 한계와 문제가 무엇인지 자세히 분석하여 그에 따른 성경적 대안을 내는 길로 더 깊이 나아가지 못한 점도 아쉽다. 하지만 이는 전문적으로 연구하는 학자들에게 기대할 사항이기에 그에게 그 짐을 얹는 것은 적절해 보이지 않는다. 분명한 사실은 그가 하나님의 은혜로 말미암는 구원을 이야기했고 또한 믿음으로 말미암는 구원을 강조했다는 점이다. 하나님의 은혜는 믿음과 행함을 분리하지 않는다고 보았다. 믿음과 행위가 하나로 연결되어 있다는 판단은 그의 신학이 지닌 성격을 잘 알려 주는 중요한 척도가 된다. '믿음의 순종'(롬 1:5; 16:26)이라는 바울의 표현이 그에게는 매우 중요했다.

광야의 신학

다음으로 생각해 볼 수 있는 신학의 성격은 광야의 신학이다. '믿음의 순종', 곧 믿음과 행위를 연결하여 보는 그의 시각은 '광야의 신학'과 관련되어 있다. 하나님께 철저히 순종하는 모습이 우리 인생의 삶이고, 이런 삶을 인생 광야의 여정이라고 여겼다. 우리가 살아가는 이 땅은 광야고, 인간이 어떻게 살아야 하는지는 곧 그 광야의 삶이었다. 이스라엘은 40년간 광야 생활에서 시험을 받아 실패했지만, 새 이스라엘을 몰고 오시는 예수님은 광야 40일의 생활에서 승리하셨다. 그러므로 그는 그리스도로 말미암은 백성들이 인생의 광야에서 하나님께 믿음의 순종을 드리는 시험을 받으며 살아간다고 생각했다. 그분이 인생 마지막 자리에서 사역하신 교회 이름이 '광야교회'라는 점은 이런 신학적 성격과 잘 어울린다.

사실 '광야교회'라는 이름은 내가 지었는데, 광야교회로 모이던 공동체에 윤 장로를 모셔왔을 때 그는 여러 번 '광야교회'라는 이름을 바꾸자고 제안했다. 자신의 삶이나 사역이 그렇지 않아도 특이하게 보이는데 교회 이름까지 그럴 필요가 있겠느냐고 했다. 지금 중년의 나이인 나는 그 말에 공감하지만, 그때 나는 30대였고 윤 장로의 모습에 '광야교회'라는 이름이 적절하다고 판단하여 그 이름을 고수했다. 시간이 훌쩍 지나고 보니, 이제 그 교회 이름은 그의 신학의 성격을 보여주는 상징적인 단어가 된 것 같다.

신학의 방향

그가 추구하던 신학의 방향은, 한두 가지로 가늠하기 어렵고 다양한 영역으로 떠오른다. 하지만 그 모든 것을 자세히 기술하기보다 다섯 가지 정도로 압축하여, 그가 추구했고 또 그 시대에 감당하려 했던 신학의 방향을 요약해 본다.

신학의 지속적 개혁

먼저 생각해 보고 싶은 방향은 신학의 지속적 개혁에 대한 의지다. 그는 신학 자체가 지속적으로 개혁되어야 한다고 생각했다. 기존 신학을 그대로 받아들이기보다는 어떤 신학이든 성경에 비추어 검토하려는 성향을 보였다. 자연히 이런 성향은 신학이 지속적으로 개혁되어야 한다는 입장으로 나타났다. 한편으로는 기존의 전통적 신학을 중시하면서도, 또 한편으로는 성경이 얼마나 그 신학을 잘 보여 주고 있는지에 의문을 가졌다. 신학이 성경을 규정하는 것이 아니라, 성경이 신학을 규정하도록 노력했다. 그렇기 때문에 교회에 떠도는 여러 주장에 종종 의문을 가졌고, 때론 강하게 비판의 날을 세울 수 있었다.

   한국 교회에 번영신학이 이신칭의와 잘못된 조합으로 번져 갈 때, 그 실체를 강하게 지적했고 구원파적 구원론을 날카롭게 비판했다. 그리고 이런 비판은 전통적인 이신칭의 구원론을 다시 고민해 보게 하는 지경으로까지 나아갔다. 하지만 전통적 이론을 새로운 시대와 새 지식에 맞게 개혁하여 대안적 이론으로까지 만들어 가는 데는 아쉽게도 한계가 있었다.

하나님 나라 신학 알림이

윤 장로의 신학적 방향을 생각할 때 제일 먼저 생각할 수 있는 주제는 하나님 나라의 신학이다. 그는 하나님 나라의 신학을 의미심장하게 강조했다. 어쩌면 그의 강의 목록에서 논리적으로 가장 먼저 중요하게 고려되어야 하는 분야가 이 주제인지 모른다. 그는 여러 기독 단체와 여러 교회를 두루 다니며 하나님 나라에 대한 강의를 했다. 천국은 사실상 하나님 나라와 동의어로 사후에 가는 장소적 개념이 아니라 하나님의 통치가 이루어지는 것이라는 점을 강조하면서, 예수님의 설교와 가르침의 주제가 하나님 나라 곧 천국임을 알리고 다녔다. 물론 이런 주장은 이미 서구의 성경학자들이 연구하여 정리한 내용이었다. 윤 장로는 학자들이 연구하여 정리한 입장을 수긍하면서 그 내용을 한국 교회 현장에 신속하게 전달하는 역할을 감당했다. 학자적인 연구 방식보다는 자신이 직접 본문과 씨름하여 얻은 결실로 이 주제에 대해 역동적으로 강의하며 전파했다.

하지만 이런 전파 작업이 그 시대에는 그리 간단하고 쉽지 않았다. 지금은 하나님 나라 사상이 한국 교회에 어느 정도 널리 알려진 상황이기에, 오히려 하나님 나라에 대해 말하면 고급 독자나 지적(知的)인 신자로까지 인정되는 분위기다(이미 이 주제에 대한 여러 외국 서적이 번역되었을 뿐 아니라 한국인 저자도 몇 명 등장한 상황이다). 자연히 하나님 나라를 가르치고 말하는 것에 큰 저항이 없고 오히려 찬사 받는 시절이다. 하지만 윤 장로가 처음 이 주제를 전할 때의 한국 교회 상황은 사뭇 달랐다. 사실 하나님 나라 사상은 서구에서 진보적인 학자들이 많이 연구한 주제였다. 진보적인 학자들이 예수님의 가르침을 '하나님 나라'로 제시하며 그 함의를 설명했을 때, 복음주의 계열에서는 진보적인 학자들이 지닌 전제나 그 주제로 발전시킨 과장된 함의 때문에 이 주제를 경원시하였다. 바로 이런 분위기 때문에 한국 교회에는 '하나님 나라'를 거론하는 것 자체를 복음주의적 입장을 탈피하는 것으로 여기는 분위기가 있었다. 그만큼 교회적 저항이 큰 셈이었다.

하지만 학문적 엄밀성의 열성을 지닌 서구의 복음주의 학자들은 진보적인 학자들의 논제를 논의하는 과정에서 하나님 나라 주제에 대한 과장된 함의들을 걷어 내고 결국 복음서가 말하는 하나님 나라 사상을 적절히 추출하는 결과를 얻었다. 윤 총무는 아마도 성서유니온에서 사역하는 동안 서구의 서적들을 상대적으로 쉽게 접할 수 있었고, 또한 런던 바이블 칼리지에서 1년 수학하는 기간에 유럽 복음주의 학자들의 주장을 들을 수 있는 기회를 가졌던 것으로 보인다. 이런 토대에서 본인이 성경을 연구하면서 깨달은 내용을 추가하여 자신만의 독특한 '하나님 나라 강의'를 마련했다. 그는 이 독특한 강의를 한국 교회와 여러 단체에 열정적으로 전파하러 다녔다. 다시 말해, 복음주의 학자들이 정리해 낸 하나님 나라 주제를 본인의 독특한 성경 강의 특징에 맞추어 한국 교회에 신속하게 전하는 알림이 역할을 감당한 것이다. 이런 점에서 볼 때, 한국 교회에 하나님 나라 주제가 이렇게 널리 전파된 데는 그의 숨은 노력과 수고가 담겨 있다고 말하지 않을 수 없다. 그가 붙들었던 하나님 나라의 신학은 한국 교회에 하나님 나라 신학이 전파되는 데 쓰인 하나의 모종과도 같았다.

큐티의 신학

큐티와 하나님 나라

하나님 나라의 신학에 대한 이해는 큐티에 대한 그의 생각과 적절히 접목된다. 그가 한국성서유니온의 총무로 사역하면서 기여한 일이 많지만, 그중에 가장 크게 기여한 것을 꼽으라면 「매일성경」으로 상징되는 큐티 보급 운동을 빼 놓을 수 없다. 그는 한국 교회의 이곳저곳뿐 아니라 해외의 여러 한인교회를 돌아다니며 큐티를 가르치고 「매일성경」 보급하는 일을 감당했다. 그의 이런 노력은 한국 교회에 큐티 운동이 일어나는 것과 맞물려 있다. 한국 교회에 지금처럼 큐티가 보편화된 모습에 그의 수고와 노력이 깃들어 있다는 점을 부인할 수 없다. 그는 그리스도인이 큐티로 말미암아 하나님을 직접 만나야 한다고 역설했다. 매일 큐티를 함으로써 하나님을 만나 하나님의 뜻을 깨닫고 그 뜻대로 살아가는 삶을 강조했다. 믿음과 행함이 함께 가야 한다는 점은 자연히 이런 큐티 생활과 연결되었다.

이런 큐티의 삶은 하나님의 뜻이 이루어지는 모습이고, 곧 하나님의 다스림이 신자 안에서 이루어지는 것이다. 결국 그에게 큐티는 하나님의 다스림을 받는 매우 중요한 수단이 된다. 그래서 큐티가 중요하다. 하나님 나라 사상이 적절하다면, 큐티는 그 사상을 이루는 중요한 방법이자 하나님 나라를 이루어 가는 모습이 되기 때문이다. 결국, 하나님 나라 사상은 그의 큐티 이론에 대한 신학적 단초가 된 셈이다. 이런 점 때문에, 그의 큐티 보급운동과 하나님 나라 사상의 전파는 떼려야 뗄 수 없는 관계가 된다. 하나님 나라 사상은 큐티 운동의 신학적 토대가 되고, 큐티 보급은 하나님 나라 신학을 전파하는 일이 된다. 큐티를 보급하려는 그의 강한 의지는 하나님 나라 사상에서 신학적 당위성을 얻은 셈이다.

큐티와 하나님의 인도

그가 진행한 큐티 운동은 하나님과의 긴밀한 만남을 전제하였다. 그에게 큐티는 하나님이 각 개인의 삶을 이끌고 인도하시는 삶과 불가분 관계를 맺는 것이었다. 바로 이런 점에서 큐티는 하나님의 인도란 주제와 긴밀하게 연결된다. 그래서 '하나님의 인도'라는 그의 강의는 큐티 강의와 함께 매우 유명했다. '하나님 나라 강의'가 '큐티'의 신학적 단초가 되었다면, '하나님의 인도 강의'는 '큐티'가 그리스도인의 일상 현실에서 사용되는 영역을 확고히 해주었다. 하나님 나라 강의가 큐티 운동을 이론적으로 지지해 준다면, 하나님의 인도 강의는 큐티 운동을 현실에서 실제적으로 지지해 준다. 큐티 이론이 그 앞뒤에 있는 하나님 나라 주제, 하나님 인도 주제와 함께 가는 셈이다. 이렇듯 그의 큐티 보급운동에는 세 가지 세분화된 강의, 즉 '하나님 나라 강의', '큐티 강의', '하나님의 인도 강의'가 탄탄하게 연결되어 있다.

그런데 큐티와 하나님의 인도가 함께 긴밀히 연결되어 강조되면서 때로는 부작용이 일어나기도 했다. 이 두 주제를 지나치게 강조하는 경우, 하나님이 모든 것을 큐티로 일일이 알려주신다는 과장된 신념에 사로잡히기 때문이다. 큐티는 하나님의 인도를 받기 위해 절대적으로 필요한 것이고, 하나님은 큐티로 분명하게 우리 인생의 길을 이끈다는 도식을 가지게 된다. 그래서 어떤 사람들은 큐티가 하나님의 인도를 받는 방편이라고만 생각하기도 하고, 어떤 사람들은 큐티로 분명한 인도를 받지 못한다는 느낌이 들면 불안해하기도 한다. '내가 어떻게 살아야 할까?'라는 평범한 질문도 '하나님이 나를 어떻게 인도하실까?'라는 질문으로 꼭 환원해서 말하는 경향까지 보이기도 했다.

하지만 이런 경향은 '하나님의 인도'라는 주제 속에 있는 하나님의 주권이란 특징을 너무 한쪽으로 치우치게 강조하고 적용해서 나타난 부작용이다. 하나님의 통치가 이뤄져야 하는 것도 맞고, 큐티가 하나님의 다스림이 실현되는 하나의 방편인 것도 맞으며, 하나님이 우리를 이끄시는 점도 맞지만, 이 모든 것을 큐티라는 하나의 방법으로만 직결해서 이해하려 할 때 부작용이 나타난다. 그는 하나님의 주권이라는 토대에서, 하나님의 나라, 큐티, 하나님의 인도를 역설했겠지만, 이 세 가지를 너무 큐티 중심으로만 엮어서 이해하는 방식에는 부작용이 있음을 조심스럽게 살펴야 한다. 사실 그는 하나님의 인도를 말할 때 '말씀의 인도' 외에 여러 가지 다양한 영역을 제시했다. 그럼에도 불구하고 그의 큐티 강의가 너무 강렬하게 알려진 나머지, 그가 강조하는 큐티를 의미 있게 경험했던 어떤 사람들은 '말씀의 인도'를 단순히 '큐티의 인도'로 대치하였을 뿐 아니라, 나머지 다양한 영역을 매우 미미한 것으로 간과해 버리는 부작용을 낳는 경우도 있었다.

큐티와 성경묵상

이런 점에서 한 가지 중요하게 고려해야 하는 점이 있다. 이는 그가 큐티를 어떠한 용어로 표현해 왔는가 하는 점이다. 그는 처음에 '개인 경건의 시간'(영국에서는 종종 'devotional time'이라고 부르기도 한다)인 큐티(Quiet Time)를 'QT'나 '명상의 시간', '묵상의 시간'이란 용어로 표현하였는데, 나중에는 '성경묵상'이란 용어를 자주 사용하였다. 이런 대전환은 『성경묵상과 우리의 구원』(1993, 모리아)이라는 책의 출간 전후에 본격화한다. 그는 이 책에서 '큐티'를 곧 '성경묵상'이라고 전제하는 분위기를 보인다. 이후 그에게 성경묵상이란 용어는 개인이 아침에 스스로 성경을 조용히 묵상하며 하나님을 만나는 것을 지칭하는 단어로(곧 큐티를 가리키는 용어로) 사용되는 경향이 커졌다. 이전에는 자신의 큐티 강의를 '큐티', '명상의 시간', '묵상의 시간'이라고 불렀는데, 이후에는 '성경묵상'이라고 불렀다. 그의 이런 용어 정리는 한국 교회의 큐티 이해에 큰 영향을 미친다.

큐티와 성경묵상을 동의어로 사용하는 것, 더 나아가 성경묵상을 큐티의 대표적 용어로 사용하는 것에는 두 가지 큰 의미가 있다. 첫째, 이 용어는 큐티가 지닌 성경묵상의 특징을 표현한다는 점에서는 유익하다고 할 수 있다. 큐티가 단순히 경건함을 추구하는 행위거나 조용하게 있는 시간 자체만을 가리킨다는 오해를 피할 수 있을 뿐 아니라, 큐티의 본질이 곧 성경 말씀을 묵상함으로 하나님을 만나는 행위라는 점을 부각할 수 있다. 이런 점에서는 긍정적이다. 둘째, 하지만 큐티를 성경묵상과 등가로 처리함으로써 큐티의 위상을 정확하게 보기 어렵게 만들었다는 점에서는 부적절하다고 할 수 있다. 큐티는 성경을 묵상하게 하는 하나의 중요한 방법이지 유일한 방법은 아니다. 설교나 그룹성경공부도 성경을 묵상하게 한다. 성경묵상에 이르게 하는 다양한 방법이 있는데, 큐티는 그 여러 방법 중 하나다. 성경묵상은 상위개념이고, 큐티와 설교와 그룹성경공부 등은 하위개념이다. 그는 하위개념인 큐티를 지나치게 중요한 것으로 생각하여 강조한 나머지, 큐티를 그 상위개념인 성경묵상과 동일시했다. 그는 설교가 성경을 묵상하게 하는 힘을 많이 잃었을 때 큐티가 그 빈자리를 채우게 하는 노력을 감당했다. 그의 시대 그런 맥락에서, 큐티를 성경묵상이라 말한 것은 제유법적으로는 이해가 가능한 일이다. 하지만 이 둘을 동일시하면 논리적 오류가 일어날 뿐 아니라 현실적 피해도 나타난다. 성경묵상에 이르게 하는 다른 방법들(예컨대, 설교와 그룹성경공부 등)을 상대적으로 소외시킬 수 있을 뿐 아니라, 신앙을 개인주의화하는 경향을 만들 수 있다. 사실 윤 장로는 큐티뿐 아니라 그룹성경공부도 중요하게 생각했다. 또한 설교를 통해서도 청중이 성경을 잘 묵상하도록 이끌었을 뿐 아니라 설교 방법론까지도 가르쳤다. 사실 큐티와 그룹성경공부와 설교 모두를 잘 활용하면서 여러 사람이 성경을 잘 묵상하도록 도왔다. 그렇기 때문에 더욱이 그가 큐티와 성경묵상을 (한편에서는 구별했으면서도) 일정 부분 등가로 처리한 점은 내내 안타까움으로 남는다.

큐티의 신학

이런 점으로 잘 알 수 있는 바는 윤 장로가 큐티를 매우 중요하게 여겼다는 사실이다. 큐티에 성경묵상이라는 이름을 붙였다는 점 자체가 큐티에 대한 그의 애착을 잘 보여 준다. 하나님 나라를 큐티의 신학적 단초로 생각했다는 점, 또한 하나님의 인도에 큐티의 중요성을 강조한 점 등은 큐티를 자기 사역의 매우 중요한 부분으로 여겼음을 새삼 확인하게 해준다. 사실 그가 한국 교회를 위해 감당했던 가장 중요한 사역이 큐티 운동임을 부인하기 힘들다. 바로 이런 점에서 그에게 큐티는 단순한 이론이라기보다 하나의 신학이라고 부를 수 있다. 하나님을 만나는 삶을 가능하게 하는 실제적 신학이다.

구원과 새 창조의 신학

하나님 나라의 신학과 관련하여 그가 중요하게 고려했던 또 다른 신학적 주제는 '구원과 새 창조'였다.

한국 교회 현장에서 종종 구원은 잃었던 것을 되찾는 것이며, 지옥불에 던져질 운명에서 천국이라는 장소로 옮겨 갈 것이라는 뜻으로 이해되곤 했다. 하지만 그는 이런 통상적 구원 이해에 만족하지 않았다. 또한 행위 없는 믿음에 대한 강조가 자주 개인의 변화 없이 죄만 용서되는 쉬운 구원론으로 빠지는 것도 경계했다. 그는 하나님 나라(곧, 천국)라는 말을 장소적 개념이 아니라 하나님의 통치를 뜻하는 것으로 보았기에, 세속적 구원 이해에 문제가 있음을 종종 지적했다. 자연히 구원을 하나님의 다스림이 실현되는 모습으로 보았고, 믿음으로 말미암는 구원은 행함으로 드러나는 것이라고 설명했다. 특별히 이러한 구원의 모습을 '재창조'(regeneration)라는 측면에서 설명하려 했다. 하나님은 처음 창조하신 인간을 그리스도로 말미암아 재창조하심으로 하나님께 순종하는 모습으로 만드신다고 주장했다. 그리스도로 말미암아 재창조된 사람들이 하나님께 순종하여 행하는 삶을 산다는 것이다. 따라서 그에게 구원은 그리스도로 말미암아 재창조되는 국면을 지칭하는 용어가 된다.

그런데 성경학자들의 연구로 '새 창조'(new creation)라는 용어가 등장했다는 점을 알게 된 후 그는 '재창조'라는 말 대신 '새 창조'라는 용어를 사용했다(오래된 강의에서는 '재창조'란 말을 사용했는데, 나중 강의에서는 '새 창조'라는 용어를 사용했다). 기존에 '재창조'가 지닌 신학적 설명을 '새 창조'라는 용어에 부과했다. 이는 기존 조직신학적 용어인 '재창조'를 성경신학적 용어인 '새 창조'로 바꾼 셈도 된다. 이러한 새 창조의 신학은 결국 믿음과 행함을 하나로 묶어 설명하던 그의 신학적 성격과도 잘 어울리게 된다.

물론 그는 그리스도 안에서 어떻게 '새 창조'가 일어나는지,

새 창조 신학의 역사적 배경이 어떤 것인지 등에 대한 이론적 설명을 체계적으로 부가하지는 않았다. 또한 구원에 대한 전통적 이해의 문제가 어떤 신학적 이론과 틀에서 나온 것인지, 기존의 이신칭의 구원론이 자신이 주장하는 새 창조 신학과 어떻게 구체적으로 차별화되는지 등에 대한 자세한 설명을 남기지 않았다. 사실 20세기 후반에 성경학자들 사이에 논의된 여러 주제, 예컨대 '피스티스 크리스투'(πίστις Χριστοῦ) 논의나 '율법' 논쟁은 이러한 '구원과 새 창조'라는 주제와 깊이 연관되어 있지만, 이러한 이슈에 대해 일절 언급이 없기에 그의 생각과 사상이 어느 방향으로 나아갔는지는 알 길이 없다(아마도 그는 학자들의 이런 논의를 자세히 접한 적이 없지 않았을까 추측된다).

이 '구원과 새 창조' 주제와 관련하여 그가 설명했던 내용 중에 논란이 되는 두 가지 주장이 있다. 하나는 그가 전통적인 원죄 개념에 의문을 품고 관련 문제를 '대표죄'의 개념으로 설명했다는 점이다. '대표죄'라는 개념은 서구의 몇몇 복음주의 학자들도 일정 부분 언급하는 것이었는데, 한국적 상황에서는 큰 저항을 받았다. [사실, 영국 LBC(현재는 LST)의 토니 레인 교수는 칼뱅 연구 전문가로 정평이 나 있는 학자인데, "원죄론이 성경적인가?"라는 제목으로 매년 세미나를 개설해서 학생들로 하여금 토론하게 한다.] 또 다른 하나는 '타락'이라는 견해가 성경에서 말하는 시각인지 재점검하려 했다는 점이다. 전통적으로는 '창조, 타락, 구속'의 틀로 그리스도의 구원을 설명하려 한다. 하지만 그는 구원을 '창조, 새 창조'라는 색다른 틀로 보려고 했다. 타락에 대한 이런 의문 제기 때문에 그가 인간의 죄를 부정하고 자력 구원을 주장했다고 지적하는 경우가 있다. 하지만 그는 자력 구원을 주장하거나 은혜 구원을 부정하지 않았다. 오히려 그의 한계는 '성경에서 지적하는 죄의 실상'과 '타락에 대한 전통적 개념 설정' 사이의 차이를 명확히 설명하지 않았다는 것으로 볼 필요가 있다. 또한 '창조, 새 창조'의 틀을 제시했을 때 해결해야 하는 '죄와 관련된 논리적, 신학적 문제들'을 좀더 세밀하게 파헤쳐 설명하지 못했다는 한계가 여전히 어려움으로 남아 있다.

교회의 장로정치

그는 구원론만큼이나 교회론에도 관심이 많았는데, 이론적 교회론보다 실천적 교회론에 더 많은 관심을 보였다. 이는 삶의 신학을 강조했던 점과 맥이 닿는 부분이다. 그는 한국 교회 현장에서 교회가 참 공동체로 온전히 드러나지 못하는 점에 대해 많이 고민했다.

특별히 그의 관심은 교회 지도자와 장로정치 문제에 많이 집중되어 있었다. 그는 신약성경이 교회의 장로정치를 보여주며 장로들의 가르침으로 교회가 세워지는 모습을 말하고 있다고 생각했다. 하지만 그가 보기에 한국 교회는 신약성경이 말하는 장로정치에서 많이 벗어나 있었다. (종종 내게 한국 교회는 '대한예수교장로회'라고 되어 있지만, '대한예수교목사회'가 된 셈이라고 말하기도 했다.) 특별히 담임목사제의 문제를 자주 언급했다. 담임목사제의 틀에서 경험한 교회 사역의 한계가 그런 판단을 더 부추긴 듯하다. 그래서 사역 후반기는 철저하게 장로들의 복수정치를 실현하려고 애썼다. 광야교회는 그가 그런 복수정치를 실현하려고 한 첫 번째 교회이자 마지막 교회였다. 그가 이해한 대로 실현하려고 노력해서 꾸려진 광야교회의 현재 장로회 모습은 교회 정치에 대한 그의 생각이 어디에 있는지를 잘 보여 준다.

학자의 마음으로

간략하게나마 그의 여러 직책과 신학에 대한 태도, 그가 추구하던 신학의 성격과 방향을 살펴보았다. 그는 스스로 고백하듯 전문 신학자가 아니다. 하지만 성경으로 신학을 고민하며 바른 신학을 세우려 치열하게 노력했던 사람이다. 이런 점에서 그는 학자가 아님에도 학자의 마음으로 산 사람이다.

늘 스스로 겸손하게 여러 학자들의 생각과 글을 경청하던 사람이었다. 물론 그가 가장 듣는 데 노력을 기울인 건 성경 자체였다. 성경을 잘 연구하여 알려 주는 신학자를 좋아했고, 스스로도 그런 사람이 되려고 노력했다. 성경으로 신학을 해야 함을 늘 마음에 품고 살던 사람이었다. 이런 그의 모습은 이 시대의 성도나 목회자나, 학자들에게 모두 좋은 귀감이 될 것이다.

오직 하나님 나라의 나그네로 산 사람

송인권(LA 양무리교회 장로)

하늘 가는 밝은 길이

"하나님, 지금은 아니지 않습니까? 아직 하실 일들이 많이 남아 있습니다. 하나님의 능력으로 다시 살려 주십시오." 중남미 카리브 해 여행 중에 스노클링을 하다가 불과 5분여의 짧은 순간에 윤 총무의 심장은 멎었고, 현장에 있던 우리는 울부짖으며 하나님께 기도했다. 하지만 하나님은 그를 데려가셨다. 병원에 늦게 도착한 최진한 사모님은 싸늘해진 남편을 안고 바라보면서 디모데후서 4:6-7, "나는 선한 싸움을 싸우고 나의 달려갈 길을 마치고 믿음을 지켰으니 이제 후로는 나를 위하여 의의 면류관이 예비되었으므로 주 곧 의로우신 재판장이 그 날에 내게 주실 것이며…"를 인용하며 말씀하셨다.

"이 말씀이 당신의 말씀이 되었습니다. 당신은 믿음으로 달려갈 길을 다 달리시고 주께서 맡기신 일을 다 하신 하나님의 사람이었습니다. 이제는 당신이 그렇게도 사랑하는 주님의 품에서 편히 쉬십시오"라고 작별인사를 하셨다. 갑작스럽게 남편을 잃은 슬픔으로 오열하지 않고 하나님의 충성스러운 일꾼으로 산 남편의 생애를 담담하게 회고하는 모습에서 충격에 휩싸여 있던 우리는 말로 표현할 수 없는 큰 위로를 받았다. 여행을 좋아하시던 윤 총무는 그렇게 여행 중에 하나님께로 가셨다. 그를 잃은 우리의 슬픔과 아픔은 쉽게 사라지지 않았지만, 우리는 모든 일이 하나님의 정하신 때에 일어났으며 그는 이 세상에서 할 일을 다 했다고 믿게 되었다. 돌아가시기 15년 전에 이미 종양 때문에 죽음과 맞닥뜨렸을 때 그는 성경묵상 중에 15년 생명을 연장받았다는 말씀을 들었다고 성도들과의 묵상 나눔 중에 종종 말하곤 했다. 그리고 15년이 흐른 시기가 이때였다.

 70세가 지나면서 많은 사역을 평소의 소신대로 줄여 약간의 시간을 갖게 되자, 그의 제자들이 그동안 맡은 소명에 온 힘을 다해 수고하신 것에 대한 감사와 함께 새로운 형태의 성경공부를 위한 일주일간의 여행을 제안하며 모임을 구성했다. 그렇게 해서 열다섯 명 정도가 크루즈 성경공부를 시작했다. 카리브 해를 크루즈로 여행하면서 낮에는 관광을 하고 밤에는 성경을 공부하는 성격이었는데, 성경공부와 더불어 깊이 있게 삶을 나누는 집단 카운슬링을 겸한 모임이었다. 첫 번째 여행 때는 부부 사이에 심각한 문제를 지닌 참가자가 있었는데 윤 총무와의 상담을 통해 관계가 회복된 일도 있었다. 이처럼 전도와 상담을 목적으로 한 여행에 이번에는 윤 총무의 오랜 친구 부부도 함께하게 되었다. 이들은 교회를 다니긴 했지만 자신들의 일반 상식으로도 '저렇게 믿을 바엔 믿는 것이 무슨 의미가 있을까'라고 생각하며 교회를 떠났었다. 신앙생활을 마치 천국보험에 든 것처럼 생각하는 수준에 회의가 들었던 것이다. 그러다가 크루즈 여행에 참여하게 되었고, 윤 총무는 광대한 자연의 풍광 속에서 창세기부터 성경을 가르치며 개인적으로 많은 교제를 나누었다. 그러다가 사고를 겪은 것이다. 그런데 이들은 이 사건을 계기로, 또 이후 부부가 함께 윤 총무의 강의 녹음파일을 계속 들으면서 '이것이 복음이라면 나도 믿고 싶다' '아, 그때 하셨던 말씀이 이것이구나' 하고 깨달으며 복음을 믿고 하나님의 백성이 되었다. 이들은 윤 총무의 마지막 열매로 지금 샌프란시스코에서 제자의 삶을 살고 있다.

돌아가시기 바로 전날 밤에는 저녁 7시 30분에 시작한 성경공부를 11시를 넘기면서까지 진행했는데, 유독 중생과 부활신앙을 강조했다. 창세기의 첫 창조가 어떻게 시작되었고, 그 창조를 어떻게 완성해 가시는지 가르치면서 다음 날 요한계시록을 공부할 계획을 말해 주었다. 그리고 안식일의 의미를 구원과 중생으로 설명하면서 각자 나의 중생은 지금 어디까지와 있는지 점검하자고 도전하며 말씀을 나누도록 했다. 참석한 우리 모두는 각자의 인생에 하나님이 어떤 모양으로 개입하셔서 참 복음을 접하게 되었는지, 또 윤 총무님을 만나 말씀의 도움을 받으면서 어떻게 변화된 삶을 살게 되었는지 나눴다. 그날 저녁은 특별히 가장 좋은 옷을 입고 만찬을 즐기자고 하셔서 모두 연회복으로 차려입고 즐겁게 교제하며 부부끼리 사진도 찍었다. 그것이 그의 마지막 사진으로 남았다. 성경공부를 마친 다음에 찬송가 "하늘 가는 밝은 길이"를 부르자고 하셔서 모두 함께 찬송했고, 그 찬송은 이 세상을 나그네로 살다가 본향인 하늘로 가시는 그분을 보내 드리는 마지막 노래가 되었다. 돌아볼수록 이 모든 것이 하나님이 정하신 가장 좋은 때였음을 깨닫게 되었다. 우리는 도저히 이해할 수 없는 순간과 방법이었지만, 하나님이 이 모든 것을 준비하신 것만 같았다. 수영을 못해 원래는 하지 않겠다고 하셨던 스노클링을 마지막 순간에 하시고, 주변에 100여 명의 일행이 있었지만 아무도 볼 수 없게 그 순간을 맞으셨다. 불과 몇 분 만에 숨이 멎은 것도, 하나님이 정하신 때를 그가 기쁘게 받아들일 때 큰 고통 없이 죽음을 맞을 수 있도록 사랑으로 허락하신 것이라는 생각이 들었다. 그는 평소 "누구에게나 죽음은 찾아오게 마련이고, 그 때는 아무도 모르기에 항상 준비된 삶을 살아야 하며, 하나님이 그 때를 알려 주시면 '아! 드디어 나의 때입니까' 하며 기쁘게 떠날 수 있는 자들이 영원한 하나님 나라에 소망을 두고 사는 참 믿음의 사람들"임을 거듭 강조했다. 마지막 강의 시간에 창세기를 가르치면서 하나님의 첫 창조 때 지구가 거대한 양의 물에 싸여 있었고, 지금도 3분의 2가 물이며 사람도 75퍼센트가 물이라고 새삼스럽게 말씀하셨는데, 바로 그 물속에서 심장이 멎고, 최후의 육신을 그 물에 잠기게 한 것도 의미 있게 다가온다. 이를 통해 우리 모두는 어떻게 살고 어떻게 죽음을 준비해야 하는지 분명하게 깨달을 수 있었다. "우리는 아직 준비가 되지 않아서 여기 남겨져 있고, 윤 총무는 준비가 되어서 데려가셨다"고 하신 최진한 사모의 말도 다시 한 번 새롭게 기억한다. 그렇다. 오늘 여기 내가 남겨진 것은 더욱 성화를 이루어 하나님과 온전히 함께할 수 있는 인격으로 만들어져야 할 과정이 남아 있어서다. 그러므로 더욱 믿음의 달려갈 길을 달려가는 것이 남은 우리의 몫이다.

하나님 나라의 디아스포라

군인처럼 짧은 헤어스타일이 인상적인 그는 언제 어디서 누구를 만나든 항상 미소를 잃지 않았다. 그래서 미국의 2세 아이들은 그를 향해 '크루컷 스마일리'(crew cut smily)라는 별명으로 부르며 친근하게 대했다. 그는 세계 곳곳을 다니면서 말씀을 전했는데, 어떤 환경에든 곧바로 적응하는 디아스포라 사역에 최적화된 사람이었다. 때에 따라 어려운 분위기나 상황에서도 그는 그 상황에 맞게 할 것 다 하면서 말씀을 전했다. 그리고 매 순간 양무리에 집중하면서 그 가정의 문제들을 상담해 주곤 했는데, 자정을 넘기는 일이 다반사였다. 아무리 먼 거리도, 상담이 필요한 가정이 있으면 바로 그 순간에 일어나 다녀오는 부지런한 말씀의 사람이었다. 70세가 지나 은퇴한 후에는 LA양무리교회를 마음에 두고 3개월 정도 특별히 시간을 할애해 말씀과 목양 사역을 집중적으로 한 적이 있는데, 그런 가운데서도 한두 성도와의 만남과 돌봄을 위해 며칠 만에 한국에 다녀오고, 한 가정의 요청과 필요를 보고 브라질까지 긴 여행을 4일 만에 다녀오기도 했다. 2주 동안 그를 따라다니면서 내 몸무게가 8킬로그램이나 빠졌을 만큼 그의 목양 사역은 특별했다. 그리고 어느 집에 머물든지 그 집 아이들에게 안수하며 기도해 주었다. 2세들의 자녀교육에 많은 관심을 보이면서 무엇보다 성경적 원리를 따라 신앙교육을 지도해 주었다. 부모자녀의 관계, 부부의 갈등 같은 풀 수 없는 숙제들을 안고 살아가던 이민 사회의 성도들이 실제 자신들의 삶 속에서 어떻게 말씀으로 도움을 받을 수 있는지 구체적인 해결책들을 찾았다.

많은 눈이 내리던 1989년 1월 어느 추운 날, 시카고에서 윤 총무를 처음 만났다. 그는 당시 다른 집회 일정으로 시카고에 왔다가 폭설에 발이 묶였고, 잘 알지도 못하던 나에게 예고도 없이 불쑥 찾아와 1주일을 머물렀다. 마치 바울이 마케도니아인의 환상을 보고 간 것처럼 어쩌면 윤 총무가 그날 우리 집에 와서 나를 만나게 된 것은 내 인생에 놀라운 전환점을 가져온 계기가 되었다. 그때까지만 해도 나는 온전한 믿음의 사람이 되기 위해 전도폭발, 제자훈련, 선교, 교회봉사 등을 더 열심히 해야 한다는 생각에 사로잡혀 있었다. 어려서부터 교회를 떠나 본 적이 없던 터라 성공적인 기독교인 라인에서 열심히 교회생활을 해 왔고, 그로 인한 탈진을 반복하며 인격이 성숙되지 못한 신앙생활을 해 왔다. 그러다 그때 윤 총무를 만난 후 처음 3년 정도, 한 해에도 여러 차례의 QT훈련, LTC, 책별 성경공부 공개집회와 성서유니온 사역훈련 등을 집중적으로 받으며 지금까지 부분적으로 형성된 신앙을 성경적으로 재정립해 가는 계기를 마련했다. 또 밤 12시, 새벽 1시, 새벽 3시가 될 때까지 개인적으로 공부하고 대화하면서, 성경을 한쪽에 치우치지 않고 전체적으로 보는 시각을 갖게 되었고 삶의 가치관이 바뀌는 경험을 했다. 그때 이후로도 20년 동안 윤 총무는 매년 미국에 올 일이 있을 때마다 자연스럽게 함께 생활하면서 내 삶 속에서 성경적인 원리를 따라 사는 것이 무엇인지 정립해 나가도록 도와주었다. 나를 부인하고 주님을 따르는 십자가의 길이 무엇인지를 크고 작은 사건 속에서 실제적인 가르침을 주고 자신의 상황도 구체적으로 나누어 주었다.

큰 변화는 아내에게서도 분명하게 나타났다. 지금 대학에서 상담을 가르치는 아내가 당시 상담을 공부하는 것을 보고 만날 때마다 늘 성경으로 도전을 주었고 아내 역시 교육과 상담에 대한 내용을 많이 나누었다. 당시 학생이었던 아내로부터 윤 총무는 자신이 모르는 부분에 대해서는 마음을 열고 배웠고, 아내가 공부하는 내용이 성경과 어떻게 관계가 있는지 계속 도전하며 점검해 주었다. 그러면서 아내는 말씀에 대한 갈증을 느껴 신학교에 다닐 정도였다. 또 그와 오랜 시간 교제를 나누면서 자연스럽게 큐티를 계속할 수 있었고, 만날 때마다 묵상한 내용을 나누면서 점점 아내의 라이프스타일도 바뀌어 갔다. 자기중심적이고 이기적이었던 면모도 눈에 띄게 달라지고 어느 순간부터인가 물질적인 면에서도 매우 자유로워지는 것을 보았다. 윤 총무가 누구에게서 돈을 받으면 모아 두었다가 장학금 등으로 쓰는 것을 지켜보면서 아내 역시 자신의 급여를 다른 사람과 기꺼이 나누었고, 아무리 피곤한 시간에도 오랜 시간 이야기를 들어주는 윤 총무를 보면서 자신도 내담자와 만날 때 기꺼이 어려운 이야기들을 들어주었다. 그래서 지금도 우리 부부는 어느 순간 무슨 결정을 해야 할 때마다 윤 총무에게서 훈련받은 자기 부인의 길이 무엇인지를 많이 생각한다. 전에는 하나님의 은혜를 받은 자라면 고난도 함께 받으며 그리스도의 남은 고난에 참여하는 것이 마땅한데 어떻게 해야 그 고난에 참여하는 것인지 애매할 때가 많았다. 그런데 윤종하 총무에게서 그리스도인이 감당해야 할 고난은 자기

부정의 삶을 사는 것임을 배웠고, 매 순간 자신을 애써 드러내거나 인정받으려 하지 않고 그 자리에서 주님처럼 겸손한 마음을 갖는 것임을 알게 되었다. 비난을 받을 때도 항변하지 않고, 어려운 일을 당해도 하나님을 신뢰함으로 그것을 받아들여야 했다. 추상적으로만 느껴지던 고난을 내 삶에 적용할 수 있게 해준 구체적인 가르침이었다. 사실 이것은 지식적으로는 새로울 것도 없는 성경의 가르침이었다. 그런데도 섬광처럼 다가와 생생한 가르침으로 나를 뒤흔든 것은 그의 삶을 통해 가르침이 전해졌기 때문이다. 무엇보다 그의 삶에서 자기를 부정하는 모습을 수없이 보았기 때문이다. 이는 강단에서의 가르침과 강단 아래에서의 삶이 표리부동한 교회 지도자들의 슬픈 현실과 비교되면서 큰 도전과 위로가 되었다.

윤 총무가 했던 디아스포라 사역은 말씀을 가르치는 일과 함께 개인 상담이 많았다. 유학을 마치고 진로를 고민하는 이들이나 사역하다가 돌아와서 그 다음 길을 모색하던 이들이 윤 총무를 찾아와 도움을 청하면 일일이 만나서 도와주었다. 특히 한 번 만났던 사람들을 다시 만나고, 말씀으로 가르치면서 성도의 양육에 많은 힘을 기울였다. 그리고 교회에서 소외받는 사람들에게도 많은 관심을 기울였는데, 그 가운데 하나가 해마다 교회 차원에서 편부모를 위한 공개 세미나를 여는 것이었다. 당시에는 교회가 이혼자들을 포용하지 못하는 분위기였다. 그래서 이혼을 한 교인은 교회 밖으로 떠나거나 교회 안에서 드러내지 않고 숨어 지내는 형편들이었다. 우리 부부는 윤 총무의 가르침을 받아서 물질, 시간, 재능을 드려 이 사역을 감당했다. 11년 동안 한 달에 두 번씩 편부모를 위한 세미나를 진행했는데, 1년에 한 번은 윤 총무가 주강사로 나서서 공개강좌를 열었다. 편부모들은 개인적인 아픔을 위로받고 싶어 왔는데 성경만 가르치니까 처음엔 힘들어하다가, 꾸준히 들으면서 하나같이 이렇게 고백하곤 했다. "그저 와서 하소연만 하고 위로만 받았다면 아무것도 남는 것이 없었을 텐데, 와서 말씀으로 힘을 얻고 어떻게 살아야 할지 성경적인 원리들을 통해 알게 되어 감사하다"는 것이었다. 오랜 세월이 지나 그들의 자녀들이 그러한 사역의 열매로 나타나는 것을 보면서 우리의 사역에 큰 격려가 되었다. 또한 그런 사역의 열매들로 많은 여자 성도의 헌신이 윤 총무의 디아스포라 사역을 도왔다. 막달라 마리아처럼 순전하게 말씀사역을 지지하며 헌신하는 모습들이었다. 당시만 해도 많은 교회 지도자들이 여자 성도들을 사역의 필요상 소모품 정도로 여기는 모습들이 있었는데, 그는 어디를 가든지 온 가정을 불러 모으고 여자 성도들도 대접하는 것 때문에 시간을 소모하지 않게 하며 함께 성경공부에 참여하게 하여 하나님 나라 백성으로 세우고, 모임의 지도자로 세웠다. 지금은 그들이 여러 곳에 흩어져 조용히 사역하고 있고 큰 교회 안에서 편부모 모임의 리더로 섬기는 이들도 있다. 여자 성도들뿐만 아니라 때로는 우리가 생각할 때 엉

터리로 사는 것 같은 성도들도 다 만나 주고 그들의 형편을 이해하고 인정해 주었다. 심지어 자신에게 적대적인 반응을 보이는 사람들과도 기회를 만들어 교제했다. 왜 그렇게까지 하느냐고 물어 보면 "하나님이 다 다르게 만드셨는데 어떻게 같을 수 있느냐"면서 다양성 측면에서 인정하고 함께 가야 한다고 했다.

윤종하 총무에게서 성도의 삶을 나누는 교제뿐만 아니라 자기관리의 지혜도 배울 수 있었다. 그는 영적인 영역뿐만 아니라 육체적인 영역에서도 철저한 자기관리와 절제를 생활화하여 바쁜 일정 속에서도 마음의 여유를 잃지 않았다. 70이 넘은 나이에도 건강하여 활력이 넘쳤고 안경 없이도 책을 읽을 수 있을 정도로 눈이 밝았다. 종종 자정을 훌쩍 넘기는 밤늦은 교제에도 피곤해하지 않았고, 다음 날 아침이면 여느 때처럼 새벽에 기상해서 말씀 묵상으로 하루를 열었다. 한 해의 절반 이상을 해외 사역으로 다녔기 때문에 육체를 돌보는 일에도 절제하며 신경을 쓰는 것 같았다. 무엇이든지 그 나라에서 나오는 음식을 잘 먹었고 필요 이상 과식하지 않아 늘 몸을 가볍게 했다.

또 시간도 철저히 관리해서 짬이 날 때마다 조그만 수첩을 열어 깨알같이 적힌 이름들을 부르며 기도했다. 광야교회 교인들을 위해서는 조를 나누어서 일주일에 한 번 월요일에만 기도한다고 했고, 나머지 요일에는 교회 외부 멤버들을 위해 기도하면서 1주일에 총 720명을 빼 놓지 않고 기도한다고 했다. 그는 늘 조그만 수첩을 들고 다니면서 대화하다가 자녀들의 이름까지 다 적고 그 옆에 자신만 알 수 있을 만큼 짧게 기도제목을 적어 놨다가 이처럼 수시로 하나님께 부탁하는 것이었다. 아주 가까이에서 오랫동안 이런 모습들을 지켜보면서 말씀 묵상과 더불어 그가 얼마나 친밀하게 하나님과 기도로 교제한 사람인지 알 수 있었다.

한번은 캐나다 로키 산맥을 여행할 때였다. 저녁 만찬에서 일행에게 얼마든지 와인을 마실 수 있다고 하면서 와인을 권하기까지 했다. 그러나 본인은 마시지 않았다. 왜 마시지 않느냐고 물어보니, "술을 마셔도 된다고 가르쳤지만 내가 한 잔이라도 마시면 자기가 술을 마시는 사람이기 때문에 그렇게 가르쳤다고 할까 봐 나는 사양하겠다"고 했다. 즉 자기를 정당화하고 합리화하기 위해 그런 강의를 하는 게 아니냐고 할 것을 우려하여 절제한 것이다. 자신의 가르침에 늘 책임을 지고 살아가는 그런 모습에 깊은 도전을 받았다. 분명한 사실은 윤종하 총무 자신이 매일 말씀 안에서 성령의 인도하심을 따라 절제하며 살았다는 것이다. 사도 바울의 고백처럼 매일 자신을 쳐서 복종하는(고전 9:27) 삶을 살았던 윤 총무와의 교제는 그래서 늘 힘이 되었다. 그렇게 말씀 안에서 새로운 것을 배우게 되면서 만날 때마다 그와의 교제가 매번 새로웠고 기다려졌다.

그는 한국성서유니온 총무직에서 사임한 후, 1989년부터는 해외로 사역을 넓혀 갔다. 당시 사도행전을 묵상하면서 세계 곳곳을 다니며 복음을 전하라는 하나님의 말씀을 명확하게 듣고 그대로 순종했다고 한다. 그래서 1990년 LA에 한국성서유니온 미주 지부를 설립하고, 이어서 뉴욕과 시애틀, 마이애미, 휴스턴 등의 도시에 지부와 사역위원회를 잇달아 설립했다. 이러한 사역은 미국뿐 아니라 프랑스, 캐나다 등으로 확장되어 디아스포라로 살아가는 많은 해외 동포들이 그와 교제를 나누면서 말씀의 은혜를 경험했다. LA에서는 40여 명의 이사회가 구성되고 사역간사 두 명과 사무간사가 일하면서 처음 몇 년은 한 해에 3-4회 정도 LTC를 진행하고 교회들의 초청 집회 및 연합 집회를 통해 묵상사역을 활발하게 펼쳐 갔다. 그런데 성서유니온의 국제이사회가 이미 각 나라에 존재하고 있는 성서유니온 이사회와 중복된다는 우려를 표시해 오자 윤 총무는 바로 자신이 설립한 해외 지부와 이사들을 각 나라의 성서유니온 이사회 산하 사역위원회로 이전시켰다. 그리고 나그네와 같이 요청이 있는 곳이면 어디를 막론하고 가서 말씀 집회를 열었다. 세계 75개국에 흩어져 사는 디아스포라 한인 성도들과 각 지역에서 사역하는 선교사들이 사역의 주 대상이었다. 세계 각처에서 다양한 배경과 경험과 가치관을 지닌 사람들과 그들이 모인 교회들을 차별 없이 대하면서도 하나님의 말씀에서는 조금도 타협하거나 절충하지 않았다. 교회가 복음의 왜곡된 이해와 아전인수식의 성경해석으로 세상의 빛과 소금이 되기는커녕 세상과 타협하고 있는 현실을 강하게 비판하고 책망해서 행여 실족하는 사람이 있지 않을까 늘 조바심이 났고, 그러다가 그의 가르침을 전부 거부하는 일이 생기지 않을까 걱정될 정도였다. 그래서 직설적인 표현보다는 에두르는 표현으로 비판의 목소리를 완화해 달라고 주변에서 요청하자 그는 이렇게 말했다. "나는 하나님의 부르심을 따라 말씀을 전하는 사람이지 사람들의 인정을 받으려고 일하는 사람이 아닙니다. 대중의 인기에 영합해서 그들이 듣기 원하는 말을 전해야 한다면 나는 이 일을 더 이상 할 이유가 없습니다." 이처럼 그는 자신의 가르침이 심한 반대와 시비에 부딪힐 때마다 놀라거나 낙담하기보다 오히려 이런 반응들이 자신이 하나님의 말씀을 바르게 전하고 있다는 사실의 반증이라고 여겼다. 이는 말씀에 대한 그의 분명하고 확신 있는 이해와 살아 계신 하나님에 대한 확고한 믿음에 근거했다.

그는 세계 곳곳에서 많은 성도를 만나 성경을 가르치고 삶을 나누는 교제를 통해 하나님의 사람들을 세웠고 교회를 도왔다. 많은 성도가 그를 좋아하고 따랐지만, 그는 결코 그들을 자기 사람으로 만들려 하지 않았고 늘 각자의 교회에서 좋은 성도로 세워지기를 바랐다. 한번은 내가 교회에서 어려움을 겪게 되었다. 하나님의 때를 기다리지 못하고 내 생각을 주장하다가, 교회로부터 자기중심적인 사람이라는 비난을 받았고 이러한 비난이 나를 넘어 윤 총무에게까지 옮겨 갔다. 마음의 위로가 절실한 상황에서 윤 총무는 오히려 나의 미숙함을 지적하며 책망했다. 어느 누구보다 내 상황을 잘 이해하고 있을 그가 내 편이 되어 주지 않는다는 사실에 많이 서운해하던 중에 그에게서 장문의 편지 한 통을 받았다. 작은 글씨로 촘촘히 써 내려간 편지에는 자신도 교회 안에서 나와 비슷한 어려움을 겪고 있으며 나의 아픔을 동병상련의 심정으로 느낀다고 하면서 함께 교회를 위해 기도하면서 아름다운 교회 세우는 일을 결코 포기하지 말고 하나님의 지혜로운 인도를 받아 가자고 권면하는 내용이었다. 이처럼 그는 때로 말씀과 함께 엄히 나무라면서도 연약한 자의 이야기와 삶의 문제들에 귀 기울이고 그들 가운데서 일하실 하나님을 기대하며 기다리게 했다. 그를 통해 하나님의 인도를 따라 사는 삶이 무엇인지 구체적으로 배우고 경험한 우리 부부는 14년간 편안하게 살던 시카고를 떠나 LA로 이주하게 되었다. 당시 중고등학생이던 아이들의 학업 문제를 비롯해 LA로의 이사는 누가 보아도 무모한 결정이었지만, 아브라함이 말씀을 따라 "고향과 친척과 아비 집을 떠나"기로 결심한 것처럼, 우리 부부 역시 하나님의 인도를 받으며 편하고 안정된 곳을 떠나 낯선 곳에서 하나님만 의지하며 살아 보기로 한 것이다. 이 여정에는 숱한 어려움이 뒤따랐지만 그때마다 하나님이 우리와 친히 동행하시며 세상이 알지 못하는 방식으로 위로하시는 것을 경험하고 있다. 창조주 하나님을 의지하며 사는 것이 무엇인지, 흙으로 빚어진 피조물이 하나님과 온전한 교제를 누리며 사는 것이 무엇인지 매 순간 깨달아 가고 있다. 하나님이 그리스도 안에서 우리를 새 사람으로 만드심으로 그 창조를 완성하실 계획을 처음부터 하셨고, 이 창조사역은 이 땅에서 나그네로 살고 있는 우리 가운데서 지금도 계속되고 있다는 윤 총무의 가르침을 늘 새롭게 깨닫는다.

그는 한국에서 태어나고 자라 하나님의 사역자로 부름을 받고 주로 한국에서 말씀사역을 했지만, 자신의 사역 범위를 한국으로 제한하지 않았고 하나님이 보내시는 곳이면 어디든 가서 말씀을 전했다. 그는 민족 우월주의를 경계했다. 하나님이 한국을 더 사랑하신다거나 한국이 타민족보다 우수하다고 자랑하는 것도, 그렇다고 강대국들보다 열등하다고 여기는 것도 모두 경계했다. 오직 창조주 하나님이 모든 민족과 나라의 주권자이시므로 우리가 하나님 나라의 백성으로서 당당한 삶을 펼쳐 가기를 기대했다. 그러므로 우리가 한국에서 태어나 한민족으로 살지만, 하나님을 아는 우리는 하나님 나라의 백성임을 기억하면서 그 신분에 걸맞은 세계관과 가치관을 가지고 이 땅에서 나그네로 살아가라고 당부했다. 그래서 올림픽이나 월드컵 등 국제 스포츠 대회에 나라 전체가 대동단결해 한국 선수들의 승리를 기원하며 응원하는 현상에 우려를 표하면서 혹시 우리의 열등의식에서 기인한 인정받고 싶은 욕구가 표현되고 있지는 않은지 의문을 제기하곤 했다. 경쟁보다는 친선과 교류를 목적으로 부담 없이 경기를 관전하기를 바라는 마음과 더불어 교회 공동체 안에서도 지체들이 경쟁보다는 협력의 관계를 이루도록 당부했다. 사실 이 땅에서의 우리 삶이 잠시 지나가는 나그네와 같다는 데는 모두 동의하지만, 실제로 나그네의 자세로 살지는 않는다. 마치 이 땅에서 영원히 살 것 같은 착각에 빠져 사는 사람들이 대부분이다. 하나님은 우리를 잠시 지나가는 나그네 인생의 여정 가운데 두시고 이러한 여정을 통해 성숙한 인격으로 빚어 가시는데, 이 비밀을 깨달은 자들만이 진정한 의미의 나그네로 살 수 있다. 윤종하 총무는 이 땅에서 나그네로 살면서 복음을 관념이 아니라 삶으로 사는 것이 어떤 것인지 실제적인 본을 보여 주었다.

그가 우리에게 전한 하나님 나라는 관념이나 이론이나 막연한 꿈이 아니었다. 육신을 입고 이 땅에 오셔서 고난의 십자가를 지고 부활하신 주님이 그 나라의 실제를 보여 주셨고, 우리는 그 나라의 백성이 되어 주님의 십자가와 부활에 연합하는 길을 가는 것이다. 그 길에서 만난 윤 총무를 통해 나는 하나님을 더욱 깊이 알게 되었고 같은 길을 가는 믿음의 나그네들과 삶을 나누는 교제를 누릴 수 있었다. 하나님 나라의 디아스포라로 나그네의 삶을 사는 우리에게 윤 총무는 하나님이 세워 주신 이정표요 위로였다. "당신은 하나님을 얼마나 의지하며 사십니까?"라고 묻던 그의 음성이 아직도 귓가에 생생하다. 그는 세상을 떠나기 며칠 전에 우리에게 "시대마다 영적 각성 운동이 있었고 그에 따라 개혁과 부흥이 있었는데, 지금은 하나님이 어떤 방법으로 그 일을 하시는지 알기 위해 함께 기도하자"고 제안했다. 사실 그는 이미 자기 시대에 그 개혁과 부흥의 일을 했다. 이제 그 일들은 이 땅에 남아 있는 우리에게 계속해서 해 나가야 할 과제로 남아 있다.

윤종하 총무가 보낸 편지
ⓒ 송인권

선교는 말씀사역임을 몸으로 전한 선교사

이정복(중남미 선교사, 성경묵상 사역)

하나님 알아가는 기쁨을

"하나님은 어떤 분입니까?" 20대 초반부터 나름 경건의 시간을 가져 왔고, 성경을 읽고 공부하고 가르쳐 오면서도 정작 그 성경을 주신 하나님이 어떤 분인지에 대한 생각보다는 내게 주시는 삶의 교훈을 받는 데 관심이 많았다. 그 시간도 내게는 참으로 소중한 은혜를 경험하는 시간이었다. 그러다가 두란노서원에서 주최한 〈데니스 레인 강해설교 세미나〉에서 오후 특강 시간에 윤종하 총무의 '목회자의 성경묵상과 강해설교'를 듣게 되었다. 그가 말하는 강해설교란 다름 아닌 살아 계신 하나님이 성경을 통해 말씀하신 내용을 듣고, 그 들은 말씀을 성도들에게 전하는 것이었다. 그러므로 목회자들에게 '성경묵상'은 반드시 필요하고, 하나님이 오늘 나에게 성경을 통해 말씀하시는 그 음성을 듣는 사람이 말씀을 전하는 자가 되어야 한다고 했다. 참으로 눈이 번쩍 뜨이는 내용이었고, 그 시간에 가장 크게 내 마음을 두드렸던 것은 그동안 무관심했던 "하나님은 어떤 분입니까?"를 성경묵상을 통해 알아가야 한다는 것이었다. 그 후 나는 성경묵상을 할 때면 언제나 성경에서 말하는 살아 계신 하나님을 인격적으로 만나고 알아가는 기쁨을 누리게 되었다.

선교란 하나님의 말씀인 성경을 전하는 것

이후 인천에서의 목회사역을 뒤로하고 1988년 2월, 하나님의 인도하심을 따라 아르헨티나에 선교사로 나가게 되었다. 아르헨티나 국민의 90퍼센트 이상이 가톨릭 신자인데, 가톨릭에 실망해서 개종하고 싶어 하는 사람들이 많은데도 사역자가 없어서 모르몬교나 여호와의 증인 같은 이단에 많이 빠진다는 이야기를 듣고 잠을 못 이루다가 두 달 만에 아르헨티나에 가게 된 것이다. 그런데 도착한 지 2주 만에 아르헨티나 현지 교회 사역자의 요청으로 설교를 하면서 자연스럽게 처음부터 현지인 사역을 하게 되었고, 현지 교회 목회자들의 요청으로 정기적인 성경공부를 인도하다가 목회자 양성을 위한 신학교 사역을 하게 되었다. 처음부터 내가 계획한 것이 하나도 없어 현지인들의 요청에 따라 사역들이 시작된 것이다. 그리고 1년 후 아르헨티나의 수도인 부에노스아이레스에서 2,200킬로미터 정도 떨어진 인디오 지역을 방문했다가, 하나님의 인도로 인디오들을 위한 사역을 시작하게 되었다. 부에노스아이레스의 신학교에서 4년 동안 성경묵상 훈련을 받은 졸업생들을 선교사로 파송해 인디오들을 섬기게 했고 지역 교회를 위한 신학교도 시작했다. 그렇게 시작한 신학교가 개신교로는 처음으로 정부의 정식 인가를 받아 신학교를 졸업하면 일반 학교에서 성경을 가르칠 수 있는 교사 자격증을 받게 되었다. 여기에서 훈련받은 신학생들이 주 정부의 급여를 받는 정식 교사가 되어 그 지역의 초등학생들에게 성경을 가르치는 기적과 같은 일들이 일어난 것이다. 지금은 열두 곳의 초등학교에서 아이들이 그들을 통해 성경을 배우고 있다. 선교가 다른 무엇을 주는 것이 아니라 하나님의 말씀인 성경을 전하는 것이라는 윤 총무의 가르침이 지금까지도 그대로 열매로 나타나고 있는 것이다.

선교의 모든 기초는 하나님의 말씀

선교는 성경을 가르치는 것이어야 한다. 그것이 아니면 아무런 도움이 안 된다. 윤 총무를 통해 「매일성경」과 함께 하나님을 인격적으로 만나 삶의 변화를 경험했기에 나의 선교사역은 처음부터 성경을 가르치는 일이 전부였다. 교회를 개척하는 사역보다는 처음부터 현지 교회들을 돕는 사역에 집중하면서 현지 목회자들과 지도자들이 하나님의 말씀에 뿌리를 내리고 자라게 해야 한다는 것이 우리의 사역 방향이었다. 1992년, 아르헨티나에서 사역한 지 4년이 되던 해에, 한인침례교회에서 목회하시던 분으로부터 문의전화가 왔다. 윤종하 총무라는 분이 칠레에 와서 성경강의를 하고 계신데, 아르헨티나 교민들도 그 강의를 들을 수 있으면 좋겠다는 의견이었다. 이미 개인적으로 윤 총무의 도움을 받은 경험이 있는 나는 반색하며 동료 선교사였던 순복음교회 사역자와 의논해 바로 사경회를 준비했다. 윤 총무는 그렇게 아르헨티나를 방문했고, 4일 동안 마태복음을 강의했다. 실로 하나님의 절대적인 섭리였다. 집회에 참석한 사람들은 하나같이 큰 충격을 받았다. 하나님 나라는 죽어서 가는 줄로만 알고 있던 그들에게, 마태복음에 기록된 하나님 나라가 예수님이 이 땅에 오시면서 이미 시작되었고 재림하심으로 완성된다는 내용은 그때까지 들어 보지 못한 것이었다. 그리고 그리스도께서 하나님 나라의 왕으로 오셔서 우리를 죄에서 건져 내시고 지금 우리를 하나님의 백성으로 다스리고 계시기 때문에, 그분의 명령이신 말씀에 순종하며 살아가는 것이 우리의 신앙생활이라는 내용을 어떤 이들은 기쁨으로 받아들였고, 어떤 이들은 혼란스러움에 어리둥

절했고, 어떤 이들은 부인하며 거절하기도 했다. 이렇게 시작된 윤 총무와의 아르헨티나 사역은 그때부터 2006년까지 매해 짧게는 2주, 길게는 두 달 동안 함께하면서 집중적으로 성경을 강의하는 것으로 이어졌다. 윤 총무는 이후로도 14년 동안 아르헨티나를 비롯해 볼리비아, 페루, 칠레, 멕시코까지 다니며 교민 교회와 현지인 교회, 신학생과 목회자들에게 성경묵상 훈련을 시키고 성경을 가르쳤다. 다혈질인 중남미 사람들에게는 사실 성경묵상이 어려운 일이었다. 그리고 체험 중심의 신앙을 지닌 현지 교회들 사이에서는 방언을 못하면 성령 충만한 것이 아니라는 인식이 일반적이었다. 이들에게 말씀은 체험을 보조하는 수단에 지나지 않았고, 자신들의 체험을 입증하는 도구로 성경을 사용했다. 우리는 윤 총무의 묵상 훈련을 통해 지속적으로 말씀에만 관심을 갖게 했고, 더디지만 분명하게 변화하는 모습들을 보았다. 이런 일들을 통해 더욱더 말씀을 통해 하나님을 가르치지 않으면 선교가 아니라는 확신을 갖게 되었다. 선교의 모든 기초는 하나님의 말씀이다. 그리고 지금 우리가 제대로 선교를 하고 있는지 점검할 수 있는 기준도 역시 하나님의 말씀이다. 선교의 유일한 방식은 하나님의 말씀을 가르치는 것이다. 그러므로 말씀사역이 기초가 되지 않은 선교는 선교라고 할 수 없다.

말씀을 전하는 자는 먼저 듣는 일부터

선교사로서의 모습이 어떠해야 할지를 우리는 전도자 윤 총무에게서 배웠다. 선교사의 유일한 사역은 하나님의 말씀을 가르치는 것이다. 그렇기에 우리에게는 별다른 선교보고라는 것도 없다. 선교사의 사역보고란 하나님을 나타낸 것에 대한 보고인데, 하나님을 드러내는 사역이란 곧 그분의 말씀인 성경을 가르치는 것이다. 윤 총무는 선교지에 올 때마다 보이지 않는 하나님을 알려 줄 수 있는 방법은 말씀을 가르치는 것밖에 없다고 강조하면서 선교사들이 성경묵상과 성경공부를 가르치도록 격려했다. 그에게 선교는 선교사들이 현지에서 하나님의 말씀을 가르치는 사역을 통해 교회를 든든히 세우는 것이었다. 특히 말씀을 통해 한 사람만 변화되는 것이 아니라 공동체 전체가 함께 변화되어야 하기 때문에 반드시 교회 공동체가 함께 말씀을 묵상하면서 서로 말씀으로 격려하며 세워져 가야 한다는 것을 강조했다. 선교지의 교회들은 그 다양성이 매우 풍부하고, 그 다양성 가운데서 일치를 이루기 위해서는 왕이신 하나님의 말씀에 순종하는 훈련이 절대적으로 필요하다. 따라서 더욱더 성경묵상을 가르쳐야 한다. 윤 총무는 선교사들에게 성경묵상 훈련과 더불어 성경공부에 대해서도 많이 가르쳤다. 성경을 묵상하는 시간에는 일차적으로 하나님의 음성을 듣는 일이 중요하기 때문에 공부하려 하지 말아야 한다는 것과 더불어, 묵상 중에 공부가 필요한 내용이 보이면 따로 메모해 두었다가 시간을 내어 공부할 것을 부탁했다. 묵상만 하고 공부하지 않으면 자의적인 해석에 따라 적용할 수 있기 때문에 성경공부가 같이 가야 한다고 했다.

선교사들은 선교지에서 말씀을 가르치는 사역을 주로 하기 때문에 말씀을 듣는 데는 오히려 약한 면이 있다. 그런데 전도자로서 세계 곳곳을 다니며 말씀을 전하는 윤 총무를 통해 전하는 자가 누구보다 먼저 듣는 자가 되어야 하고, 힘써 그 말씀을 지키는 자가 되어야 함을 배웠다. 한번은 칠레에서 목회자들을 대상으로 성경묵상을 훈련하기 위해 윤 총무와 함께 가게 되었다. 그러던 어느 날 낮에는 윤 총무가 목회자들에게 강의를 하고 저녁에는 현지에 있는 한인 교회 수요예배에 참석했는데, 그 교회의 부탁으로 우리 일행 중 한 사람이 말씀을 전했다. 그는 사도행전 11장으로 말씀을 전했고, 흩어진 성도들이 안디옥에서 이방인들에게 전도하여 최초의 이방인 교회가 세워지는 내용이었다. 예배를 마친 후 윤 총무는 나에게 이 교회에 전도지가 있는지 알아보고 구해 달라고 했다. 그래서 왜 그러시냐고 물었더니, "오늘 설교가 흩어진 사람들이 이방인에게 전도하는 내용이었으니 우리가 칠레 사람들에게 전도지를 나눠 주는 일로 들은 말씀을 실천하고 싶다"는 것이었다. 설교를 들었으니 적용을 해야 하지 않겠냐는 것이었다. 나는 교회에서 전도지를 구해 그에게 건넸고, 그는 칠레에 있는 동안 칠레 사람들을 만나면 그 전도지를 나눠 주며 복음을 전했다. 그에게는 매 순간 하나님의 음성을 듣고 그것을 적용하며 사는 것이 일상적이고 자연스러운 일이었다. 적용이란 것이 성경묵상 시간에 노트에 적는 것으로 끝나는 게 아니라 일상 속에서 삶 전반에 걸쳐 이뤄져야 하는 것임을 자연스럽게 배울 수 있었다.

왕이신 하나님의 통치를 즐거워하며

윤 총무는 선교사에게 가장 중요한 것이 모든 생활에서 철저히 하나님의 왕 되심을 인정하는 삶이라고 했다. 선교지에 나가는 것도 하나님이 부르셨다는 사실을 말씀으로 인도받아야 한다고 강조하면서, 자신이 여러 지역을 다니며 말씀을 전파하는 것도 사도행전을 통해 구체적으로 인도받았기 때문이라고 자주 언급했다. 왕이신 하나님께 절대적인 복종을 하는 것이 그에게는 매우 자연스럽고 쉬워 보였다. 그래서 어떻게 그렇게 살 수 있느냐고 물어보면, 그때마다 자신은 죄를 짓는 것이 오히려 더 어렵다고 했다. 그때는 무슨 말인가 싶었지만, 시간이 지나면서 조금씩 이해할 수 있었다. 그리스도 안에서 그분의 다스리심 가운데 거할 때 진리가 나를 자유케 한다는 것이 무엇인지, 말씀에 복종함으로써 자연스럽게 경험했다.

진실로 우리가 주님의 주되심(Lordship)을 즐거워한다면 오히려 주님의 말씀을 거역하는 것이 더 어렵다는 사실을 경험해 본 사람은 알 것이다. 나는 윤 총무를 곁에서 오랫동안 지켜보면서 왕이신 하나님의 뜻에 복종하는 삶에 얼마나 큰 힘이 있는지 직접 경험할 수 있었다. 그러므로 선교사들에게는 하나님의 왕권을 누리는 삶이야말로 최우선이 되어야 한다. 이는 재정적인 면에서 더욱 그러하다. 윤 총무는 한인 집회에서 강의할 때 사례비를 받지 않았다. 교인들이 식사를 대접하고 나서 이것은 사례비가 아니라 선교비니 받으시라고 하자, "이것을 어디에 써야 할지 하나님께 여쭤 봐야겠네요"라고 말했다. 무슨 일을 하든지 언제나 왕이신 하나님의 뜻에 맞는 일인지 철저하게 검증하는 모습은 선교사들에게 깊은 영향을 끼쳤다.

잊을 수 없는 또 하나의 모습은 수시로 기도수첩을 열고 기도하던 모습이다. 아르헨티나에서도, 비행기 안에 있든 숙소에 머물든, 틈만 나면 작은 수첩을 한 장씩 넘기곤 했다. 조금 전까지 선교지를 방문하면서 만났던 이들의 이름과 그의 자녀들의 이름까지 빼곡하게 적어 놓고 시간이 날 때마다 수첩을 열어 기도했다. 어느 한 순간의 경건의 모양이 아니라 기도를 통해 평소 왕이신 하나님과 친밀한 교제를 나누는 것이 몸에 밴 모습이었다. 성경묵상이 단순히 아침에 일어나서 책상에 앉아 하는 데 그치는 것이 아니라, 하루하루 묵상한 내용을 매일의 삶 속에서 실천하며 하나님의 통치를 받아야 함을 보여 주었다. 이는 선교사들에게 시사하는 바가 크다. 아무도 보지 않는 곳에서 선교사의 영성이 어떻게 유지될 수 있을까? 말씀 묵상과 기도를 통해서만 매 순간 왕이신 하나님 앞에 살고 있음을 생생하게 체험할 수 있다. 그러므로 성경묵상은 선교사에게 최우선적인 사역이며 지속적으로 누려야 할 특권이다.

삶 속으로 들어온 말씀

윤 총무의 제자들 가운데는 일본에서 빈민 선교를 하는 이도 있고, 네팔에서 고아원 선교를 하는 이도 있고, 라오스에서 성경번역 선교를 하는 이도 있다. 그들은 곳곳에서 다양한 선교 사역을 하고 있다. 윤 총무는 그 모든 사역이 중요하다고 했다. 그러나 선교사가 무슨 일을 하든지 말씀을 가르치는 것을 빼면 아무것도 아니라고 했다. 그러한 사역들과 더불어 반드시 하나님의 말씀을 가르쳐야 선교라는 것을 여러 번 말했다. 특히 눈에 보이는 선교, 보고하기 위한 선교, 자기 열심만 드러내는 선교에 대해 우려하면서, 진실로 선교사로 부름받았는지 열 번이고 스무 번이고 말씀으로 점검받기를 촉구했다. 선교사로 부름받지 않은 채 사역만 무성한 선교사들의 사역이 얼마나 허망한 것인지 지적했다. 실제로 한 선교기관에서 한국 선교사들을 훈련시키는 프로그램에서 1주일 동안 성경묵상을 가르쳤는데, 선교사들이 성경을 너무 모르고 있어서 놀랐다며 선교사들의 주요 사역이 무엇인지 의문이 든다고 했다. 말씀을 통해 사람들을 변화시키는 것보다 프로그램이나 사역들을 통해 눈에 보이는 열매를 얻는 데 관심이 집중되어 있다 보니, 선교사들의 성경을 보는 안목이 많이 흐려져 있다는 것이다. 그러니 선교 현장에 나가서는 기본적인 것만 반복하면서 선교사 본인도 말씀의 깊은 은혜를 잃어버리고 선교지의 성도들도 말씀의 풍성함을 누리지 못하는 것이다. 결국 신학적인 뿌리가 한없이 약해지고 작은 시련에도 쉽게 굴복하고 마는 것이 선교지의 형편이다. 그러므로 제대로 된 선교란 하나님의 말씀을 전하는 것이어야 한다. 선교지에서 선교사들이 종종 윤 총무에게 어떻게 성경을 보는 안목이 생길 수 있냐고 질문하면, 그때마다 「매일성경」으로 날마다 성경을 묵상하는 일부터 하라고 당부했다. 성경을 읽고 묵상하면서 얼마나 하나님께 가까이 가느냐가 선교사의 가장 중요한 문제라고 강조한 것이다.

이처럼 오직 하나님의 말씀을 전하는 것이 선교라는 윤 총무의 가르침을 통해 선교지 곳곳에 그가 남긴 유산이 있다. 아르헨티나 북쪽에 타르타갈이라는 도시가 있다. 볼리비아 국경으로부터 50킬로미터 정도 떨어진 곳인데, 여기에 인디오 사역을 위한 선교센터와 앞에서 말한 신학교가 있다. 약 천 명의 교인이 출석하는 교회의 젊은 목사가 이곳 신학교에서 성경을 배우고 성경묵상을 하면서 자신의 목회를 돌아보고 그동안의 목회가 성경적이지 않았음을 깨달았다. 하나님의 뜻과 상관없이 사람을 모으기에 힘쓰고, 기복적인 설교와 샤머니즘적인 목회를 했던 것이 성경과 배치됨을 인정하고 하나님의 말씀만 전하기로 했다. 그리고 성경묵상을 가르치면서 성경에서 말하는 복음을 전했다. 1년 만에 많은 교인이 떠났고 생활마저 어려워졌다. 그러나 이 젊은 목회자는 비로소 하나님의 말씀을 전하는 기쁨을 알게 되었다고 고백한다. 파라과이에서 목회하는 한 사역자도 3년 동안 같은 고민을 하다가 성경만 전하자 교인의 80퍼센트가 교회를 떠났다고 한다. 하지만 끝내 포기하지 않고 성경만 전했더니 떠났던 교인들이 점차 돌아오는 일이 일어나고 있다고 한다. 멕시코에서도 선교센터가 운영되고 있는데, 이곳에서는 목회자들과 평신도 리더들이 성경을 배우고 성경묵상을 훈련받고 있다. 그중에 한 훈련생은 성경을 묵상하면서 그동안 밀수로 많은 돈을 벌어 오던 일이 잘못인 것을 깨닫고, 그 일을 정리한 후에 새벽부터 일하는 작은 식당을 시작했다. 또 다른 평신도 리더는 도매시장에서 남의 상표를 도용한 신발을 팔고 있었는데, 성경묵상을 하면서 왕이신 하나님의 통치를 받는 것이 무엇인지를 배우게 되었다. 그래서 경제적으로는 큰 손실이 있었지만 도용된 상표의 신발을 더는 취급하지 않기로 했다. 하나님의 말씀이 선교지 성도들의 삶 속으로 들어와서 어떻게 그들의 삶을 구체적으로 변화시켰는지 수많은 고백이 이어진다.

  윤 총무와 함께 14년 동안 아르헨티나에서 하나님의 말씀을 전하며 토양을 일궈 온 일들이 지금 이렇게 열매를 맺어 가고 있다. 아르헨티나 성도들의 삶에서뿐 아니라 나의 삶에서도 선명하게 복음으로 말미암은 변화들이 일어나고 있다. 이러한 변화는 복음에 대한 이해가 부족하고 토양이 척박한데도 오직 말씀에 사로잡혀 어려움과 수모를 마다않고 하나님 나라의 복음을 전한 그가 남긴 흔적들이다. 그에게 성경묵상을 소개받은 한인 성도 한 분은 아르헨티나 지역을 다니면서 현지 목회자들에게 성경묵상을 가르친다. 그의 아내는 처음에는 힘들어했지만 지금은 남편을 적극 지지하면서 자신도 칠레에 가서 성경묵상을 가르치고 있다. 이곳 현지인들의 큰 장점은 소위 평신도에게도 잘 배우는 열린 마음이다. 그래서 윤 총무처럼 성경을 가르치는 성경교사, 평신도 선교사의 모습이 성도들 가운데서 자연스럽게 나타나고 있다. 이런 일들이 가능하도록 윤 총무를 먼저 성경교사와 복음의 일꾼으로 부르시고, 각 지역의 믿는 자들이 하나님의 말씀을 듣고 순종하는 믿음의 열매를 맺어 가게 하시는 하나님의 주권과 그 은혜에 감사하는 시간이 날로 더 깊어진다.

교사세미나, 존 프린스(John Prince)와 함께 ⓒ 편집부

그 강력하고 온유했던 목회자

광야교회 장로회

목회자 윤종하는 하나님 나라 백성 되는 길을 늘 힘 있게 가르쳤고, 그렇게 살아가느라 애쓰는 교인들을 온유하게 격려하고 보살폈다. 그를 알던 사람들은 이런 힘 있고 온유했던 그에 대한 추억을 여럿 가지고 있을 것이다. 이 글은 '목회'를 주제로, 윤종하 장로가 교회에서 우리와 함께 살았던 시간들을 되돌아보며 그의 가르침들을 적어 보려고 한다.

윤종하 장로가 작은 교회를 지향하기 때문에 늘 가정 교회나 독립 교회에서 사역했다는 말은 사실과 다르다. 그는 올바른 교회를 지향했을 뿐이었다. 그는 목사의 아들로 태어나 어려서부터 교회에서 자랐고, 특히 1950-60년대 한국 교회의 검소한 모습을 늘 그리워했다. 그때는 목사들이 공부를 많이 못했지만 하나님을 성실하게 가르쳤고, 교인들 역시 여러 어려움으로 힘들었지만 하나님을 인식하며 경건하게 살았다고 회상했다. 교회는 어려운 형편에도 고결하고 검소한 목회자들의 희생적인 수고로 아름다운 모습을 보여 줬는데, 자본주의가 들어와 경제가 성장하고 교회가 대형화하기 시작하면서 교회는 공동체적이고 소박한 모습을 벗어나 점점 조직적이고 형식적으로 운영되어 갔고, 교육을 많이 받은 목사와 장로가 늘어났지만 하나님에 대한 가르침과 목회가 제대로 이루어지지 않으면서 교인들을 하나님의 자녀로 양육하는 기능을 점차 잃어 감을 안타까워했다.

그는 어려서부터 아버지 윤봉기 목사가 섬기던 경주읍교회, 중앙교회, 동부교회에서 자라고 배우면서 교인들을 가르쳤고, 그 후 등대교회를 섬겼고, 마지막으로 70세에 장로로 은퇴하기까지 광야교회에서 말씀을 가르치면서 교인들을 섬겼다.

그는 1972년부터 14년간 한국성서유니온 초대 총무로 한국에 큐티와 말씀 묵상을 소개하며 '하나님은 어떤 분인가'를 가르치는 사역을 했고, 1997년부터 5년간 에스라성경연구원 초대 원장으로 봉사하면서 대부분이 목회자인 학생들에게 성경 전체를 공부하게 하고 목회자가 어떻게 살아가며 어떻게 교회를 섬겨야 하는지를 충실히 가르쳤다. 그러나 그의 중요한 사역은 역시 교회를 섬기는 것이었고, 1994년부터 10여 년간 광야교회를 섬겼다.

윤종하 장로가 섬겼던 광야교회는 1993년 서울 봉천동에서 약 20명의 교인들로 시작되었다. 그는 교회를 찾아오는 교인들을 기쁘게 영접했고, 떠나는 교인들을 기쁘게 보내 주었다. 어느 교회로 오고 가건 각각 출석할 교회에 대한 부르심이 있다고 보았기 때문이다. 그러나 교인이 100명이 넘자, "우리 교회에 요즘 사람들이 많이 오는데 교회에 문제가 있는가 봅니다" 하며, 장로회에 교회를 나누자는 얘기를 했다. 적은 숫자가 모인 교회가 교인들을 잘 돌보고 목회할 수 있으며, 교인들끼리 서로 잘 세워 갈 수 있다고 보았기 때문이다. 그가 "교회를 나눕시다"라고 말할 때 다른 장로들이 "지도자가 더 세워져야 나눌 수 있습니다"라고 답하면, "교회가 나누어지면 지도자는 하나님이 은사를 주셔서 세우십니다"라고 답하곤 했다. 그러나 그는 서두르지 않았다. 회중을 1, 2부로 나누어 오전과 오후 예배에 각각 참여하게 했고, 장로들과 함께 각각의 회중을 목회했다. 그의 사후 4년이 지난 2011년 교회의 3분의 1이 먼저 분립했고(약 80명), 그 후 다시 4년이 지나 나머지 3분의 2가 둘로 분립되어(각각 약 100명과 70명), 2015년 9월부터는 세 교회로 운영되고 있다. 분립된 교회는 합동장로회를 통해 한 달에 한 번 세 교회 장로 전원이 모여 각 교회의 사정을 나누고, 가르침에 대해 논의하며(통일된 가르침을 위해 세 교회가 참여하는 성경연구위원회가 있다), 중요 사안을 심의 의결하고, 재정의 필요를 확인하며, 서로를 위해 기도한다. 분립된 교회들은

1년에 한 번 수련회에서 합동으로 모이고, 중요 사항은 합동장로회와 합동교인총회에서 의결한다.

윤종하 장로의 교회관

윤종하 장로는 '교회는 첫 창조 이전부터 설계된 하나님의 작품으로, 만물을 지배하고 만물을 통일하고 만물을 충만케 하시는 그리스도의 몸'이기 때문에 교회의 요소를 '머리이신 그리스도의 통치'와 '몸인 백성들의 지체의식'으로 정리했다.

하나님 나라의 모형 - 그리스도의 통치

윤종하 장로의 교회관은 그의 오래된 가르침인 '하나님 나라'를 빼놓고 얘기할 수 없다. 지금은 '하나님 나라' 사상이 한국에 보편화되었지만 1970-80년대에만 해도 '하나님 나라'(천국)는 죽은 후 가는 곳으로만 이해되었고, 그래서 그가 하나님 나라를 이 땅에 이미 실현되고 있는 그리스도의 통치로 가르치며 그 다스림을 받아 살아가는 공동체적 구원을 가르칠 때, '하나님 나라'에 대한 이해가 부족한 사람들로부터 공격을 받기도 했다. 그러나 그는 하나님의 통치가 이 땅에서 실현되어야 하고, 그 통치는 교회를 통해 이루어지며, 교회에서 그리스도의 통치에 순복하면서 하나님 나라 백성으로 살지 않으면 구원을 얻을 수 없다고 가르쳤다.

장로회-복수 지도 체제   윤종하 장로는 이러한 그리스도의 통치가 '사도들의 터 위에 세워진 교회'를 통해 나타나고 그 사도들의 권위는 하나님의 말씀을 맡은 지도자들, 곧 장로들에게 위임되었다고 보았다. 그래서 교회에는 하나님의 가르침과 다스림을 대행할 지도자들(장로들)이 반드시 세워져야 하고, 그 장로들은 하나님의 말씀과 명령에 따라 교인들에 대한 가르침과 다스림과 보살핌을 바르게 시행해야 한다고 했다. 그는 장로회를 가진 장로교회가 옳다고 생각했으며 장로회는 노회에 소속되어 다스림을 받아야 한다고 했다.

그는 교회의 회중이 중요하기에 교인총회가 최종 결정권을 갖는 데 동의했지만, 하나님에 대한 가르침을 잘 받지 못한 회중이 결정권을 행사하는 것에 대해서는 염려했다. 그래서 그들에게 하나님을 바르게 가르치는 장로회를 중요하게 보았다. 그는 사도행전을 강해하면서 하나님이 교회에 장로를 복수로 세우신 것을 기억하라 했으며, 교회의 지도자가 한 명이면 하나님의 뜻을 바로 찾는 데 어려움이 있으므로, 여러 장로가(목사를 포함하여) 함께 하나님의 뜻을 찾아 교회의 대소사를 결정하고 교인들을 다스리는 복수 지도 체제가 옳다고 보았다. 전문적인 가르침이나 사역의 필요로 전임 사역자(목사)를 둘 수 있지만, 복수 지도 체제(장로회)의 일원으로 유지되어야 함을 강조했다. 즉 전임 사역자라도 담임을 맡으면 안 되며 모든 장로가 함께 팀을 이루어 목회하는 방식이어야 했다. 또한 전임 사역자가 필요한 경우에도 가능하면 장로들 중에서 별도의 교육과 훈련을 받도록 하여 선임하는 것이 좋다고 했다.

그는 복수 지도 체제가 중요한 또 다른 이유로, 교인들이 자라는 것은 좋은 설교를 많이 듣는 데 달려 있기보다 그들의 삶 속에서 하나님의 뜻을 어떻게 찾고 어떻게 따라가는가에 달려 있으므로, 상담과 심방에 중점을 두고 다양한 교인의 필요를 돕기 위해서는 장로들의 다양한 은사와 경험이 필요하기 때문이라고 설명했다.

그가 섬겼던 광야교회의 장로회도 복수로 구성되어 있으며 사안별로 여러 논의를 하고 결정을 하지만, 다수결로 결정하지는 않는다. 하나님의 뜻이 꼭 다수에게로 나타나지 않는다고 믿기 때문에, 의안에 대해 한 사람이라도 반대하면 회의를 미루고 또 미루는 일을 반복하면서 하나님의 뜻을 같이 찾는다. 만장일치로 결정한다는 것이 아니라 하나님이 한 길로 인도하셨을 것이라고 믿으므로 장로회 전체가 하나님의 뜻에 순복하는 과정이 필요하다는 것이며, 이러한 방식의 결정은 교회의 모든 회의, 곧 운영회의와 총회에도 동일하게 적용된다.

그는 디모데전서 5:17을 들어 모든 장로가 가르치고 다스리는 자이지만, 특히 잘 가르치는 은사를 가진 장로가 더 많이 가르치는 것을 인정했고, 잘 가르치는 장로가 일반 직업을 갖지 않고 목회사역만 전임하게 하는 시대가 되면서 목사 제도가 생긴 것을 긍정적으로 보았다. 하지만 장로들이 점차 자신들의 책임을 벗고, 가르치고 다스리는 일을 목사(장로)에게 일임하면서 목사직과 장로직이 구별되고 말았으며, 이렇게 복수 지도 체제가 없어지고 담임목사 중심의 단일 지도 체제로 변질되는 폐단을 특히 한국 교회에서 보게 된다고 했다. 성경에는 목사라는 직분은 없으며 다만 장로들 중에서 가르치기를 잘하는 장로(목사와 같음)를 더 존경하라고 했고, 필요에 따라 전임 장로(또는 목사)를 세울 수 있지만 다 같은 장로라고 설명했다. 광야교회에서는 장로를 여러 명 세워 가르치는 일을 함께 하고 그중에서 잘 가르치는 은사가 있는 장로가 조금 더 수고하는 정도에서 장로 제도를 세워 가고 있다.

장로의 훈련　　윤종하 장로는, 사도행전 20:17-38의 바울의 본과 에베소 교회 장로들에게 당부한 말을 자주 언급하면서, 장로의 일은 교회를 가르치고 다스리는 목회자의 일이며 많은 훈련이 필요하기에 "저 자신이 부끄러울 뿐"이라고 했다. 그는 장로가 가르친다는 것은 하나님의 말씀을 잘 설명하는 일과 본을 보이는 일, 교인들의 삶과 믿음을 돌봐 상담하고 양육하는 일을 다 포함한다고 했다. 그러면서 설교와 성경강의도 중요하지만 본인이 말씀대로 살면서 교인들도 말씀대로 살도록 하여 참 그리스도인으로 자라도록 돕는 것이 가르침과 다스림의 본질이고, 장로들이 그렇게 살지 못하면 장로의 자격이 없으므로 사임해야 한다고 했다. 그래서 신학을 공부했거나 성경을 연구한 지도자도 필요하지만, 목회는 훨씬 다양하고 실제적이어야 하며, 삶 속에서 성숙한 그리스도인으로 자란 여러 지도자의 목회가 필수적이라고 했다.

광야교회는 교회를 가르치고 다스리기 위해 3인 이상의 장로로 구성된 장로회를 두어 예배, 설교, 심방, 집례, 교육 및 권징 등 교인들이 영적으로 잘 성장하도록 돌보는 일을 담당한다. 장로는 하나님이 세우시는 것이므로 선출할 때 사람의 뜻이 개입되지 않도록 후보를 추천하지 않으며, 만 40세 이상의 남자로 1년 이상 출석한 세례교인 중에서 이름을 써 내면 되고(복수로 써 낼 수 있음), 총회에서 3분의 2 이상의 표가 나오면 피택된다. "장로들을 검증해야 올바로 선출할 수 있지 않겠는가"라는 질문에 대해, 그는 "잘 가르치는 장로는 많지 않기 때문에 기본적인 성경 지식과 분별력과 다스리는 은사가 있고, 바른 가르침을 알고 있으며, 올바른 삶의 태도와 신실함, 교회에 대한 사랑과 섬김의 모습을 가진 정도면 크게 문제되지 않는다"고 했다. 피택 후 충분한 교육 기간을 두고 준비시켜 위임하며, 위임된 후에도 계속 성장하기 때문이었다.

그는 장로의 특별한 권위를 인정하면서도, 사역자는 하나님과 교인들의 심부름꾼(하인)임을 명확히 했다. 광야교회에서는 장로회 의장을 '대표장로'라는 칭호 대신에 '사회장로'로 부르며, 그 임기를 2년으로 하고 순환하여 맡도록 했다.

하나님 나라의 백성 – 지체의식

윤종하 장로는 교회의 또 하나의 요소를 '지체의식'이라고 설명하면서, 하나님과 예수 그리스도를 주(主)로 고백하고 그 다스림을 받기로 결심하고 헌신해 세례를 받은 교인들이 지체로 구성되어, 장로들의 양육을 받으며 그 가르침 받은 대로 말씀 안에서 교제하고 한 몸을 이루어 한 떡(성찬)에 참예하고 함께 기도하며 각자의 삶과 소유와 은사를 나누고 모이기를 힘써 함께 하나로 자라 가야 한다고 했다. 교회는 중생한 교인들로 이루어져야 하지만 중생은 평생 이루어지는 것이므로, 처음에는 구도자(求道者)로 출석하고, 세례를 받은 후(입교인이 된 후) 정식 교회 회원이 되며, 회원들은 모두 계속해서 양육되어야 한다고 했다.

교회의 다양성과 일치성　　윤종하 장로가 교인들이 바른 '지체의식'을 갖도록 특히 강조한 부분은 그리스도의 몸인 지체로서의 '다양성'과 머리이신 그리스도에 연합되는 '일치성'이었다.

　　하나님이 사람을 다양하고 개성이 뚜렷하게 창조하셨는데 그러한 개성을 인정하여 잘 살리지 못하고 무시한다면 하나님의 창조 섭리를 거스르는 것이라고 했다. 교회에서도 교인들 하나하나가 각자 개성을 살려 하나님과 교제하고, 자기 개성에 따라 교회를 섬겨야 한다고 했다. 목회자의 개성도 교인들의 개성도 다 다르므로, 교회의 목회도 이러한 개성에 맞게 각각에 대한 심방이나 상담으로 진행되어야 한다고 했다.

그는 교회의 일치성에 대해 같은 비중으로 설명했다. 머리의 지시에 따라 수많은 지체와 세포가 서로 잘 연합하여 움직이는 완전한 몸이 되듯, 교회도 머리인 그리스도의 뜻에 따라 하나가 되어 움직여야 한다고 했다. 교회가 행동 통일을 위해 개성을 무시하면 온전한 교회가 아니지만, 그리스도의 지시에 따라 일사불란하게 움직이지 않아도 온전한 교회가 아니라고 했다.

그는 많은 교회의 지도자들이 이러한 양면성을 잘 조화시키지 못해 교인들의 개성을 무시하고 일치성만 강조하면서 획일적으로 교회를 운영하는 것을 안타까워했으며, 다양성을 용납하려면 사랑과 겸손과 온유와 오래 참음이 선행되어야 한다고 했다. 그는 장로회에 목사를 포함한 여러 명의 장로가 있어야 하고, 때로는 목사도 여러 명이 있어야 한다고 했다. 이렇게 여러 지체가 함께 일하면 여러 가지 일을 훨씬 효과적으로 훌륭하게 그리고 다양하게 할 수 있는데, 획일적인 교회는 몸의 구실을 한다기보다 한 지체의 일, 즉 손이나 입의 일만 하게 되어서 성도를 온전하게 성장시키지 못한다고 했다. 한국 교회의 많은 프로그램이 개성을 잘 살리지 않기 때문에 성도들이 교회 안의 활동과 프로그램은 잘 하지만, 가정, 직장, 사회에서는 무력하고 비난받는 사람이 되고 있다고 아쉬워했다.

이러한 개성과 다양성을 조화롭게 수용해 일치시키는 것이 지혜며, 자기중심적인 생각을 추구하지 않는 자기부정, 곧 '십자가의 도'라고 했다. 사람마다 다양한 개성을 가지고 있으므로 교회 안에서 개성이 다른 교인의 도움을 받지 못하면 성숙할 수 없으며, 이런 상호이해의 과정을 거쳐 성숙해 가면서 구원에 이르게 되므로, 교회는 공동체 구원의 책임을 가지고 있고, 그렇게 그리스도 안에서 산 자 곧 새 사람으로 구성된 통일된 유기체로 자라 가야 한다고 했다.

지체의 서로 섬김   윤종하 장로는 교인들이 하나님 나라 백성으로 자라 가는지 서로 살피고 돕는 것이 사랑이라고 했다. 그는 어린이를 포함한 모든 교인이 매일 말씀 묵상을 하고 적용하고 실천하되, 교회에서 반드시 나누라고 했다. 각자에게 역사하신 하나님의 은혜를 서로 나누어야 듣는 교인들도 하나님이 어떤 분인지 더 실질적으로 알게 되고, 간접적으로 하나님의 은혜를 체험하게 되며, 이것이 지체를 세우는 것이라고 했다.

그는 하나님이 한두 가지 직분을 주셨는데 모든 직분을 다 받은 것처럼 착각하는 경우가 있으니, 각 사람에게 나누어 주신 믿음의 분수를 넘지 말고 각자의 직분과 은사를 찾고 계발해 서로를 도와 한 몸이 되라고 했다. 그래서 오히려 직분을 맡기지 않는 훈련부터 시켜야 한다고 했다.

그는 성경묵상, 성경공부, 기도, 전도, 심방, 봉사 훈련을 받았더라도 그것만으로 교회에서 어떤 직분을 맡는 것은 불가능하며, 목사가 되었다고 해서 목회나 선교나 상담을 다 잘하는 것도 아니고, 각자의 분량과 은사가 있다고 했다. 자신도 목회자 가정에서 태어나 일평생 교회생활을 했지만 성경을 가르치기까지 오랜 세월에 걸쳐 훈련받았고, 그럼에도 좋은 상담가도 아니고 리더십도 부족하고 권면과 위로도 잘 못하고, 설교보다는 가르치는 은사가 좀더 있는 것 같다고 했다. 가르치는 것도 양육하는 담임교사라기보다 여러 사람을 상대하는 시간강사나 특강 교사라 할 수 있고, 하나님의 말씀을 대언하고 하나님 나라가 지금 어떻게 진행되고 있는지 이 시대가 어떤 방향으로 가고 있는지를 다만 성경적으로 조금 진단하고 예언하는(가르치는) 은사가 있는 것 같다고 했다. 물론 상담도 조금씩 하고, 섬기기도 하고, 구제도 하고, 위로도 하고, 다스리기도 하지만 자신은 결코 전문인이 아니며, 따라서 교회에 사회활동을 많이 한 장로들의 경험이 좋은 상담을 이룰 것이라고 했다. 그는 "직분이 무엇인지 곰곰이 생각해 보십시오. 이것저것 다 할 수는 없습니다. 한국 사람은 전공하지 않은 일을 교육받지 않고도 서슴없이 하고, 자격증 없이 아무 일이나 합니다. 한국 교인들은 모든 것을 다 하는 만능 교인처럼 행사하지만 미숙하기 짝이 없고 서툴고 일을 그르치는 경우가 너무도 많습니다"라고 했다. 교회는 합력해야 하는 공동체이기 때문이기도 하지만, 많은 일을 맡은 자가 시험에 들 수 있기 때문이기도 하다. 그가 섬겼던 광야교회에서는 모든 교인이 각자 은사에 따라 원하는 위원회(교육, 선교, 재정, 관리, 봉사 등)에 지원하여 교회 일을 논의하고 봉사한다.

예배   윤종하 장로는 교회가 주일에 한 번만 예배로 모이면 된다고 생각했으며, 어린이를 포함한 회중 전체가 함께 예배하는 것이 옳다고 했다. 그가 섬겼던 광야교회에서는 어린이들이 오랜 시간 예배에 참석하기 힘든 점을 감안해서 예배 중에 어린이 설교순서를 따로 만들었고 어린이 설교가 끝나면 따로 모여 교사들의 도움을 받도록 했지만, 어른 예배에 계속 참석하기 원하는 어린이는 자유롭게 남았다. 어린이들의 양육은 부모가 전적으로 맡기 때문에 교사는 어린이들을 돌보는 정도의 역할만 한다.

   그는 새벽기도회로 모이는 것보다 각자의 형편에 맞는 시간과 장소에서 개인 경건의 시간을 가지도록 했고, 그 시간에 하나님의 말씀을 듣고 하나님이 어떤 분인지 알아가며 그분의 뜻을 분별하고 그분의 공급하심과 인도하심을 구하는 것이 개인적인 소원을 아뢰는 기도보다 우선되어야 한다고 했다. 그래서 그는 먼저 하나님의 말씀을 듣지 않고 무분별하게 기도하는 것을 조심하라고 했다.

   그는 그렇게 적용한 말씀들을 주일예배 후 조별 묵상 나눔

시간에 나눔으로써 미처 깨닫지 못했던 말씀을 새롭게 깨닫기도 하고, 서로를 더 깊이 알아 감으로 중보기도도 하고 서로를 튼튼히 세우는 참된 사랑의 교제가 이루진다고 했다. 이때 어린이들도 참석하면 좋다고 했다. 지역 모임을 통해 성경을 공부하고 그 내용을 삶에 적용하며 지체들이 교제하는 시간을 갖는 것을 중요시했지만 각자의 형편을 존중하여 강제하지는 않았다.

그는 전 교인이 함께 하나님을 찬양하는 것이 더 좋으므로 찬양대를 따로 두지 않았고, 예배를 마칠 때의 축도 역시 고린도후서 13:13을 가지고 전 교인이 서로를 축복함이 좋다고 했다.

헌금은 각 가정의 경제적 지출 순위에 따라 하는 것이며, 헌금을 먼저 떼어놓고 나서 가정 경제를 운용하는 것은 옳지 못하다고 했다. 하나님이 백성들의 의식주에 필요한 돈을 주시기 때문에 그에 대한 지출이 먼저이고, 헌금은 교회가 세운 예산의 범위에서 자기가 할 만큼을 하도록 했다. 특히 십일조 헌금은 그리스도 안에서 완성된 구약 시대 제도이고, 이제는 나와 내게 주신 것 전체를 하나님께(교회가 아니고) 드려야 하기에, 아직 하나님이 나의 주인(主)이라는 확신이 없는 신자가 강요에 의해 헌금을 하거나 이름을 밝혀서 헌금을 하면 시험에 들기 쉽다고 경계했다. 모든 소유는 하나님의 것이므로 반드시 하나님께 결재를 받아서 써야 한다고 했다. 그래서 생활비도 헌금도 하나님의 뜻대로 하며, 혹시 남는 것은 저축해 두었다가 하나님이 원하실 때 사용하도록 했다.

그가 섬겼던 광야교회에서의 모든 헌금은 무기명이며, 교회의 예산으로 세운 일반헌금과 선교헌금 두 가지를 각자 정한 대로 하면 된다(월간 예산이므로 월 1회 헌금하면 됨). 교인 중 특별히 도울 일이 있을 때는, 받을 사람의 이름을 지목해 헌금함으로써 누가 주었는지 모르게 당사자에게 전달해 교회 안에서 서로 돕는 일을 실천한다. 그리고 사정이 갑작스레 어렵게 된 교인들이 잠시 천사의 도움을 받듯 빌려 쓸 수 있는 '엔젤 펀드'(Angel Fund)가 있어서 교인들이 세상의 금융제도를 이용하면서 어려움을 겪는 경우를 돕는데, '엔젤 펀드'를 사용하는 경우에도 교인들이 빚을 내서 살지 않도록 강조한다. 교회 건물을 짓지 않기 때문에 따로 건축 비용이 들어가지는 않지만, 갑작스런 이사 등에 대비해서 헌금의 일부를 저축한다. 그리고 수련회 등에서 교인들의 참가비용을 줄이고 수련회비를 내지 못하는 교인들을 돕기 위해 일정 금액을 저축한다. 교회의 모든 재정 내역은 매월 첫 주 교인총회에 보고하며, 재정이 넉넉하면 헌금을 줄이고 모자라면 헌금을 늘린다.

윤종하 장로의 생활

윤종하 장로는 간소하게 살았다. 머리는 항상 짧았고, 옷은 소박하게 입었으며, 먹는 것도 별로 가리지 않고 남기지도 않았다. 한마디로 의식주에 별로 매이지 않는 삶을 살았다. 교인들에게 간소한 삶을 살라는 그의 가르침은 이렇게 그의 생활 안에서 나타났는데, 그의 검소함이나 절약은 교인들이 가난하게 살아야 한다는 생각에서 나온 것이 아니라 하나님이 주신 만큼 자족하여 살라는 생각에서 나온 것이었다. 주택 문제에 있어서도, 수입이 모자란 사람이 돈을 빌려 집 사는 것은 경계했지만, 절약하여 집을 살 수 있는 사람이 집을 사지 못하면 하나님이 주신 돈을 잘못 사용한다고 말하기도 했다.

그는 거의 모든 시간을 교회에 할애했음에도 사역비를 받지 않았다. 외부 강의와 출판 등의 수입으로 아껴 가며 가정 경제를 감당했다. 이자가 조금이라도 높은 곳이 있으면 구좌를 옮겼고, 집 앞 슈퍼마켓에서 쿠폰 등이 오면 모았다가 일용품을 구입하는 등, 하나님이 주신 돈을 조심스럽게 사용했다. 지방에 강의를 다녀올 때 형제들이 우등고속버스를 타고 가라고 표를 사 주어도 몇 십 분 더 기다려 일반고속버스를 타고 가는 일은 왕왕 있었다. 머리로 생각해서 절약하는 것이 아니고 하나님이 주시는 것에 늘 감사했다.

그는 교회의 전임 사역자들이 수고한 대로 생활비를 받을 권리가 있음을 인정했지만, 가급적 자비로 살고 교회에는 봉사하는 것이 좋다고 했다. 사역을 떠나는 선교사들에게도 같은 당부를 했다. 그는 목사나 선교사가 직업을 갖는 것이 속되다는 생각에 대해 여러 성경 구절을 들어 잘못이라고 했다. 바울의 모범이 있을 뿐 아니라, 생활에서 하나님을 믿는 훈련이 당연히 필요하다고 했다. 외국의 어느 한인 교회에서 담임목사의 안식년 기간 중 1년간 목회사역을 맡았던 적이 있었는데 그 교회에서 첫 달 사역비를 받고는 그 다음 주일에 재정부로 그중 일부를 반납했다. 서울에서 후원받는 돈과 본인이 가지고 온 돈을 계산해 보니 매월 이만큼만 주면 되겠다고 했다. 안식년을 맞은 담임목사와 서울에서 온 윤종하 장로에게 교회 재정을 쪼개 주었기에 사실 많지도 않은 돈이었지만, 많고 적음과 관계없이 본인 재정을 엄격히 관리하는 모습을 보며, 그 교회 재정부원들이 말씀을 통한 가르침이 따로 필요 없다고 말하기도 했다.

그는 필요를 충족하는 의식주에 만족하면서 단순하게 살고, 많은 시간을 하나님과의 교제에 쓰라고 했다. 그래서 여러 직업보다 농업을 택하라는 말을 많이 했고, 복잡한 도시보다 농촌에서의 조화로운 삶이 좋다고 했다. 평범한 소시민으로서의 삶을 살라고 했으며, 직장에서도 높은 연봉을 찾아 이리 저리 옮기지 않도록 가르쳤고, 같은 직장 안에서도 높은 지위를 얻어 많은 시간을 허비하지 말라고 했다. 또한 직장에서 노동조

합에 가입해 자기 생각을 주장하거나 군중심리에 파묻혀 분별력을 잃는 일이 없도록 강조했다.

'묵상하는 목회자'로서의 윤종하 장로를 빼놓을 수 없다. 그는 매일 묵상한 내용을 「매일성경」 노트에 깨알 같은 글씨로 적었다. 그는 적용하지 않는 것은 묵상이 아니며, 실천하지 않는 것은 적용이 아니라고 했다. 하나님을 뵙고 인격적으로 알아가며 그분이 시키시는 대로 살면서 그분과 친해지는 것이 구원을 이루어 가는 길이니 묵상하고 적용하고 실천하라 했다.

그는 성경해석은 객관적이어야 하지만 성경묵상을 통한 적용은 주관적이고 개성적이어야 하기에 하나님이 각자에게 하신 말씀으로 받아야 한다고 했고, 이 때문에 문자적 적용을 한다는 비난을 받기도 했다. 그렇지만 성경묵상을 하며 획일적인 원칙들만 찾는다면 그것은 성경공부와 다름이 없고, 오늘 내 앞에 계신 하나님이 내게 직접 말씀하신다는 사실을 부정하는 것이라고 했다.

그는 기도 역시 각자의 개성에 맞게 자신의 기도를 개발하고 자기 방법으로 하나님과 교제해야 한다고 했다. 그는 '기도의 사람'이었다. 그의 기도수첩에는 천 명이 넘는 사람들의 이름과 상태가 빽빽하게 기록되어 있었다. 그가 섬기던 광야교회 교인들을 위해서는 일주일에 한 번밖에 기도하지 못한다며 미안해했다. 광야교회 교인들은 일곱으로 나누어 매일 기도했고, 다른 형제들은 30으로 나누어 매일 기도했기 때문이다.

그는 자신에게 늘 엄격했다. 2005년에 70세가 되자 4월 첫 주일에 장로직에서 은퇴하려 했다. 그런데 교회에 새로 장로로 피택받은 사람의 훈련이 좀 늦어져 4월 마지막 주일에 위임하게 되었다. 장로회에서 윤종하 장로의 은퇴와 신임 장로의 위임을 같은 날 하자고 해서 은퇴를 3주간 늦추자고 했는데, 마지못해 장로회의 의견을 따르기는 했지만, 그는 "무슨 의식을 하는 것도 아니고, 인사하고 말 것인데, 따로 하면 되지 굳이 날짜까지 늦추어 함께 하느냐"며 못마땅해 했다. 새로 장립되는 장로가 백설기 한 조각씩이라도 나누어 먹자고 갖고 왔을 때 "전통을 만들지 마십시오"라고 했는데, 과연 그 후 전통이 되었다.

많은 사람이 그를 가리켜 세상을 거꾸로 사는 몇 안 되는 사람 중 하나라고 말한다. '뭐 그렇게까지 하느냐'고 해도 그는 조금이라도 세상 지혜가 들어간 것은 철저히 거절했다.

윤종하 장로의 가르침

윤종하 장로는 평생 성경을 공부했는데, 어릴 때는 성경밖에 볼 책이 없었다고 했다. 그는 특히 관주 성경을 통해 성경 전체를 공부했고, 신구약의 약속과 예언과 성취를 찾아 하나님의 계획과 뜻을 통일성 있게 공부하고 그렇게 가르쳐 왔다. 성경통독이 무익하다고까지 말하지는 않았지만, 필요한 성경을 골라 정독하는 것이 더 좋다고 했다. 그도 성경을 여러 번 통독했지만 필요한 관주까지 다 찾아 가며 읽기 때문에 시간이 많이 걸린다고 했다.

  그는 설교란 주어진 본문을 강해(講解)하는 것이어야 하며, 그래야 설교자가 자기 생각을 넣지 않고 하나님이 말씀하신 것을 분명히 대언할 수 있다고 했다. 설교자가 관심 주제나 교회 상황에 따라 본문을 직접 고르거나 제목을 정해서 설교하면 설교자의 인생관이나 세계관 등 개인적인 관점이 너무 많이 드러나기 때문에, 성경 전체를 차근차근 설명해야 비로소 하나님을 설명하는 것이라고 했다. 그는 보통 화요일까지 교안을 만들어 주보에 싣고, 주중에는 적용점을 생각하는 시간을 가지며, 설교하는 날 아침에는 본문을 다시 반복적으로 읽는다고 했다. 설교단에는 성경만 들고 올라갔는데, 때로는 메모지 한 장에 오늘 본문과 연결된 참고 성경 구절을 적어 올라갔다. 그는 설교할 때 물을 마시지 않는 등 자세를 흐트러뜨리지 않았고, 메모지를 볼 때도 빨리 보아 성경을 읽을 때를 제외하고는 교인들과 눈이 떨어지는 때가 없었다. 그는 성경 본문에 충실한 설교를 했다. 이런 저런 신학 이론이나 학문이나 예화를 곁들인 적이 없고, 자신의 인생관이나 세계관을 말하지도 않았다. 그는 오직 하나님이 말씀하시는 것을 전달하는 '대언자'였다. 그의 설교에 대해 어떤 사람은 아무런 양념이나 고명이 없는 '우동' 같다고 했고, 어떤 사람은 '성경공부' 같다고도 했다. 그러나 그는 "하나님의 말씀을 그대로 전달하는 것이 설교지 무엇이 설교인가?"라고 반문했다. 그는 본문을 설명하다가 중요한 주제가 나오면 시간에 매이지 않고 그 주제에 대한 하나님의 뜻을 교인들이 분명히 이해하도록 성경 전체를 찾아 가며 설명했다.

그는 늘 '우리는 어떻게 살아야 하는가?'를 가르쳤다. 삶과 연결되지 않는 가르침은 귀만 즐겁게 하고 머리만 커지게 하며, 교인들이 처해 보지 않았던 상황에 부딪히면 들었던 말씀은 아무런 효력을 미치지 못한다고 했다. 그의 설교 시간은 대개 1시간 내외였는데(수련회 등 강의에서는 몇 시간씩도 하지만), 그의 설교에 힘이 있었던 것은 그의 폭넓은 성경 지식보다 살면서 형성된 성품이나 체험으로부터 나온 실제적이고도 풍부한 적용이 있었기 때문이다.

그는 본문이 허락하는 한 거의 모든 설교에서 '구원' 또는 '구원 얻는 믿음'을 얘기했다. 그는 소위 '믿음으로 얻는 구원'을 한 번도 부인하거나 약화시킨 일이 없다. 다만 그 '믿음이 온전한가?'에 대해 끊임없이 도전했다. 그래서 이 땅에서의 삶 가운데 하나님의 뜻과 계획을 따르지 않고 자신의 뜻과 계획으로 살아간다면(자기가 상황을 하나님보다 잘 아니까 자기 계획대로 진행한다면), 하나님의 공급하심을 의지하지 않고 자신의 힘과 주변의 힘과 재물과 사람과의 관계를 의지하고 살아간다면

(자기가 하나님보다 잘 해결할 수 있다고 생각한다면), 그러면서 입으로는 하나님을 믿는다고 고백한다면 '믿음이 없는 것'이라고 보았고, 그렇게 해서는 "구원 얻지 못합니다"라고 분명히 가르쳤다. 그는 '믿음'을 이 땅을 살아가는 과정에서 분명하게 드러나는 '하나님께로의 신뢰와 종속'이라고 했으며, 이로써 구원을 얻는다고 했다. 한국 교회에 대해 구원 얻는 백성이 일반적으로 생각하는 것보다 훨씬 소수일 것이라고 염려하기도 했다.

그에 대한 또 다른 시비는 한국에서 특히 강조되는 주일성수와 십일조 문제였다. 그는, 안식일과 십일조가 이미 그리스도 안에서 완성된 것으로 보았기 때문에, 율법의 자구적 해석보다는 율법의 정신을 따라야 한다고 설명했다. 그래서 안식일은 주일성수와 관련되지 않고 오히려 그리스도 안에서 매일 매일이 안식할 날이라고 설명했다. 십일조도, 그리스도 안에서 모든 제사가 완성되어 제사를 지낼 제사장이나 레위인이 필요하지 않으므로, 오히려 십의 십조를 하나님께 바치는, 즉 교인이 자신을 온전히 하나님께 바치는 것이라고 설명했다. 주일성수는 성경적인 표현이 아니므로, 예배 시간에만 잘 참석하면 되고 주일 오후에는 휴식도 하고 가족과 같이 시간을 보내고 혹 교회 심방에 동행하면 좋겠다고 가르쳤다.

그의 가르침 가운데 '첫 창조'와 '새 창조'를 언급하지 않을 수 없다. 그는 성경은 창조의 장엄한 선언(창 1:1)으로 시작되며 창조에 대한 신학이 먼저 정립되어야 성경 전체의 계시와 구원의 경륜을 제대로 이해할 수 있다고 했다. 그는 "창세전에 그리스도 안에서 우리를 택하사 우리로 사랑 안에서 그 앞에 거룩하고 흠이 없게 하시려고 그 기쁘신 뜻대로 우리를 예정하사 예수 그리스도로 말미암아 자기의 아들들이 되게 하신"(엡 1:4-5) 모든 과정이 창조며, 그 설계를 하나님이 창세전에 치밀하고 완벽하게 하셨다고 했다. 그리고 인간이 타락한 후에 그리스도를 보내 구원하려 하신 것이 아니라, 첫 창조부터 우리를 그리스도 안에서 창조하신 후 계속 양육하시고 온전케 하시는 새 창조사역을 동시에 해 나가신다고 했다. 즉, 하나님은 첫 창조만으로 온전하지 않고 그리스도 안에서 새 창조가 되어야 온전한 창조가 이루어질 것을 미리 내다보고 설계하신 것이라고 했다. 그는 '세상을 창조할 때부터 안식(구원의 역사)이 이루어졌다'고 히브리서 4:3이 말한다고 하며, 창세기 1장에 나오는 6일간의 첫 창조는 창세기 2:1-3에서 제7일의 새 창조 곧 안식의 개념으로 마무리된다고 했다. 그는 바른 기독교 세계관은 '창조-타락-구속(회복)'이 아니라 '첫 창조-새 창조'라고 했다.

그래서 그는 구원 얻는 믿음은 자기를 의지했던 옛사람이(옛 자아가) 죽고 하나님을 의지하는 새사람으로 부활하는(하나님의 다스림을 받는 새로운 자아가 되는) 분명한 변화라고 했고, 이러한 변화를 '새 창조'의 은혜라고 가르쳤다. 즉 믿음은 '나를 창조하신 하나님이 나를 부활시키시고 다시 새롭게 창조하여 거룩하고 온전하게 만드실 것으로 믿고 모든 상황에서 그분을 의지하고 순종하는 것'이라고 했다. '이전 시대, 첫 창조, 옛것 곧 육의 영역'에 속해 있던 죄인이 그리스도의 은혜로 말미암아 그리스도께서 머리가 되시는 '새 시대, 새 창조, 새것 곧 영의 영역'으로 옮겨진(구속된, 변화된, 새로 지어진) 것을 구원이라 했고, 이제 옛사람과 옛 생활은 없어져야 한다고 했다. 그래서 구원에 대한 그의 핵심적인 가르침은 '그리스도께서 나의 주인이시다'(Lordship)라는 것이며, 나의 주인인 그리스도께서 매 순간의 삶을 통치하시고 내가 그 통치에 복종한다면(자기부정이 된다면) 구원 얻은(새 창조된, 구속된) 백성이라는 것이다. 그리고 이러한 변화는 일평생 계속된다고 설명했으며, 믿음이나 영접이나 구원이나 중생 등을 단회적이고 순간적인 것으로 오해하는 이유 중 하나는 하나님의 주권만 이해하고 인간의 인격과 자유의지를 무시한 데서 온 것이라고 했다. 그래서 새 창조나 중생이나 구원이나 칭의나 성화는 이러한 변화에 대한 다른 측면의 같은 설명들이라고 했다

성화에 대한 그의 글은 일부라도 여기에 옮겨 놓을 필요가 있겠다. 오벌린 완전주의(Oberlin Perfectionism)와 벌코프(Berkhof)의 이론 간의 차이에 대해 공부한 결론으로 그는 성화에 대해 이렇게 썼다.

(1) 성화는 하나님의 새 창조 작업이기에 분명히 가능하며

첫 창조 이전부터 계획된 하나님의 목표였다(엡 1:3-5; 4:13-16; 갈 5:16; 벧전 5:10; 요일 3:9; 4:16-17; 5:2-4, 18).

(2) 인간의 순종이 따라야 하는 것이기에 혹시나 하고 불안해하거나 불가능하다고 생각할지 모르지만, 하나님이 그런 나를 변화시키고 양육하고 새롭게 만들어 온전케 하시기 때문에, 전능하신 하나님을 믿고 따르면 된다. 의심하거나 두려워할 필요가 없다.

(3) 성화나 순종이 잘 안 되는 사람은 하나님의 뜻을 따르기 싫은 사람이거나 자기를 내려놓고 하나님께 의지하지(믿음) 않고 자기 노력을 의지하는 사람이다. 믿음은 자기 부정을 의미한다. 자아가 강하고 자기 능력을 자랑하는 현대인은 믿음을 바르게 이해해야 한다.

(4) 믿음을 가지려면 일을 많이 하지 않아야 한다. 일을 벌이는 사람은 하나님을 믿게 되지 않는다. 자신의 꿈과 비전과 욕망을 버려야 한다. 자기 긍정이나 자기 강화에 빠지면 위험하다. 하나님 안에 들어가, 새로 지어진 새로운 자아(새사람)로, 하나님의 뜻에 따라 하나님의 능력과 하나님의 방법으로 사는 것을 배워야 한다. 빌립보서 4:13의 "내게 능력 주시는 자 안에서 내가 모든 것을 할 수 있느니라"라는 말씀을 바르게 이해해야 한다. 바로 앞 절(빌 4:11, 12)에서 말한 풍부에도 비천에도, 배부름에도 궁핍에도 처할 줄 알고 그러한 환경에 영향 받지 않고 자족하는 것을 의미한다. 즉, 유능하지 않은 사람이나

유능한 사람이나 자신의 능력이 아니라 하나님의 능력으로 만족하고 살 수 있게 하신다는 말이다. 그것이 믿음이다. 없다고 열등의식에 빠지거나 자괴감에 빠지지 않으며, 유능하고 부요하게 산다고 해서 교만하거나 행복한 것이 아니라, 하나님의 사람으로 하나님의 손길 안에서 감사하고 낮아지며 겸손해지고 시험에 들지 않는 자가 믿음의 사람이다. 일을 잘하거나 머리가 좋거나 훌륭한 사람일수록 착각하지 않도록 주의해야 한다.

(5) 성화는 사람마다 그 수준이 다르다. 능력을 말하는 것이 아니고 믿음과 순종을 뜻하는 것이다. 자신이 드러나면 안 된다. 그래서 무능력하고 무식한 사람, 어른보다 어린이, 문명인보다 미개인, 가진 자보다 없는 자가 성화에 쉽게 도달한다. 그러나 유능하며 교육을 많이 받고 많이 가진 자가 참으로 믿고 중생하면 하나님의 뜻을 더 잘 분별하며 더 아름답게 섬길 수 있다. 즉 성숙한 자는 미성숙한 자보다 바른 길로 성화에 이를 수 있으며 더 수준이 높고 아름답다(히 5:13-6:2).

(6) 성화는 하나님과의 관계를 의미하며, 사역과 관계있는 것이 아니라 믿음 여부와 관계있다.

(7) 성화는 나이가 들면 점점 나아지는 것도 아니다. 믿음이 자라는 만큼 성화가 이루어진다. 믿음이 온전하면 성화도 온전해지고 구원도 분명해진다. 믿음이 온전하지 않은 수준에 머물러 있는 신자의 구원 문제는 불확실하다. 물론 그 믿음은 하나님이 판단하실 것이다. "믿음이 없는 자여 내가 얼마나 참

으리요"(마 17:17)라고 평가받는다면 구원이 불확실하다.

(결론) 성화는 되어야 하고, 쉽고 확실하게 가능하다. 그러나 수준의 차이는 있다. 성숙이라고 할 수도 있다. 믿음만 있으면 성화에 쉽게 도달한다. 물론 죽는 날까지 믿음이 흔들리지 않아야 하며 믿음이 계속 자라야 한다. 믿음에 신경을 써야 한다.

그래서 그의 가르침 가운데 '완전'에 대한 시비가 있기도 했다. 그는 자라 가지 않아도 구원을 얻는다면 왜 자라 가라고 가르치는지 의아해했으며, 자라 가지 않으면 타락할 수밖에 없으므로 성화되고 성숙해져야 한다고 했다. 그는 노아나 다윗이나 욥이 어떤 수준인지 분명하게 알 수는 없으나 하나님이 인정하신 '완전'의 수준에 이르렀을 것이라고 했다.

그는 학자들의 의견을 존중했고 그들의 재능을 들어 쓰시는 하나님을 인정했다. 그래서 좋은 학자들의 신학 이론을 교회에 소개하기도 하고 자신도 도움 받기를 주저하지 않았다. 그는 성경 전체를 공부한 사람이지만, 학자들의 의견을 대입해 자신의 공부를 완성하는 특별한 재능을 갖고 있었다.

그는 교인들의 세례나 입교 문답 때 분명한 변화를 확인하려 했고, 그 고백이 막연하거나 변화가 분명하지 않으면 "세례는 다음 기회에 받으십시오" 하고 돌려보냈다. 돌아온 교인들은 처음에 불평하기도 했지만 대개 자신에 대한 귀중한 점검으로 받아들였다. 다른 교회에서 세례를 받고 온 교인들에게는 그 세례를 인정해 주었지만, 교회에 등록할 때 비슷한 문답으로 신앙을 확인했다.

그는 사람들이 자신의 가르침을 잘 이해하면 얼굴에 표시가 날 정도로 좋아했는데, 그들이 가르침 안에서 한 걸음 성장하는 모습에 기분이 좋았던 것 같다.

그는 교회에 좋은 목회자가 많이 나타나기를 소망했고, 좋은 목회자가 되려면 말씀 가르치는 일, 교인 다스리는 일을 잘 배워야 할 뿐 아니라 직업 훈련을 통해 세상을 알고 말씀을 경험해야 한다고 생각했다. 그래서 목회자 후보생들이 사회생활과 교회 목회를 함께 훈련받아 좋은 목회자로 양육되어 가도록 돕기도 했다.

그는 지방과 해외 교민들을 자주 방문해 강의하고 묵상을 나누고 섬겼다. 그가 생전에 섬겼던 지방과 해외의 작은 가정 교회들은 광야교회와 지금도 교제하며 사랑을 나눈다.

해외 선교사들도 많이 방문했다. 현지 선교활동은 하나님이 시키신 것이므로, 한국의 후원 교회들이 재정을 돕는다는 이유로 이래라 저래라 하지 말아야 한다고 했다. 그래서 한국 교회의 단기 선교활동에 대해 부정적이었으며, 오히려 선교지를 방문하면 선교사와 말씀으로 교제하며 격려하고, 선교활동의 어려움에 대한 해결책들을 말씀을 통해 같이 찾고, 기회가 닿으면 현지 교인들에게 설교와 강의를 진행했다. 그는 선교사역 가운데 말씀을 가르치지 않는 사역에 의구심을 표현하기도 했는데, 하나님을 소개하러 간 사람들이 하나님이 어떤 분인지 그 속성과 성품과 자비와 긍휼을 설명하지 않고, 책자를 나눠 주는 행사와 알지도 못하는 하나님에 대한 찬양 집회와 물질적 도움을 주는 것이 무슨 효과가 있을까 염려했다.

그는 이스라엘과 터키 등 구약과 초대교회의 현장을 둘러보는 것을 좋게 생각했고, 교인들을 이끌고 여러 번 여행을 다녀왔다. 여행지를 다니면서 성경의 배경 지식을 공부하는 것 외에도 그와 같이 다니면서 시간을 아끼고 돈을 아끼는 것을 배웠다고 말하는 교인들이 많았다. 그는 시간을 절약하려고 여행단을 계속 독촉했으며, 개인 돈으로라도 군것질을 못하게 막았고(형제들과 나눠 먹으려 한 것이었어도), 여행 경비를 아끼고 남은 돈은 잔돈까지 계산해 나눠 주었다.

윤종하 장로의 양육

윤종하 장로는 교인들이 예배에 출석하면 되는 것이 아니라 하나님 나라 백성이 되어야 하기 때문에, 교인들을 가르치고 권면하여 양육하는 데 온 힘을 기울였다. 그는 설교와 성경공부와 묵상 나눔을 통해 교인들이 성숙해질 때까지 꾸준히 가르치고 책망하고 권면하고, 또한 가르치는 대로 사는지 살펴서 돕는 것이 목회라고 했다.

그는 성경묵상을 늘 강조했는데, 묵상은 성경을 연구하는 시간이 아니고 하나님의 말씀을 직접 듣고 인격적으로 교제하는 시간이라고 했다. 직분을 맡아 가르쳐야 하는 사람은 이런저런 공부를 더 해야 하지만, 그렇지 않은 교인들은 '매일 묵상하여 하나님을 믿고 그분의 뜻대로 살아간다면 구원 얻은 백성으로 자라지 않겠는가?'라고 했다. 그는 묵상을 '생명을 얻어 가는 과정'이라고 보았고, 묵상 가운데 하나님을 만나며 그분의 음성을 직접 듣고 그분께 기도하며 그분의 응답을 듣는 것이 가장 중요한데, 묵상을 무슨 숙제하듯 읽고 기계적으로 적용하는 것을 아주 못마땅해 했다. 실천이 없는 성경 지식은 교만에 빠질 위험이 크고, 남을 비판하는 자로 만들 요소가 있음을 우려했다. 말씀을 깊이 묵상해서 내 인격과 영혼과 생각과 사상과 가치관과 삶 전체가 점검되고 적나라하게 노출되고 치료되어야 하나님과의 온전한 교제가 이루어지며 순종의 삶을 살 수 있고 구원이 이루어지기 때문에, 묵상 없이 하나님과 올바르게 교제할 수 없다고 했다. 그와 함께 했던 대부분의 회의는 묵상 나눔으로 시작했고, 함께 이동하는 중에도 묵상한 것을 나누며 하나님 알아가는 시간을 가지려 했다.

그는 늘 성숙을 강조했다. 믿음은 삶의 많은 과정 가운데 하나님을 인식하고 의지하고 그 도우심을 느끼며 자라 가기 때문에, 이러한 삶의 경험들이 없으면 늘 어린아이로만 있고 믿음이 성숙하지 않는다고 했다. 그래서 교인들과 상담할 때면, 그 교인의 필요를 도와주기보다 그 상황과 환경 속에서 하나님이 어떻게 말씀하시는지 말씀 묵상을 통해 알아가도록 가르쳤다. 그는 설교를 어려워하는 리더들에게 "설교는 어렵지 않아요. 상담이 어렵죠" 하면서 상담의 중요성을 말하곤 했다. 식구가 늘거나 가구가 늘어 좀더 큰 집으로 이사하려는 교인들에게 "방에 침대를 치우면 공간이 생겨 이사할 필요가 없는데 왜 이사하려 하느냐? 침대를 없애라"라고 말하거나, 아이를 낳게 되어 자동차를 구입하려는 교인에게 "아이를 안고 버스 타고 다니면 되지 왜 차를 사느냐? 자동차가 없어 아이를 데리고 다니지 못하겠다면 아이를 낳지 말든지"라고 하는 등, "왜 그렇게 하느냐?"를 늘 묻곤 했다. 큰 집으로 이사 가는 것이나 자동차를 사는 것이 나빠서가 아니라, 하나님이 주신 만큼 사는 데 익숙해지고 작은 일에도 하나님이 인도하신 것인지 점검하게 하려는 의도에서였다. 사람들은 이런 일을 가지고 "윤종하 장로가 작은 집에 살라고 했다, 자동차를 사지 말라고 했다"며, 믿음이 아닌 행위로 구원 얻으라고 가르친다고 비난하기도 했다. 그러나 그들은 삶 가운데 역사하시는 하나님을 직접 체험하는 '믿음'을 '행위 구원'으로 오해할 뿐이다. 그는 "선을 행하는 자는 없나니 하나도 없도다"(롬 3:12)라는 말씀처럼 행하는 자는 아예 없는데 무슨 '행위 구원'이 가능하겠는가, 이는 쓸데없는 비방일 뿐이라고 했다.

그에게 상담을 받았던 많은 교인은 그가 너무 딱 잘라 얘기한다고 말한다. 어느 교우가 경제적 상황이 어려운데도 아이를 대학에 진학시켜야 하는지 묻자, 자리에 앉다 말고 일어서서 "대학 보내지 마십시오" 하고 나가 버린 일도 있다. 주변에서 "여러 상황이 있는데 너무 강하게 얘기하시는 것 아닙니까?"라고 질문하면, "명확하게 얘기해 주지 않으면 말을 안 듣습니다"라고 대답했다. 그는 '이렇게 하면 좋고 저렇게 하면 나쁘다'라고 우회해서 말하기보다 그냥 '하라, 하지 마라'로 말했다. 교인들은 그를 신뢰했기 때문에 그의 직선적인 가르침에도 그를 따랐다. 물론 온유하게 권면할 때도 있지만, 통렬하게 책망하는 경우가 많았다. 권면을 잘 따르지 않는 교인에게 책상을 탕탕 치며 야단을 치기도 했고, 골프를 끊지 못하는 교인에게 "다리가 부러지도록 기도할까요?"라고 도전하기도 했다. 강력하게 권면할 때가 많았고, 교인들에게도 서로 상처를 주어서라도 하나님의 뜻을 분명히 세워 가라고 했으며, 그렇게 해서 하나님의 백성으로 자라 가도록 고쳐 주는 것을 사랑이라 했다.

윤종하 장로는 설교보다 상담과 심방을 중요시했다. 설교는 일방적으로 전하는 것이며 원칙적인 이야기를 하는 것이기 때문에, 교인 각각의 상황과 환경에 맞는 가르침을 주려면 상담과 심방을 통해 가르쳐야 한다고 했다. 그는 자주 교인들을 찾아갔고, 일하는 시간을 피해 점심이나 저녁을 같이하면서 얘기했다. 교인들의 사업이나 직장 일에 대해 구체적으로 물어보고 이런 저런 아이디어를 주기도 했고, 때로 도울 사람을 소개해 주기도 했다. 사업을 하는 교인들에게도 적정 이윤을 남기는 사업을 하고 있는지 확인했는데, 이는 자기 이익을 추구하지 않도록 조심하라는 측면도 있지만 남에게 해를 끼치면 안 된다는 이유에서였다.

중병에 빠진 노부모를 위해 기도를 부탁하면 "빨리 돌아가시도록 기도해야겠죠?" 하기도 하고, 불치병을 앓고 있는 어떤 교인에게는 계속해서 문병해 격려하기도 했다. 어떤 경우에도 일률적으로 판단하지 않고 늘 하나님의 뜻을 구한 대로 움직였다.

그는 교회의 기본 단위는 구역이 아니라 가정이라고 했다. 그래서 가정심방을 자주 했으며 교회 전체적으로도 월 1회, 특히 새로 온 교인의 집은 반드시 심방했다. 심방하는 가정에서 식사를 준비한 경우에는, 본인이 직접 설거지를 하거나 사역자들에게 설거지를 시키고 주인은 편안히 말씀을 듣도록 배려하기도 했다. 그는 심방 중에 아이들을 따로 놀게 하거나 다른 방에 있게 하는 것을 싫어했다. 교회 장로가 집에 찾아왔는데 모든 식구가 같이 말씀을 듣고 대화를 나눠야지 어리다고 소외시키면 안 된다고 했다. 아이들은 아이들끼리 어울리는 것이 아이들에게도 편하고 어른들도 대화 나누기 편하다는 의견에 대해서나, 또래 문화를 인정해 주어야 한다는 의견에 별로 동의하지 않았다. 어른이나 아이나 다 하나님 앞에서 같은 존재여야 함을 가르쳤고, 주일예배, 묵상 나눔, 성경공부에 아이들이 참여하는 것을 격려했다.

그는 당연하다고 생각하는 것에 대해 도전하는 일이 많았다. 많은 교회가 주일학교를 당연한 듯 받아들이지만, 그는 "가정에서 잘 가르치면 되지 주일학교가 왜 필요한가? 주일학교는 부모가 불신자여서 하나님을 배우지 못하는 아이들에게 필요하다"고 했다. 그는 부모가 아이들을 엄히 키우기는 하되 같이 놀아 주어야 하는데, 한국의 부모들은 아이들의 요구를 다 받아 주면서도 오히려 방치하여 하나님이 주신 자녀들의 양육을 소홀히 한다고 했다. 교회가 다양성 가운데 일치성을 추구하는 것처럼 작은 교회인 가정에서도 자라나는 아이들의 다양성과 개성을 살려야 하며, 다른 아이들과 비교하거나 획일적으로 몰아가는 것은 옳은 태도가 아니라고 했다. 그래서 부모가 하나님의 뜻을 잘 모르면서 자기 뜻대로 자녀들을 양육하지 말고, 하나님이 아이들을 직접 양육하시도록 맡기라고 했다.

그는 교인들에게 가장이 가계부를 써서 가정 경제의 책임을 져야 하며, 직장에서 돌아와 피곤하더라도 설거지도 하고 청소도 해야 하고, 식사 준비는 아내가 하지만 배식은 가장이 하며, 부모와 자녀의 앉는 자리도 가장이 정해 주는 등, 작은 부분에서부터 가정의 질서가 지켜지는 것이 결국은 하나님이 가정의 실제 주인이시라는 사실을 인식하게 하는 것이라고 했다.

그는 교회에서 봉사하려는 마음에 대해 '나서지 말라'고 특별히 주의시켰는데, 봉사하는 마음이 자칫 자신을 드러내는 행위가 되지 않도록 조심시킨 것이었다. 특히 새로 온 교인들에게는 잘 하도록 격려받은 경험이 무의식 속에 남아 있어 내가 무엇을 해야 한다는 생각이 있고, 하나님을 잘 배우지 않고 봉사를 하면 선의였더라도 교인들에게 상처를 줄 수 있으므로 조심시켰다. 그는 은사는 하나님이 교회를 섬기도록 주시는 것이므로 주실 때까지 기다리도록 훈련시켰고, 이렇게 은사에 따라 교회를 섬기는 것이 그리스도의 몸을 세우는 것이라고 했다(엡 4:12).

윤종하 장로는 교인들에게 사회생활 하는 지혜를 많이 가르쳤는데, 많은 교인이 현대의 민주주의 원리와 시장경제 원리 때문에 하나님 나라의 백성으로 사는 지혜에 대해 잘 모르고 있음을 안타까워했다. 그는 진학, 결혼, 취업, 경제생활 등에서 검소하게 살더라도 하나님의 뜻을 묻지 않는 것은 자기중심적인 삶을 살겠다는 생각이므로, 험한 세상에서 하나님을 의지하여 구원 얻도록 살아가는 것을 지혜라고 했다. 대개의 부모들이 자녀들을 학교에 보내고 대개는 직장에서 월급 받는 직업을 선택하도록 하지만, 그는 사람의 종이 되지 말라고 늘 가르쳤고, 그래서 자영업을 많이 권유했다. 자영업이라고 해도 세상과의 관계에서 자유롭지는 않지만, 직장에 다니는 사람보다는 더 하나님의 뜻에 따라 일하고 자기 시간을 얻을 수 있고 더 많은 영역에서 하나님의 공급을 체험할 수 있다고 했다.

자영업을 생각한다면 어떤 교육을 받을지 자연스럽게 결정되는데, 장사할 사람은 학교 공부를 하는 것보다 어려서부터 장사의 일, 즉 상점의 터를 고르는 방법, 물건을 진열하거나 재고를 관리하는 방법, 고객을 맞는 방법, 자금을 관리하는 방법 등을 배우면 되고, 농사를 지을 사람은 어려서부터 농사를 배우며 농사에 필요한 공부를 하면 되고, 기술자가 되려는 사람은 기술 교육 과정을 통해 기술을 배우면 되는 것이지, 학교 다니고 학원 다니면서 경쟁하고 시험 보는 일은 불필요하다고 했다. 그래서 홈스쿨링을 강조해 어릴 때부터 하나님과 직접 교통해 직업을 인도받고 그 직업과 관련된 일을 배우는 것이 좋다고 가르쳤다. 물론 홈스쿨링을 강조했다고 해서 학교를 부정한 것은 아니다. 학교에 다니면서도 경쟁하지 않고 성적에 매달리지 않고 필요한 공부만 하며 시간을 내서 하나님을 알아가는 노력을 기울인다면 문제없다고 했다. 그러나 그런 경우에도 어려서부터 직업 준비를 하고 사회 경험을 하는 것은 무척 귀한 체험이라고 했다. 그는 온실에서 자란 그리스도인들이 세상이라는 낯선 곳에서 얼마나 무력한지 늘 얘기했으며, 잘 훈련되지 않은 어린이나 청소년들도 학교라는 사회에서 어려움을 당하지 않도록 집에서 충분한 훈련이 필요하다고 했다.

 윤종하 장로는 결혼에 대해서도 우선 결혼을 해야 하는지부터 하나님께 여쭈라고 했다(고전 7장). 그리고 하나님으로부터 허락이 떨어지면 누구와 결혼할지 여쭈어 보며 하나님의 인도를 구하라고 했다(창 24장). 결혼은 중요한 신앙공동체를 이루는 첫걸음이므로 반드시 가정의 머리이신 그리스도의 다스림을 받는 자들이 결혼하라고 했다. 결혼을 해야 하는지에 대해서부터 도전을 하면서도, 실제로는 교회 안팎에서 중매를 서기도 했다.

결혼하는 부부가 본 교회에 출석하는 경우는 물론, 다른 교회로 신부를 데려가게 되는 경우에도 반드시 상담했다. 결혼은 그리스도 안에서 하나님 나라 백성으로 자라도록 훈련받는 귀한 과정이라 했고, "싸울 일 있으면 신혼 초에 빨리 싸우라. 싸우는 것은 당연하다"고 가르치기도 했다. 여자가 결혼 후 직장 다니는 것에 대해 꼭 필요한 일인지 점검하라 했고, 엄마가 되면 직장을 그만두고 하나님이 주신 자녀를 하나님의 자녀로 잘 양육하라고 가르쳤다. 아이가 어릴 때 그 인격이 형성되므로 이 기간 중에 아이를 매로 다스려서라도 순종하는 자녀로 키우지 못하면 결국 하나님께 대한 순종을 가르치는 가장 좋은 시간을 놓치는 것이라고 했다.

그는 하나님이 주신 자녀라고 말하면서도 실제로는 하나님의 자녀로 양육하지 않는 부모를 늘 걱정했다. 부모들에게 자녀들의 연령에 따라, 개성에 따라, 부모의 입장과 가정환경 등 여러 가지 여건에 따라 그들의 다양함을 인식하며 양육해야 한다고 했고, 다른 믿음의 동료나 교회 지도자로부터 점검을 받으라고도 했다. 특히 부모 자신이 하나님과의 관계보다 공부나 직업이나 사회 활동에 더 관심이 있는지 점검하라고 했고, 부모가 너무 분주해 자녀와 시간을 보내지 못하거나 깊은 대화를 나누지 못하면 부모의 교훈이나 설득이 아무런 효과가 없다고 했다. 그는 스스로도 충분히 시간을 내서 자녀들을 양육하지 못했음을 고백하기도 했으나, 자녀들에게 대개 엄격했고 교회에 늦는다고 심하게 야단을 치기도 했다. 부모는 단순하고 정돈된 삶을 통해 자녀들로부터 신뢰를 받아야 하고 인격적인 관계를 맺어야 한다고 했으며, 자녀들이 자라면 점차 독립시켜 인격적인 대우를 해주어야 한다고 했다. 그리고 무엇보다 중요한 것은 성경 교육이므로 자녀들이 성경을 통해 하나님을 직접 만남으로 부모보다 하나님을 의지하고 하나님과의 인격적인 관계가 자연스럽게 형성되도록 도와주어야 한다고 했다.

그는 심리학, 상담학, 교육학, 목회학, 제자 훈련, 전도 이론 등이 성경에 바탕을 둔 것이 아닌데도 그 학문적 방법을 한국 교회가 무비판적으로 받아들여 현재 한국 교회의 프로그램이 비인격적이 된 경우를 지적하곤 했다. 하나님은 사람을 기계가 아닌 인격체로 만드셨으며 구원사역도 인격적으로 하시므로 개성과 인격을 존중한 만남과 교제가 사랑으로 이루어져야 하는데, 말씀의 교제가 없으면 불가능하다고 했다. 그는 교회에서도 교인들끼리 존댓말을 하며 서로의 인격을 존중하도록 했고, 어린 교인들에게 반말을 하더라도 그 인격은 존중하라고 했다.

그는 늘 자기부정을 강조했다. 가장 전능한 하나님의 아들이 가장 무력하게 십자가를 지는 순종의 본을 배우고도 여전히 자기를 주장하는 자는 그리스도를 다시 십자가에 못 박는 자로 구원 얻지 못한다고 했다. 한국 교회가 세계 선교사역을 주도한다느니, 세계에서 가장 성장한 교회라느니 하면서 교회끼리 경쟁하는 모습은 모두 높아지려는 생각이며, 교인들에게 교회에서는 겸손하라고 가르치고 사회에서는 오히려 엘리트가 되어 사회를 섬겨야 한다고 격려하는 것은 자기가 죽지 않은 모순이라고 했다.

그는, 성경의 가르침이 세상의 거짓된 가르침으로 인해 뒤바뀌거나 혼잡하게 되지 않도록 세심한 주의를 기울여야 하기에, 그리스도인의 세상(사회) 참여에 대한 생각에도 주의가 필요하다고 했다. 세상의 부정과 부조리를 하나님이 눈으로 보시면서도 가만 놔두고 계신데, 하나님의 백성이라는 사람들이 하나님의 뜻이라면서 세상의 제도를 바꿔야 한다고 나서고, 고발하고, 반대 운동을 하는 모습은 이해하기 어렵다고 했다. 하나님이 우리를 사회의 여러 곳에 보내셨으므로, 오히려 자기가 맡은 영역에서 바르게 살고 그 성실한 삶으로 영향을 미치며 그런 우리의 모습을 보고 옳다고 생각하는 사람에게 빛의 나라를 소개해 하나님 나라 백성으로 초청하는 것이어야 한다고 했다. 정부나 학교나 은행이나 경찰이나 기업 등 세상의 기능은 대개 중립적이며 결국은 그리스도인을 돕도록 하나님이 사용하시는 것으로, 그 기관들을 함부로 옳다거나 그르다고 판단하지 말라고 했다. 예를 들어 환경 문제에서도 그는 어떤 이론을 주장하거나 운동하는 것을 찬성하지 않았고, 설거지 같은 작은 일에서도 얼마든 환경보호를 실천할 수 있다고 했다.

하나님이 그리스도의 몸인 교회를 세워 교인들이 교회를 통해 가르침을 받고 교제하고 사랑하면서 서로 양육받게 하시기 때문에, 남을 양육하는 것은 또한 자신이 양육받는 좋은 기회라고 했고, 자신도 많은 사람을 가르치고 설교하고 상담하면서 양육을 받았다고 했다. 교인들끼리의 양육은 성경 말씀의 교제가 가장 중요하므로 같이 읽기도 하고 묵상 나눔도 하고 신앙생활 이야기도 하고 설교 들은 것을 복습하고 토의도 하면 좋다고 했다. 그리고 양육받는 이를 위해 자주 기도하고 만나고 전화도 하는 등, 양육받는 이가 하나님을 의지하는 태도와 방법을 배우도록 하라고 했다. 그는 일대일로 만나 상담하는 것을 옳게 생각했지만, 제자훈련 차원의 일대일 양육은 반대했다. 성숙하지 못한, 즉 자기가 아직 죽지 않은 전도자가 일대일 양육을 해서 오히려 새 교인들을 망치는 것을 많이 보아 왔던 탓이다.

맺음말

지금까지 교회 목회자로서 윤종하 장로를 살펴보았다. 광야교회에 새로 온 교인들은 교회에서 윤종하 장로에 대해 자주 언급하는 것을 의아해하기도 하지만, 그리스도 안에서 거룩하고 흠이 없는 교회가 되지 않으면, 즉 산 자의 모임이 아니면 하나님 나라가 될 수 없다는 가르침은 성경의 가르침이다. 그는 늘 "내 설교를 많이 듣지 말고 성경을 많이 읽으십시오"라고 말했다.

그는 그리스도의 가시적 출현이 없는 첫 창조는 불완전했지만, 이제 그분의 구속을 통해 자기중심적으로 자유하던 의지와 인격이 주를 자유로이 순종하는 인격으로 변하는 새 창조가 이루어진다고 설명했다. 그는 그리스도인으로서의 인격이 변화되지 않은 상태에서 믿음으로 구원 얻었다고 입으로만 고백하는 것은 그리스도의 보혈을 하찮게 여기는 '값싼 구원'이라고 했다. 우리는 그분의 피 값에 걸맞은 그리스도와의 연합을 이루어야 하는데, 이것이 그가 늘 강조했던 '자기부정', 즉 첫 창조된 옛사람이 죽고 부활을 통해 새 창조를 이루어 실제적인 의인으로 자라 가는 것이다. 성화에 대한 이런 강조가 여러 교회의 비난을 받았지만, 그는 "하나님의 능력이 나를 온전하게 성화시키지도 못합니까? 그분의 능력이 나를 새사람으로 만드시지도 못합니까? 왜 안 됩니까? 나는 거의 되었습니다"라고 말했다. 그는 성화를 부정하는 사람은 하나님을 무능하다고 간주하는 사람이며 하나님을 아는 지혜가 없는 사람이라고 했다. 지혜는 보이지 않는 것을 보는 것이며, 이는 하나님을 경외하고 말씀을 묵상함으로 가능하다고 했다. 자기와 의견이 다르다고 무시하고 배척하는 것은 교파주의적 사고며, 하나님이 교회의 머리이심을 부인하는 것이라고 했다. 그는 교리 때문에 교회가 분리되는 데는 반대했고, 오히려 행정적인 이유 때문에 분리되는 것은 좋다고 했다. 중심적이지 않은 것을 가지고 싸우기보다 차라리 나뉘는 것이 낫고, 중심적인 교리는(예를 들어, 원죄라고 부르건 대표죄라고 부르건) 오히려 한쪽 이론만 주장하지 말고 여러 입장을 같이 듣고 성경을 통해 하나님의 뜻을 찾아 가는 것이 옳다고 보았다.

그는 평생을 하나님 안에서 값있게 살다 갔다. 찬송을 같이 부르려 할 때 "무슨 찬송을 제일 좋아하세요?" 물으면, "제일 좋은 것이 따로 있나요? '나의 갈 길 다 가도록'을 부릅시다"라고 했다. 그는 평생 그의 길을 갔다. 그의 주된 가르침이었던 '새 창조'는 우리를 거룩하고 흠이 없는 온전한 '하나님 나라'의 백성으로 만드는 것이었다. 이것 때문에 그는 많은 비방과 중상을 받기도 했지만, 윤종하 장로가 2007년 1월 25일 하나님의 부르심을 받았을 때 그를 추모했던 사람들 대부분의 공통적인 기억은 '그는 이 땅에서 하나님 나라 백성의 삶을 몸소 살았던 참 하나님의 사람이었고, 그래서 그가 맡았던 양들을 힘 있게 가르칠 수 있었다'는 것이다. 광야교회는 그에 대한 추도식을 갖지 않는다. "10년 되는 때는 하겠죠?"라고 묻는 교인들도 있다. 그러나 아마 없을 것이다. 그의 가르침이 늘 살아나고 있기에 연례화된 의식은 불필요하다.

1982년 한국성서유니온 상도동 사무실 ⓒ 편집부

새 창조된 하나님의 형상을 빚는 교육자

성서유니온 편집부

기독교 교육(교회 교육)의 목적

모든 교육은 인간의 '인간됨'을 목적으로 한다. 그러한 점에서 일반 교육과 기독교 교육 혹은 교회 교육에는 공통점이 있다. 다만 기독교 교육은 이 '인간됨'을 '하나님의 사람이 되는 것'으로 파악한다. 일반 교육 또한 인격의 형성, 성숙한 인간을 목적으로 하지만, 기독교 교육은 이러한 인격의 형성과 성숙이 하나님에 대한 신앙을 바탕으로 이루어질 때만 가능하다고 생각한다. 일반 교육은 인격을 지, 정, 의로 나눈 뒤 커리큘럼을 구성해 각 영역의 발달을 도모하는 방식으로 이루어지지만, 기독교 교육은 이러한 기능적 구분 이전에 인간이 '하나님의 형상'으로 만들어졌다는 믿음을 전제하고 이를 바탕으로,

이를 구현하기 위해 교육을 진행한다. 하나님이 인간을 창조하실 때 다른 피조물과 달리 하나님의 형상으로, 인격체로 지으셨으며, 예수 그리스도라는 인격체로서 구원 사건을 이루셨고, 지금 여기에서 성령을 통해 인격적인 만남을 하고 계시다는 고백은 기독교의 핵심이자 기독교 교육의 근간, 교육을 평가하는 시금석이다.

일반 교육과 기독교 교육의 관계

일반 교육과 기독교 교육에는 공통점과 차이점이 있다. 기독교는 하나님이 이 세계에 보편적인 은총 주심을 신뢰하고 일반 교육의 내용과 체계에도 그러한 은총이 깃들어 있음을 신뢰한다. 그렇기에 기독교 교육은 일반 교육과 인격의 성숙을 도모한다는 공통의 목적 아래 적극적으로 대화를 나눌 수 있다. 기독교 교육은 지적인 부분을 활성화하기 위해 일반 교육학에서 검증된 내용을 활용할 수 있으며, 정서를 함양하고 의지를 고양하는 데 심리학 및 다양한 학문의 결과물을 참조할 수 있다. 하지만 동시에 이러한 대화는 비판적으로 이루어져야 한다. 오늘날 교육에 자리 잡고 있는 가치, 세계관 및 이를 바탕으로 이루어지는 평가 과정은 더더욱 그러하다. 오늘날 일반 교육은 사회에 어떤 식으로든 유능한 재원을 배출하기 위해 평가 제도를 만들었다. '경쟁 사회'에 적합한 인간을 양성하기 위해, 인간이 얼마나 그 사회에 적응하는지 확인하기 위해 평가 제도를 만들고 '강압'과 '경쟁'을 활용한다. 이는 기독교의 가치관, 기독교가 지향하는 세계와 맞지 않다. 기독교 교육은 모든 인간이 하나님의 형상을 지니고 있으며 환경과 기질에 따라 독특한 개성을 지니고 있다고 생각한다. 그리고 궁극적으로 하나님이 각 사람에 맞게 사랑으로 구원의 길로 인도하시며 성령을 통해 당신의 뜻을 알리고 계심을 신뢰한다.

  기독교 교육의 목적은 궁극적으로 한 사람 한 사람에게 '이미' 있는 하나님의 형상을 좀더 잘 발현시켜 '성화'할 수 있도록 돕는 데 있다. 그 방법은 강압이나 경쟁이 아닌 사랑으로 이루어져야 한다. 사랑의 원리, 우리를 사랑하시는 하나님을 믿고 이를 따라 인간을 사랑한다는 원리는 일반 교육의 결과물을 활용하는 동시에 이를 넘어서서 기독교 교육 고유의 방법을 고민할 수 있게 해주며, 더 나아가 일반 교육이 상상하지 못하는 새로운 세계를 이 세상에 알려 준다. 이를테면 한 사람의 인격이 3-5세 사이에 대부분 형성된다는 것, 그렇기에 유아기 교육이 중요한다는 점은 일반 교육학에서 정설로 자리 잡았고, 이를 기독교 교육자들은 충분히 의식해야 한다. 하지만 동시에 기독교 교육자들은 그리스도인으로서 기독교 신앙을 받아들이는 건 대부분 성인기에 일어나며 이때 삶과 인격에 커다란 변화가 일어남을 몸으로 알고 있다. 그리고 어떤 인간을 교육하기 이전에 그가 이미 하나님의 교육을 받은, 하나님이 각 사람의 삶에 역사하셔서 그 사람을 깨우치신 결과라는 것 또한 기독교 교육자들은 알고 있다. 그러므로 기독교 교육은 언제든 하나님이 한 사람에게 인격의 변화를 일으키실 수 있음을, 회심의 사건을 만들어 내실 수 있음을 믿고 이에 따라 진행해야 한다.

일반 교육 제도는 인간의 전체적인 '능력'을 수치화하고, 그 사람이 그 능력을 더 개발할 수 있도록 경쟁 체제를 도입한 다음, 경쟁에 뒤떨어진 사람은 낮게 평가하며 특정 기준에 부합할 수 있도록 상벌을 활용하곤 한다. 그러나 성경에 나타난 하나님, 기독교가 고백하는 하나님은 각 사람에게 주어진 당신의 형상을 드러내도록, 성령을 통해 그리스도를 따르게끔 인도하신다. 여기서 인간이 감당해야 할 몫은 경쟁이 아니라 협동이며, 하나님 앞에서 함께 하는 순종이다(궁극적인 평가와 상벌의 몫은 하나님이 갖고 계신다).

또한 일반 교육에서는 가르치는 이와 배우는 이, 즉 시작과 중간과 끝이 모두 인간이지만, 기독교 교육에서 궁극적인 수행과 모든 과정은 하나님을 통해 이루어지고 인간은 이 과정에 보조적으로 참여하는 행위자다. 일반 교육에서는 교사와 보조 교사, 학생이 모두 인간이라면, 기독교 교육에서 교사는 하나님이며 인간은 보조 교사와 학생의 역할을 맡는다. 하나님이 이끌어 가시는 교육에 학생인 인간이 좀더 잘 부응하도록 돕는 것, 어떤 경쟁 체제에서 살아남거나 좀더 우수한 수행원이 되도록 하는 것이 아니라, 한 사람 한 사람이 지닌 하나님의 형상을 발현하여 하나님을 신뢰하고 인간을 사랑하여 공동체를 이루어 가도록 돕는 것, 특정 요소만을 추려내 하나를 특화하는 것이 아니라 앎과 마음과 행동이 조화를 이루어 '하나님의 백성'다운 인간으로 나아가도록 돕는 것이 기독교 교육의 목적이자 교육 방법들을 평가하는 척도다.

일반 교육은 통합성을 추구하더라도 사회에 유능한 재원을 만들어 낸다는 목적에 따라 지적인 측면, 감정적인 측면, 의지적인 측면 중 한쪽에 중점을 두거나 이미 만들어진 계획, 정해진 시간에 따라 학생들을 지도하기 때문에 한쪽으로 기울어질 수밖에 없다. 또한 그것이 유능한 재원을 기르는 것이든, 통합된 인간, 성숙한 인간을 양성하는 것이든, 목적을 정하고 이에 따라 목표를 세우며 이 목표를 달성하기 위해 교재 편찬에 들어간다. 그리고 그 결과를 바탕으로 목표와 교재를 수정하는 식으로 전개되기 마련이다. 그러나 이와 달리 기독교 교육의 목적은 '주어진 것'이다. '하나님의 형상'을 구현한다는 기독교 교육의 목적은 인간이 좌지우지할 수 있는 사안이 아니며 성령의 역사와 성경을 통해 우리에게 주어진 것이다.

그렇기에 시대와 사회적 환경에 따라 그 목적과 목표, 교재가 달라지는 일반 교육과 달리, 기독교 교육은 시대와 사회적 환경의 변화에도 목적과 교재가 바뀌지 않는다. 그리스도인은 성경을 통해 하나님이 우리에게 어떻게 역사하시는지, 무엇을 바라시는지 알아간다. 기독교 교육에서 하나님의 형상을 회복하는 인간이라는 목적은 성경이라는 교재와 불가분의 관계에 있다. 기독교 교육에서 성경 교육은 가장 중요한 자리를 차지하며, 언제나 그러해야 한다.

지, 정, 의가 유기적으로 발전하고 있느냐, 그러한 방식으로 한 사람이 '하나님의 사람'으로 거듭나고 있느냐, 이러한 목적과 성경이라는 교재가 불가분의 관계가 놓여 있느냐, 하는 물음은 일반 교육과 기독교 교육의 차이점인 동시에, 현실 교회에서 진행하고 있는 활동에 알게 모르게 스며든 원리나 논리를 비판적으로 볼 수 있게 해주는 잣대로 기능할 수도 있다. 이를테면 부흥회는 많은 경우 감정만 고양시키는 방식으로 치우치기 마련이다. 찬송을 부르고, 박수를 반복적으로 치게 하면 흥분이 일어나는데, 많은 부흥사는 이 흥분을 정점까지 끌어올려 회개하라고 헌금하라고 말한다. 찬양 집회 역시 마찬가지다. 감정에 도취되어 하는 행동은 설사 교회에서 이루어지는 활동이라도 유의해야 한다. 많은 경우 지, 정, 의 중 한쪽 면만 부각시키기 십상이다. 그러나 하나님의 역사는 언제나 지적 반응, 감정적 반응, 의지적 결단을 총체적으로 일구어내는 방식으로 이루어진다. 하나님 나라에 관한 앎, 하나님 나라를 맛본 것에 대한 기쁨, 하나님 나라를 향해 살아가겠다는 결단은 분리되지 않는다.

다시 한 번 강조하건대, 교회 교육은 지식을 충분히 전하지 않은 채 감정만 고양하려 하거나 아직 이해와 공감이 일어나지 않았는데 행동으로 옮기게 하는 식으로 이루어지면 안 된다. 충분히 설명하고 충분한 공감대가 일어나 자연스럽게 행동으로 이어지게 인도해야 한다. 일반 교육 제도와 달리 교회라는 현장에서는, 한 사람 한 사람이 지, 정, 의 세 가지가, 그리하여 인격이, 하나님의 형상으로서의 인간이 충분한 시간을 갖고 성장할 수 있도록 도와야 한다. 이는 교육 공동체인 교회가 궁극적으로 지향해야 할 바이기도 하다. 성경을 보더라도 하나님이 이러한 균형감 있는 성장을 촉구하신 것을 알 수 있다. 구약에서 하나님은 노아, 아브라함, 모세에게 끊임없이 이야기하시고 충분한 공감을 얻은 다음 당신을 따라오게 하신다. 신약에서도 예수님은 제자들에게 지적인 반응만 이끌어 내거나, 감정적인 흥분만 일으키거나, 행동으로 바로 나아가라고 재촉하지 않으신다. 오히려 그분은 3년이 넘는 시간 동안 제자들과 함께 살면서 그들을 훈련시키셨다. 부활하신 후에도 40일 동안 제자들과 함께하시며 그들을 가르치셨다.

이처럼 기독교 교육은 특정한 계획과 프로그램을 짜는 과정이기 전에, 하나님을 따르고 사랑에 바탕을 둔 인내의 교육, 지, 정, 의의 균형과 인격의 성장을 인도하는 과정이어야 한다.

성령의 역사를 신뢰하는 기독교 교육

앞서 언급했듯 기독교 교육에서 모든 과정을 주관하시는 분은 하나님이다. 교회에서도 교육하는 이와 피교육자가 존재하지만, 이는 궁극적인 차원에서 보면 기능의 차이일 뿐 둘 다 하나님의 교육을 받는 학생이라고 생각해야 한다. 물론 이론적으로 이를 부정하는 교회는 없다. 하지만 현실에서는 이를 간과하거나 이것의 중요성을 도외시하는 경우가 상당히 많다. 현실에서 이 원칙이 굴절되고 왜곡될수록 우리는 다시금 원칙을 상기해야 한다. 삼위일체 하나님이 성령을 통해 먼저 준비하시기에, 우리가 교회에서 교육하고 교육받을 기회를 얻는다.

교회에서 우리가 교육 활동을 진행할 때 주체, 선생은 인간이 아니다. 우리가 계획을 세우고 성령께 요청을 했기 때문에 성령께서 도우시는 것이 아니다. 성령 하나님이 먼저 준비를 하시고 우리를 부르시며 기회를 주신다. 그리하여 교회에서 가르치는 이에게는 가르치는 마음을, 배우는 이에게는 배우고픈 열망을 불러일으키신다. 교회 주일학교 계획을 세울 때라든지 공과를 가르칠 준비를 할 때, 진정한 교사는 성령님이라는 사실을 기억하고 성령님을 모셔 들여야 한다. 이러한 원칙은 성경에도 나타난다. 예수님은 성부 하나님에게서 위임받은 대로 말씀을 선포하셨고, 그분이 부활 승천하신 뒤에 성령 또한 하나님(성부), 예수님(성자)이 위임한 내용을 전달했다. 성령은 성자에게 의존하며, 성자는 성부에게 의존한다.

    교회에서 교사 직분을 맡은 이, 교육을 돕는 역할을 맡은 집단은 자신이 스스로 좋은 안을 내고, 좋은 교재를 만든다는 생각을 경계해야 한다. 물론 이 말이 우리에게 주어진 성경을 기계적으로 그대로 외우거나, 외우게 해야 한다는 뜻은 아니다. 앞서 언급했듯이, 하나님은 인격적으로 활동하시며 성령은 자유롭게 활동하시나 임의적으로 활동하시지는 않는다. 그분은 아버지 하나님에게서 위임받은 대로 아버지 하나님의 말씀을 전달하신다. 인간은 하나님이 아니기에 우리에게 주어진 성경도 온전히 이해하지 못한다. 기독교 교육은 자유롭게 행하나 '임의로', '자의로' 행해서는 안 된다.

기독교 교육의 핵심 자료인 성경

일반 교육 제도에서의 교과서와 성경은 우리에게 주어진 텍스트라는 점에서 동일하나 그 성격이 현저하게 다르다. 성경이라는 교과서는 일반 교육이 만들어 낸 교과서와 달리 바뀌지 않으며 기독교적 인간의 인간됨이라는 목적과 불가분의 관계에 놓여 있다. 궁극적으로 기독교 교육에 별도의 '교과서'는 존재하지 않는다. 근본적으로 교회라는 공동체에서는 성경이라는 교과서 외에 별도의 자료가 필요하지 않다. 현실에서 교재를 만든다면, 이는 우리에게 주어진 '교과서'를 어떻게 학생들(교인)에게 더 수월하게 전할 수 있느냐는 고민의 산물이다. 주 교재는 언제나 성경이요 그 외에 자료들은 보조 교재다.

성경은 하나님의 영감을 받아 쓰인 불변의 교과서다. 그러나 현실 교회와 기독교 단체에서 만든 교재는 영감을 받은 교재가 아니다. 아무리 잘 만든 교재라 할지라도, 기독교인이라면 그 교재가 하나님의 영감을 받았다고 말하지 않는다. 공과 역시 마찬가지다. 인간이 만든, 인간이 편찬한 공과는 성경과 근본적으로 다르다. 그렇기에 성경을 가르칠 때, 또는 성경을 통해 교육할 때는 근본적으로 성경에 의존해야 한다. 이를테면 주일학교 시간에 공과책을 가지고 교육할 때 시간이 촉박하다고 해서 성경은 안 읽고 공과책의 내용만 숙지하게 만드는 일은 지양해야 한다. 그럴 때는 순서를 바꿔 공과 내용은 읽지 말고 성경 본문만 읽어야 한다. 기독교 교육은 어떠한 방식으로든 인간이 만든 최선의 것보다 성령이 활동하셔서 전해 주시는 내용이 더 인간에게 최선의 방식임을 신뢰한다. 기독교는 성경을 읽을 때 하나님이 성령을 통해 당신의 뜻을 독자인 성도에게 전해 주신다고 믿는다. 부모, 교사, 목사가 성경에 '관해' 말하는 것보다 성경을 통해 하나님이 말씀하시는 것이 훨씬 영향력이 있다(이를 성경이 스스로 말한다고도 할 수 있을 것이다). 물론 이 일은 기계가 돌아가듯 바로 이루어지지 않으며, 지, 정, 의가 어우러져 일어나는 반응이기에 충분한 시간을 요한다. 교육을 하는 이가 받는 이의 반응이 없다고 해서 억지로 반응을 이끌어 내면 일시적인 반응이 일어나지만, 이는 지, 정, 의 중 한 측면만 끄집어내는 것에 불과하며 하나님과의 관계적인 측면에서 볼 때는 일종의 '조작'이 가해진다고 볼 수 있다. 기독교 교육이 지향하는 인격적인 변화, 더 나아가서 영적인 변화는 결코 간단하게 일어나지 않는다.

성경공부 교재 또한 마찬가지다. 성경공부 교재는 성경에 대한 '이해'를 돕기 위해 만든 교재다. 이를테면 시중에 나온 교재는 천지를 창조하신 하나님, 창조주 하나님, 우주를 다스리시는 하나님, 죄인을 사랑하시는 하나님 이런 식으로 편집해 성경에 대한 이해를 도우려 한다. 문제는 학생의 편의를 위한다는 명목 아래 성경의 전체 그림과 전체 메시지를 훼손할 수 있다는 점이다. 현실에서 여러 이유를 들어, 그리고 현장에서 교사의 재량 아래 순서를 바꾸어 가르치는 것을 무조건 비판할 수는 없다. 그렇다 하더라도 기독교 교육자들은 영감된 성경과 이 성경에 대한 이해를 돕기 위해 편집해 놓은 산물 가운데 전자에 우선순위를 두어야 한다.

교재 역시 기본적으로는 성경 순서대로 나아갈 필요가 있다. 더 우려되는 것은 성경 본문을 임의로 편집한 결과 성경 본래의 메시지가 훼손되는 경우다. 이럴 때 성경공부 교재는 교재로서의 가치를 잃는다. 그렇게 할 때 성경공부 교재는 맵시나 이해의 편의성과 상관없이 이미 '나쁜 교재'다. 이런 교재 사용은 지양해야 한다. 언제나 교과서는 성경이라는 사실을 분명히 하고 나머지 교재는 보조 교재임을 명심해야 한다. 보조 교재에 의존해서는 안 된다.

교과서인 성경을 이해의 편의를 위해 얼마만큼 편집할 수 있느냐는 현대 신학에서도 논란인 문제다. 성경이 정경으로 확정된 이후 1,900년 동안, 성경은 언제나 이해의 편의를 위해 다양한 방식으로 편집되어 왔으며 이를 편집하는 원리는 교리를 다루는 조직신학에서 나왔다. 그렇기 때문에 성경공부 교재 역시 이 영향 아래 신론, 인간론, 기독론, 구원론, 교회론, 종말론이라는 조직신학적 틀에 맞추어 이와 관련된 구약과 신약의 내용을 배치하는 식으로 만들어졌다. 이를테면 신론이 먼저 있으면 그와 관련된 구절을 모으고 이 구절들을 다시금 하나님의 본질, 하나님의 속성, 하나님의 사역이라는 범주로 나누는 식이다. 이렇게 해서 전체 교리의 틀에 성경 구절을 맞추는 식으로 19세기까지 성경공부 교재가 만들어졌다.

이러한 방식에 문제를 제기한 것은 20세기에 들어오면서부터다. 특히 성서학자들은 인간이 만든 체계로(교리라 할지라도 그것은 결국 인간이 신앙생활을 잘 영위하기 위해 만든 체계로 봐야 한다) 하나님의 말씀을 솎아 내는 것이 온당한지 문제를 제기했다. 성경 전체를 관통하는 메시지는 그러한 체계에 포섭되지 않을 만큼 다양하고 중층적이기 때문이다. 성경을 우선시하지 않고 체계만(교리만) 중시하면 교파에 따라, 각 교회의 위치에 따라 특정 교리에 무게가 실리고, 전체 교리가 균형을 잃는 결과가 생겨난다. 로마가톨릭은 로마가톨릭대로, 개신교를 이루는 여러 교파 역시 각자 교파가 중시하는 강조점에 맞추어 성경을 읽어 내는 결과가 발생하는 것이다.

또한 예수 그리스도가 자유롭게 활동하셨으나 임의로 말씀하시지는 않으셨음을, 성령 또한 마찬가지임을 조직신학이라는 틀로는 알 수 없다. 교리상 그러한 내용은 전면적으로 드러나지 않으며 삼위일체, 하나님의 권능과 영광과 지혜, 구원과 심판에 관한 이야기 등이 앞서기 때문이다. 성경 전체를 읽으면 자연스럽게 읽을 수 있는 내용을 조직신학적인 체계는 방해할 수 있다. 이렇듯 조직신학이라는 틀로 성경을 재편집하면 일정 부분 이해는 용이할지 몰라도 '자의적'이고 '파편적'이라는 문제를 피할 수 없다.

이 때문에 성서학의 문제 제기를 받아들이는 교재들은 창세기, 출애굽기, 레위기의 순서를 바꾼다 할지라도 그 세부 순서(1장, 2장, 3장)까지는 바꾸지 않으려 한다. 또한 네 개의 복음서가 있고 사도행전은 하나만 있다는 '주어진 사실'을 존중한다. 이렇게 주어진 사실을 존중할 때 우리는 새로운 물음들 — 왜 복음서는 하나가 아니고 네 개인가, 각 복음서는 왜 다르게 기록되었는가—을 가지고 성경을 대할 수 있다. 기독교 교육은 교육받는 이들에게 성경을 순서대로, 정경을 존중하는 방식으로, 문맥에 맞추어 설명하려 노력해야 한다.

지금까지 살핀 원칙을 새긴다면 그 다음 적용은 상대적으로 유연하게 할 수 있다. 성경의 우선성을 되새기면 이에 대한 적용은 주어진 상황과 맥락에 따라 달라질 수 있다. 이를테면 모든 사람이 나이와 세대와 상황과 무관하게 성경 66권을 익히게 할 수는 없다. 이해도에 차이가 있을 수 있고, 앞서 언급했듯 기계적으로 적용할 수 있는 사안이 아니기 때문이다. 우리는 모세오경만 가지고 하나님을 믿었던 구약 시대 성도들, 구약성경만 가지고 하나님을 믿고 예수 그리스도의 말씀과 활동을 기억하던 예수님 당시 성도들, 구약성경과 신약성경 일부만 가지고 신앙생활을 영위했던 초대교회 성도들을 기억해야 한다. 이들은 오늘날 우리처럼 성경 66권을 갖고 신앙생활을 하지 않았다. 신약 시대 때 에베소 교회는 에베소서 하나를 받았고, 고린도 교회는 고린도전후서를 받았고, 골로새 교회는 골로새서 하나를 받았다. 교환 가능성이 있기는 하지만, 그래도 지금처럼 성경 66권을 다 보지는 못했을 것이다(당시 성경은 두루마리 형태지 오늘날처럼 코덱스 형태가 아니었다는 점도 유념에 두어야 한다). 이는 아직 복음이 전파되지 않은, 성경이 번역되지 않은 선교지에서도 발생할 수 있는 문제다. 또한 어린아이에게 요한계시록이나 에스겔서와 같은 어려운 내용을 담고 있는 부분을 가르치기란 쉽지 않다. 죽음을 앞둔 이가 기독교 신앙을 받아들였다면 얼마 남지 않은 시간에 66권을 다 읽게 할 수는 없는 일이다. 이럴 때는 상황을 충분히 헤아려서 교육을 진행해 나가야 한다. 주어진 시간에 맞춰 메시지를 충분히 전할 수 있는 지혜가 필요하다.

다시 한 번 강조하면, 성경공부 교재는 주어진 성경 본문을 좀더 용이하게 전달하기 위해 만든 도구다. 교재를 구성하는 서론, 본론, 결론은 하나의 제안이어야지 성경 고유의 메시지를 훼손하는 방식으로 이루어져서는 안 된다. 이를테면 신약성경의 나사로 이야기를 전달할 때 독자층에 따라 배경 설명을 다르게 하거나 설명 방식에 변화를 줄 수는 있다. 그러나 이를 위해 이야기 자체에 임의로 수정을 가해서는 안 된다. 교재 편찬자나 교회 교사들은 자신의 논리보다 성경의 논리, 성경 이야기에 흐르는 흐름을 더 존중해야 한다. 성경이 현대인의 시선으로 볼 때 산만해 보인다고 해서, 논리에 안 맞는다고 해서, 서론, 본론, 결론이 명확하게 드러나지 않는다고 해서 이를 훼손해서는 안 된다. 기독교에서 이는 하나님을 향해 하나님이 주신 말씀이 논리에 맞지 않는다고 항변하는 것과 같다.

같은 측면에서 정보 입력을 위해 주입식 교육을 행하는 것도 문제 삼을 수 있다. 주일학교에서는 성경 지식을 축적해 줘야 한다는 이유로 단답형 질문과 답으로 이루어진 교육을 많이 실시한다. 이를테면 아브라함이 어디에 갔는지, 아들을 몇 살에 낳았는지, 그 아들 이름이 무엇인지 하는 식으로 말이다. 이러한 교육은 1차적으로 그리스도인이라는 인격의 형성과 무관하다는 점에서 문제며, 2차적으로는 성경에 흐르는 말쏨의 주된 내용이 아니라 주변적인 지식에 무게를 둔다는 점에서 문제다. 정보를 숙지하게 하는 면을 완전히 배제할 수는 없고 그렇게 해서도 안 되지만, 성경이 지닌 전체적인 메시지, 각 본문에 일관되게 흐르는 중심 내용을 도외시한 채 파편적인 정보만 숙지하게 만드는 것은 경계해야 한다.

그러므로 성경공부 교재를 만들 때나 이를 가지고 가르칠 때는 가급적 본문의 순서를 그대로 살려서 전달하되, 도입부에서 어떻게 배우는 이들의 관심을 끌지, 어떻게 메시지를 삶의 현장에 반영할 수 있을지를 고민해야 한다. 또한 이러한 반영은 기계적인 적용이 아니라 성령과의 인격적인 상호작용을 통해 일어나는 것임을 염두에 두어야 한다. 과거 예수 그리스도께서 활동하실 때 제자들에게, 다양한 사람들에게 당신의 말씀을 전하기 위해 어떤 고민을 하셨을지 더듬어 봐야 한다. 아이들에게 성경을 가르치는 경우에 어느 정도 내용을 건너뛰는 건 가능하나 주의는 필요하다. 어떠한 경우든 기본 원칙은 성경에 담긴 내용을 충실히 전하는 것이다. 여기에서 어떻게 서론, 본론, 결론을 구성할지, 어떤 방식으로 전달할지, 어떤 식으로 삶에 적용할지가 도출되어야 한다.

또 하나 염두에 둘 점은 가르치는 이와 배우는 이의 상호작용이다. 예수 그리스도께서 제자들과 인격적인 관계 안에서 말씀을 전하셨던 것처럼, 성경 내용을 가르치는 이도 성령이 인격적으로 우리와 관계 맺으시듯 인격적인 관계 안에서 배우는 이와 말씀을 나누어야 하며, 교재의 구성과 실제 교육 역시 인격적인 방식으로 이루어져야 한다. 이 인격적인 방식이란 반드시 '함께'하는 방식으로만 이루어지는 것은 아니다. 교재에는 배우는 이 스스로 익혀야 할 부분이 있고, 가르치는 이가 교육을 하기 전에 스스로 준비해야 할 부분이 있다. 구체적으로 예수 그리스도의 생애에 대해 말할 때 교사가 미리 답을 정해 놓고 예수는 이런 분, 저런 분 하는 식으로 학생들에게 가르쳐서는 안 된다. 성경 본문을 함께 나눔으로써, 그리고 교재에 제시된 활동을 통해 이루어져야, 학생들이 자발적으로 예수 그리스도가 어떤 분인지 알고, 느끼고, 그분을 따라 살게 된다.

구체적으로 성경공부를 할 때는 토의식 공부가 주입식 공부보다 낫다. 교재를 두고 배우는 이와 가르치는 이가 서로 답을 찾아 가는 과정을 만들도록 해야 한다. 이러한 과정에서 배우는 이들은 자신이 가진 생각을 서로 주고받을 수 있고, 나아가서는 교사도 미처 생각하지 못한 부분을 발견할 수 있다. 이러한 과정은 일반 교육에서도 권장하는 부분이지만, 인격의 성장을 도모하고, 성도 사이에 성령의 역사를 신뢰하는 기독교 교육에서는 더욱 권장하는 부분이다. 한국에서는 주입식 교육이 큰 비중을 차지하기 때문에 이러한 식으로 진행하면 처음에는 낯설어하고 입을 잘 열지 않는 경우가 많다. 하지만 이는 시간이 해결해 줄 수 있다. 처음부터 효과가 나지 않는다고 해서 교사들이 방식을 바꾸는 건 온당치 않다. 토의식으로 공부할 때, 인도하는 이의 조급함과 노파심 때문에 학생들이 생각할 시간이나 능력을 발휘할 수 있는 기회를 박탈해서는 안 된다. 토의식 공부에서 무엇보다 인도하는 이에게 요구되는 건 참여자들을 다독이고 좀더 자기 이야기를 꺼낼 수 있도록 격려하는 것이다.

토의라고 할 때 이는 '말'로 주고받는 것만을 뜻하지 않는다. 토의는 인격적인 관계를 바탕으로 이루어지는 교육 작용의 총칭이라고도 할 수 있다. 말로 성경 내용을 나눈 다음에는 이를 글로 쓰고, 다시 이를 발표함으로써 말과 글이 유기적으로 연결되게 하는 것이 좋다. 그리고 이와 연결해 다양한 공동 활동을 펼치는 것도 권장할 만한 일이다. 아이들은 오감이 발달하는 과정, 인격이 형성되는 와중에 있기 때문에, 말과 글과 활동은 아이들이 전체적으로 균형감 있게 성장하는 데 도움을 준다. 일반 교육에서는 특정 내용의 숙지가 중요하지만, 기독교 교육에서 더 중요한 건 결국 배우는 이(더 나아가서는 교육 과정에 참여하는 모든 이)의 인격의 변화다. 성경이라는 교재는 삼위일체 하나님이 인격의 변화를 이끌어 내시는 통로며, 성도들은 그 통로에 들어가도록 서로를 격려하는 존재다. 그리고 이 모든 것이 이루어지는 현장이 바로 교회다.

하나님을 교육하는 현장으로서의 교회

일반 교육의 교육 현장은 학교, 교실이지만, 기독교 교육은 교회에서 이루어진다. 교회는 건물이 아니라 공동체다. 사도행전 1장에서 교회가 형성되었을 때 교회를 세우신 이유는 양육, 즉 교육을 위해서다. 이미 주어졌으되 아직 온전해지지 않은 인격체를 '하나님의 형상'에 맞게 교회가 양육하고, 구원받은 백성이 그 구원에 부응하며 하나님의 백성으로서 온전해지는 것을 통해 교회가 세워져 간다. 교회가 형성되는 것 자체가 하나님 나라가 형성되어 가는 것이라고 볼 수 있다.

마태복음 28장을 보면 예수 그리스도께서 제자들에게 내가 너에게 분부한 모든 것을 가르쳐 지키게 하라고 명령하신다. 교회는 이 명령을 따르는 공동체다. 이 명령 이후 제자들이 다락방에 모여 기도하며 사도를 보선한다. 사도를 보선한다는 말은 어떤 제도를 다지는 것을 의미하는데, 초기 교회부터 말씀을 전하는 것, 즉 교육을 위해 제도를 정비하는 것을 중시했음을 알 수 있다. 교회가 언제부터 만들어졌는지 여러 이야기가 있지만, 중요한 것은 예수 그리스도는 늘 공동체를 이끌고 당신의 말씀을 전하셨으며(교육을 행하셨으며) 예수 그리스도가 승천하신 후에도 공동체는 남아 성령의 인도 아래 교육을 진행하고 있다는 점이다. 교회는 하나님의 말씀을 선포하고, 나누고, 삶에 익혀 나가는 공동체다. 그렇기에 교회는 하나님 나라와 매우 긴밀하게 연결된다.

그러므로 기독교 교육에서 가장 중요한 교육은 성경 교육이지만, 좀더 폭넓게는 교회에서 행하는 모든 활동에 교육적인 측면이 있음을 간과해서는 안 된다. 성경을 배우는 것, 함께 교제하는 것, 성찬 시 빵과 포도주를 나누는 것, 함께 기도하는 것, 공동생활을 하는 것 모두에 그리스도인으로서의 인격 형성이라는 일관된 교육 목표가 흐르고 있다. 이러한 교육 활동을 거쳐 감으로써 성도들은 각기 다른 '성도'들에게서 다양한 방식으로 배움을 얻는다. 그리고 이곳에서 성령은 움직이시고 도움을 주신다. 교회는 서로의 도움을 받으면서 일구어 가게끔 만들어져 있고 이러한 가치를 지향하도록 되어 있다. 간혹 교회에서 일반 교육에서 실시하듯 경쟁의식을 부추기는 프로그램, '개인'을 지나치게 강조하는 교육 내용과 과정을 시행하는데, 이는 교회적 가치, 공동체적 가치에 어긋난다. 현대 사회에 뿌리 깊게 자리한 '경쟁'과 '개인'은 언제나 경계해야 하는 요소다.

그러므로 그룹 성경공부의 목적은 단순히 정보 전달에 있지 않다. 그룹 성경공부의 더 큰 목적은 공동체 훈련에 있다. 단순히 '개인'의 정보 습득(효율성)을 위해서라면 경쟁 제도를 도입하거나 전문가 집단만 추려서 교사로 활용하는 것이 훨씬 효율적일지 모른다. 하지만 교회는 공동체적 나눔을 이루는 곳이며, 공동체적 가치를 실현하는 곳이다. 그리스도인은 공동체적 인간이며, 다른 무엇보다 교회 교육은 이를 몸에 익혀 인격의 변화를 도모하는 데 초점을 맞추어야 한다. 교회에서 이루어지는 활동의 세목을 짤 때는 언제나 이를 염두에 두어야 한다. 이 부분에 대해서는 모든 한국 교회가 떳떳하지 못하다. 목사 중심주의, 한 사람의 설교에 지나치게 무게를 두는 경향이 과연 공동체적인 성도를 만들어 내고 있는지 자문하고 잘못된 부분은 수정해 나갈 필요가 있다.

조금 더 넓게 나아가면, 우리는 교파 간의 차이보다 교회로서의 공동체성을 좀더 중시해야 할 필요가 있다. 고린도전서 3장에서 바울은 다 같이 어울려서 한 가지 일을 향해 함께하고 그 모든 일은 하나님이 주관하신다고 말한다. 하나님의 창조를 믿으며 예수를 그리스도로 고백하고 성령의 역사하심을 믿는 이들이라면, 성경을 신앙의 원천으로 삼고 그리스도인의 인격 형성이 교회의 과제라 믿는 이들이라면, 일부 가르침이 다르다 할지라도 장로교, 성결교, 감리교, 천주교에서 진행하는 활동에 관심을 가지고 열린 태도를 취할 필요가 있다. 양보할 수 없는 성경에 대한 가르침을 제외하면, 성경에 대한 관심을 불러일으키는 방법과 이를 삶에 적용하는 방식에서 각 교파들은 고유의 장점(그리고 단점)을 갖고 있다. 이 부분에서 우리는 특정 교파의 이해를 고수하기보다 교파들이 어떠한 방식으로 자신들의 신앙생활을 좀더 그리스도인 됨에 맞추어 나가고 있는지, 어떻게 이 세상에서 그 빛을 발하고 있는지를 '하나 된 교회'의 구성원으로서 바라보고 자신이 속한 교회에서 적용할 수 있는 부분은 적용해야 한다. 교회에서 다양한 구성원이 서로에게 장애물이 아니라 오히려 배움의 기회를 제공하는 기회의 문이 되듯, 다양한 교회는 서로 배타적인 존재들이 아니라 오히려 서로에게 배움의 기회를 제공하는 소중한 동역자가 될 수 있다. 흔히 '사상이 다를 때 갈라지고 행정적으로 다를 때는 갈라지지 말자'고 하는데, 이 말은 '하나'의 사상을 옹호하는 이들끼리만 모이는 배타적 집단을 양산할 수 있다는 점에서 비판적으로 생각해 봐야 한다. 같은 뿌리를 두되 다양하게 퍼져 나가는 생각들을 하나로 재단하려는 시도는 위험하다. 이렇듯 교회는 한 교회 안에서뿐 아니라 특정 교회를 넘어서서도 '공동체'를 지향해야 한다.

교회는 다양한 생각을 지닌 사람이나 집단이 함께 모인 공동체다. 기독교는 한 사람 한 사람이 고유한 하나님의 형상을 머금고 있음을 신뢰하며, 이러한 인간은 어떤 개인으로서가 아니라 공동체적 인간으로서 하나님이 관계적이셨던 것처럼 다양한 관계 속에서 인격이 성장하고 드러난다고 믿는다. 그렇기에 교회 교육, 기독교 교육은 어떠한 방식으로 이루어지든지 '공동체적'이다. 일대일 교육은 교회 전체 교육 과정의 일부로 사용될 수 있지만, 교회 교육의 핵심이나 중심이 될 수는 없다. 일대일 교육, 일대일 활동은 공동체의 구성원으로서 함께 참여하는 예배, 선교, 기도의 일부여야 하고, '함께' 그리스도인의 인격을 지니는 전체 과정의 일부여야 한다. 이것이 하나님이 교회를 두신 이유이자 교회를 통해 우리가 지향해야 할 바이며, 기독교 교육이 지향해야 할 바이기도 하다.

2부

윤종하 강의 1

성경묵상과 우리의 구원

1. 성경묵상이 왜 중요한가?

먼저 예수님이 선언하신 심각한 말씀을 읽어 보십시오.

> 나더러 주여 주여 하는 자마다 다 천국에 들어갈 것이 아니요 다만 하늘에 계신 내 아버지의 뜻대로 행하는 자라야 들어가리라. (마 7:21)

이 말씀에 따르면, 우리의 구원은 하나님의 뜻대로 행하느냐 아니냐에 달려 있습니다. 그렇다면 하나님 뜻에 대해 알아야 하고 하나님 뜻을 알려면 하나님의 말씀인 성경을 묵상하는 길밖에 다른 길이 없습니다. 성경묵상은 우리 구원의 기초입니다.

다음 구절을 읽고 생각해 봅시다.

> 또 어려서부터 성경을 알았나니 성경은 능히 너로 하여금 그리스도 예수 안에 있는 믿음으로 말미암아 구원에 이르는 지혜가 있게 하느니라 모든 성경은 하나님의 감동으로 된 것으로 교훈과 책망과 바르게 함과 의로 교육하기에 유익하니 이는 하나님의 사람으로 온전하게 하며 모든 선한 일을 행할 능력을 갖추게 하려 함이라. (딤후 3:15-17)

이 구절은 너무 익숙하기 때문에 식상하고 건성으로 읽기 쉽습니다. 그러나 이 말씀은 바울의 최후 서신에 담긴 일종의 유언이라고 할 수 있는 의미심장한 교훈으로, 성경에 익숙해 있고 늘 성경을 가르치는 목사인 디모데에게 당부한 간곡한 유훈입니다. 앞뒤 문맥을 살피면서 그 뜻을 다시 음미해 봅시다. 바울은 디모데후서 1장에서 먼저 디모데를 칭찬하고 격려한 후 "너는 그리스도 예수 안에 있는 믿음과 사랑으로써 내게 들은 바 바른 말을 본받아 지키고 우리 안에 거하시는 성령으로 말미암아 네게 부탁한 아름다운 것을 지키라"(1:13-14)고 권면합니다.

예수님의 유언격인 마태복음 28:20의 대위임령, "내가 너희에게 분부한 모든 것을 가르쳐 지키게 하라 볼지어다 내가 세상 끝날까지 너희와 항상 함께 있으리라 하시니라"라는 말씀과 유사하지 않습니까?

성경을 읽고 배우고 가르치는 목적이 무엇입니까? 지키기 위해서입니다. 왜 지켜야 합니까? 그 말씀대로 순종하는 것을 선 또는 구원이라 하고, 그 말씀을 거역하는 것을 죄라고 하기 때문입니다. 말씀을 어긴 아담이나 우리가 회개하고 예수님을 주(主)로 믿고 교제를 회복한다는 말은 바로 하나님의 말씀을 순종하는 새로운 삶을 뜻하고, 이러한 관계와 삶을 영생 또는 구원이라고 하며 하나님의 자녀가 된 것이라고 합니다.

행함은 필요 없고 믿기만 하면 구원받는다는 설명은 성경의 가장 중요한 가르침을 오해한 것으로, 우리를 구원하시려는 하나님의 고귀한 뜻을 이해하지 못한 잘못된 표현입니다. 자신의 행함으로 구원받을 자가 없다는 말과 행함이 필요 없다는 말은 전혀 다른 뜻입니다.

지금까지의 내 삶은 하나님을 거역하고 내 뜻과 욕심대로 살았으니 나는 심판받을 수밖에 없고 구원의 희망이 없어졌으므로 예수님을 믿을 때 이를 회개하고 이제는 예수님을 주와 왕으로 모셔 들이고 순종하겠다고 고백하는 것을 믿음이라고 하며, "예수님이 내 안에 오셔서 나를 온전한 사람으로 변화시켜 주시고 거룩한 자녀가 되게 해주십시오"라고 도움을 요청하고 예수님께 나 자신을 내어 맡기고 그분 안에 들어가는 것을 믿음이라고 합니다. 자기 스스로의 행함으로는 하나님의 자녀가 될 사람이 없기에 믿음으로 그렇게 되어야 한다는 말씀을 오해하여, 구원에는 행함이 있을 수 없다고 하거나 행함은 믿음과 반대가 되는 것처럼 잘못 인식하여 이를 기피하도록 설명되는 것은 아주 위험한 발상입니다. 다시 디모데후서 2장을 봅시다. 2절에서 바울은 디모데에게 "또 네가 많은 증인 앞에서 내게 들은 바를 충성된 사람들에게 부탁하라 그들이 또 다른 사람들을 가르칠 수 있으리라"라고 했습니다. 여기에서 '내게 들은 바'가 무엇입니까?

흔히 제자훈련에서 이 구절을 가장 즐겨 사용하지만, 과연 무엇을 충성된 자들에게 맡겨야 하는지 깊이 생각하지 않기 때문에 바울이 의도한 올바르고 온전한 제자훈련이 되지 못하는 아쉬움을 볼 수 있습니다.

쉽게 '복음'이라고 답할 수도 있겠지만, 그렇다면 바울이 전해 준 복음이 무엇인지를 또 알아보아야 합니다. 이는 디모데후서 1:13-14의 반복이기도 합니다. 우리는 신앙생활이나 제자훈련에서 방법보다 내용에 관심을 두어야 함을 절실하게 느끼고 있습니다. 지금 나는 과연 복음을 얼마나 제대로 이해하고 있으며, 더욱이 얼마나 그 복음대로 믿고 살아가는지 한번 깊이 점검해 보아야 합니다. 아마도 그 결과는 극히 의심스러울 것입니다. 그 이유가 무엇입니까? 복음에 대한 기본적인 이해의 부족과 전도할 때마다 '복음 제시'라는 말로 표현되고 있는 그 복음이 온전한 복음이 아니라는 데 문제가 있습니다. 또 그렇게 된 가장 큰 이유가 성경을 전체적으로 읽고 공부하고 가르치기보다 주제별로 섣불리 다루기 때문에 일어나는 현상이며, "충성된 사람"(2:2)이 아닌 제자가 대량 생산되면서 그 수가 기하급수적으로 늘어 가고 있기 때문입니다.

계속해서 바울이 쓴 디모데후서를 읽어 보면 2:3, 9, 11-12 등에서 계속 고난을 가르치고 있고(1장에서도 여러 번 언급) 또 그리스도의 부활을 언급하고 있습니다(2:8, 11, 18). 고난의 중요성과 부활의 의미가 제대로 이해되지 않은 채로 구원을 설명하는 것이 바로 그 문제점이기도 합니다.

> 너는 진리의 말씀을 옳게 분별하며 부끄러울 것이 없는 일꾼으로 인정된 자로 자신을 하나님 앞에 드리기를 힘쓰라. (2:15)

진리의 말씀을 옳게 분변하지 못하는 사람이 어떻게 일꾼이 되고 제자가 될 수 있습니까? 계속해서 바울의 설명을 살펴봅시다.

> 그러나 하나님의 견고한 터는 섰으니 인침이 있어 일렀으되 주께서 자기 백성을 아신다 하며 또 주의 이름을 부르는 자마다 불의에서 떠날지어다 하였느니라. (딤후 2:19)

삶에 대한 교훈으로서 하나님 말씀에 순종하는 것을 강조하고 있습니다. 그리고 이어서 금 그릇과 은 그릇, 나무 그릇과 질그릇에 대한 비유가 나옵니다(2:20). 이 비유가 잘못 이해되어 온 것도 사실입니다. 누가 귀한 그릇이라고 바울이 말합니까? "이런 것에서 자기를 깨끗하게 하는 자"입니다(21절).

여기에서 "이런 것"이란 지금까지 언급했던 내용들이며, 또한 21-26절 전체에서도 잘 설명되고 있습니다. 잘 읽어 봅시다.

> 그러므로 누구든지 이런 것에서 자기를 깨끗하게 하면 귀히 쓰는 그릇이 되어 거룩하고 주인의 쓰심에 합당하며 모든 선한 일에 준비함이 되리라 또한 너는 청년의 정욕을 피하고 주를 깨끗한 마음으로 부르는 자들과 함께 의와 믿음과 사랑과 화평을 따르라 어리석고 무식한 변론을 버리라 이에서 다툼이 나는 줄 앎이라 주의 종은 마땅히 다투지 아니하고 모든 사람에 대하여 온유하며 가르치기를 잘하며 참으며 거역하는 자를 온유함으로 훈계할지니 혹 하나님이 그들에게 회개함을 주사 진리를 알게 하실까 하며 그들로 깨어 마귀의 올무에서 벗어나 하나님께 사로잡힌 바 되어 그 뜻을 따르게 하실까 함이라. (딤후 2:21-26)

이처럼 그리스도인은 마땅히 그 삶이 바뀌어야 하고, 지도자가 되려면 더더욱 그래야 합니다. 그렇지 못한 사람들이 신자처럼 행세하고 구원의 확신이 있다고 말하고 제자가 되고 지도자가 된다면 문제는 심각해집니다.

바울은 이어서 말세의 현상들을 디모데후서 3:1-5에서 언급하고 있습니다. 그러고는 디모데에게 "이 같은 자들에게서 네가 돌아서라"고 했습니다(5절). 2:21에서 말한 "이런 것"과 연결되는 내용입니다.

그리고 이런 사람들은 "항상 배우나 끝내 진리의 지식에 이를 수 없느니라 얀네와 얌브레가 모세를 대적한 것같이 그들도 진리를 대적하니 이 사람들은 그 마음이 부패한 자요 믿음에 관하여는 버림받은 자들이라"(7, 8절)라고 못을 박고 있습니다. 그러고는 "무릇 그리스도 예수 안에서 경건하게 살고자 하는 자는 박해를 받으리라"(12절)라고 했습니다. 좀더 구체적으로 표현하면, 성경의 교훈과 책망과 바르게 함(교정)과 의(義)의 교육을 거쳐 온전한 사람이 되려는 것이(16-17절) 성경을 배우는 목적입니다. 디모데후서 4장에서는 오직 성경을 가르쳐야 할 이유를 설명하면서 이를 엄히 명한다고 했습니다(1절).

하나님의 사람으로 온전케 되지 않는 구원은 있을 수 없고 복음이 아닙니다. 그리고 온전케 되는 길은 성경을 배우고 진심으로 묵상하여 그 말씀으로 교정받고 변화되고 자라 가는 길뿐입니다. 그래서 성경은 읽기만 할 것이 아니고 깊이 묵상해야 하며, 그 말씀을 순종하고 따를 수 있도록 구체적으로 내 인격과 삶에 적용해야 합니다.

2. 성경이 말하는 구원

> 나더러 주여 주여 하는 자마다 다 천국에 들어갈 것이 아니요 다만 하늘에 계신 내 아버지의 뜻대로 행하는 자라야 들어가리라.
> (마 7:21)

성경묵상에 대하여 기본적으로는 동의하면서도 실제로는 상당한 반대 의견과 회의를 갖고 있는 이들을 많이 볼 수 있습니다. 그런 입장을 취하는 가장 큰 이유는 구원론의 문제인 것 같습니다. 그들은 이렇게 묻곤 합니다. 믿으면 되는 것이지 꼭 성경을 매일 묵상해야 하느냐? 그럼 성경을 잘 이해하지 못하는 사람은 어떻게 하느냐? 초신자는 구원을 받지 못하느냐? 또는 성경을 읽기만 하면 안 되느냐? 꼭 특별한 방법에 따라 묵상하고 적용까지 해야 하느냐? 그것도 하나의 율법이 아니냐? 설교만 들으면 되지 않느냐? 등의 물음들입니다.

구원의 개념을 깊이 재인식한다면 적어도 하나님의 뜻을 알도록 노력해야 한다는 데는 동의하실 것입니다. 방법이나 시간이나 이해 능력 등은 이차적인 문제입니다. 사실 어린이들은 복음이나 구원의 도리를 잘 이해하지 못합니다. 그들이 믿는 하나님도 막연한 개념일 것입니다. 더구나 갓난아이는 아무것도 이해하거나 인식하지 못하고, 따라서 믿지도 못합니다. 그렇다고 해서 그들이 구원을 받을 수 없다고 말해서는 안

됩니다. 오히려 그들 중에 구원을 얻을 자가 더 많을지도 모릅니다.

> 예수께서 이르시되 어린 아이들을 용납하고 내게 오는 것을 금하지 말라 천국이 이런 사람의 것이니라 하시고. (마 19:14)

이처럼 이해할 능력이 없다면 구원의 개념을 잘 몰라도 상관없지만, 이해할 능력이 있고 자신의 지식이나 의지로 자신의 인생관이나 처세술을 익혀 가고 형성하면서 자신의 뜻과 꿈을 관철해 가는 사람에게는 자기 뜻이 아닌 하나님의 뜻을 배우고 깨닫고 순종할 의무가 주어집니다.

적어도 삶의 모든 가치관과 인생관과 세계관과 계획과 살아가는 방법을 하나님의 뜻에 따라 바꾸어야 하고 새로 정립해야 하는 것만은 인정하지 않을 수 없을 것입니다. 그런 일은 어떻게 생각하면 아주 어렵고 오랜 시간이 걸리는 것 같기도 합니다. 그러나 사실은 복음을 바로 깨닫기만 하면 그렇게 어려운 일도 두려워할 일도 아니고, 비교적 짧은 기간에도 놀랍게 변화하며 자라 갑니다. 우선 내가 하나님의 법을 즐거워하고 배워 갈 것인가 아닌가를 각자가 다짐해 보아야 합니다.

적어도 창조주가 계신 것을 듣고 알게 되었다면, 그리고 창조주에게 순종하지 않는 것이 죄악임을 듣고 알게 되었다면, 순종하는 삶으로 바꾸어야 하고 창조주의 뜻을 알려는 노력을 기울여야 합니다. 앞서 인용한 마태복음 7:21은 예수님이 직접 선언하신 말씀으로, 우리의 구원 여부를 판가름하는 심판주의 선언이기 때문에 성경묵상과 그 말씀에 대한 순종 없이 구원 받으리라는 오해와 착각에서 벗어나야 합니다.

1. 구약의 가르침

먼저 구약성경이 성경묵상에 대해 무엇이라고 가르치는지 살펴봅시다.

(1) 시편 1:1-6   구약성경은 크게 율법서와 예언서와 성문서로 구분할 수 있는데, 그중 시편 1편은 구약성경 전체의 주제라고 할 수 있을 만큼 그 내용이 집약적이고 분명합니다.

> 또 이르시되 내가 너희와 함께 있을 때에 너희에게 말한 바 곧 모세의 율법과 선지자의 글과 시편에 나를 가리켜 기록된 모든 것이 이루어져야 하리라 한 말이 이것이라 하시고. (눅 24:44)

히브리어로 된 구약성경은 율법서, 예언서, 성문서의 순으로 구분되어 편집되고 있고, 예수님의 이 말씀도 그것을 뒷받침하고 있습니다. 지금 우리가 사용하는 성경은 헬라어로 번역한 70인역의 편집을 따른 것이기 때문에, 그 편집 순서가 히브리어 성경과 다릅니다. 그리고 구약성경을 "율법과 선지자의 글과 시편"이라고 부르기도 하지만, 때로는 "율법과 선지자"라고 줄여서 부르기도 하고(마 7:12; 22:40), 심지어 한 단어로 "율법"이라고 부르기도 했습니다(마 5:17-18; 롬 3:19; 요 10:34-35). 당시에는 아직 구약이 완성되기 전이긴 하지만, 시편 1:2에서 '율법'은 하나님의 말씀이라는 총체적인 뜻으로 사용한 것이며 단순히 법률만을 가리킨 것은 아닙니다. 그래서 시편 1편을 읽을 때는 성경 전체를 염두에 두는 것이 옳습니다.

시편 1편은 '복이 있는 사람'과 '악인'을 구분 짓고 있습니다. 1-3절은 '복 있는 자'를, 4-5절은 '악인'을 묘사하고, 6절은 결론입니다. 1-2절에 보면 '복 있는 사람'은 악인의 꾀(counsel, 의견, 충고)나 죄인의 길(way, 처세 방법)을 따르지 않고 여호와의 율법을 묵상하고 따르는 자라고 규정하고 있습니다. 그리고 4-6절에 보면 여호와의 율법을 따르지 않는 다른 무리들, 곧 악인과 죄인은 심판을 받고 의인의 회중(천국)에 들지 못한다고 못을 박고 있습니다. 6절에서 분명히 결론지은 것처럼, 하나님의 말씀을 묵상하지 않고 사람들이 생각하고 가르치고 걸어가는 길을 따라 살아가는 사람은 구원에 이르지 못하고 멸망합니다. 이러한 가르침은 구약성경 전체의 주제입니다. 물론 신약성경도 똑같이 두 부류의 사람으로 구분 짓고 그것이 구원 여부와 관계가 있다고 가르치고 있습니다.

이러한 지혜는 위로부터 내려온 것이 아니요 땅 위의 것이요 정욕의 것이요 귀신의 것이니 시기와 다툼이 있는 곳에는 혼란과 모든 악한 일이 있음이라 오직 위로부터 난 지혜는 첫째 성결하고 다음에 화평하고 관용하고 양순하며 긍휼과 선한 열매가 가득하고 편견과 거짓이 없나니 화평하게 하는 자들은 화평으로 심어 의의 열매를 거두느니라. (약 3:15-18)

바울의 글(고전 1-3장)에도 같은 설명이 반복되고, 예수님은 좁은 문과 큰 문이 있고 좁은 길과 넓은 길이 있다고 가르치셨습니다.

좁은 문으로 들어가라 멸망으로 인도하는 문은 크고 그 길이 넓어 그리로 들어가는 자가 많고 생명으로 인도하는 문은 좁고 길이 협착하여 찾는 자가 적음이라. (마 7:13-14)

예수님은 이 두 가지 문과 두 가지 길을 말씀하신 후, 거짓 선지자들은 아무리 주의 이름으로 선지자 노릇도 하고 귀신도 쫓아내고 많은 권능을 행하기도 하지만 그것으로 구원을 받지 못하고, 오직 하나님의 뜻대로 행한 사람만 구원을 받는다고 결론을 내리셨습니다. 그리고 이어서 집 짓는 비유에서 예수님의 말씀을 듣고 행하는 자는 구원을 얻지만 듣고도 행치 아니하는 자는 구원을 받지 못하고 멸망한다고 하셨습니다(마 7:24-27).

예수님의 가르침이 이처럼 특별한 해석이나 이의를 제기할 수 없을 만큼 확실한데도 쉽게 구원을 얻으려는 욕망 때문에 믿기만 하면 구원에 이르고 행함이 필요 없다는 오해와 잘못된 가르침이 널리 번져가는 것은 안타까운 일입니다.

그래서 시편 1편도 구원과 관계없이 성경을 묵상하는 것이 좋다, 실천은 못하더라도 성경을 하루에 한 장이라도 읽어야 한다, 또 실천하도록 노력해야 하고 성화(聖化)되어 가야 한다고 말하면서, 그러나 믿을 때 이미 의롭게 된 것이므로 구원은 확보된 것이고 의심할 필요가 없다고 합니다. '구원의 확신'을 지나치게 강조하여 성경 전체의 가르침에서 점차 탈선하는 것은 위험한 생각이 아닐 수 없습니다.

(2) 시편 119:1-176   성경 묵상에 관계되는 또 다른 시편이 119편입니다. 이 시를 보면 처음부터 끝까지 성경을 묵상할 뿐 아니라 지키겠다고 고백하고 있습니다. 그중에서 다음 몇 구절을 읽어 봅시다.

> 구원이 악인들에게서 멀어짐은 그들이 주의 율례들을 구하지 아니함이니이다. (155절)
> 여호와여 내가 주의 구원을 바라며 주의 계명들을 행하였나이다. (166절)

하나님의 말씀을 묵상하는 목적이 무엇입니까? 하나님의 법이 진리의 길이고 생명의 길이기 때문에 그 법을 따라 살려는 것 아니겠습니까! 자신이 율법을 지키지 못하기 때문에 으레 행함이 구원과 관계없는 것처럼 말하는 것은 자기 합리화일 뿐입니다. 말씀을 제대로 순종하기란 불가능하다는 잘못된 선입견과 전제를 가지고, 율법은 지키라고 준 것이 아니라고 말하면서 이를 피해 갑니다. 자신이 잘못하고도 그 책임을 지지 않으려 하며, 지키지 못하는 것이 너무나 당연한 것처럼 생각하고, 마치 순종은 면제받은 것인 양 제쳐두고 믿기만 하면 된다고 말합니다. 그러나 시편 저자의 기도와 자세를 보십시오. 다윗은 밧세바를 범한 후 눈물로 요를 적시고 금식하면서 통회했고, 율법을 지키겠다고 다짐하고 이를 위해 간구했습니다.

흔히 그것은 구약 시대이기 때문이라고 일축해 버리기도 합니다. 구약 시대는 율법의 시대였지만 신약 시대는 은혜의 시대라고 그럴듯하게 해석해 버립니다. 미국의 디 한 박사가 쓴 『율법이냐 복음이냐?』라는 책이 그 대표적인 예라고 하겠습니다. 그는 하나님이 시내 산에서 모세를 통해 율법을 주셨을 때 이스라엘 백성이 "우리는 지킬 수 없습니다"라고 대답했으면 그 율법을 주시지 않았을 텐데, "예, 여호와의 명하신 대로 우리가 다 행하리이다"(출 19:8)라고 대답했기 때문에 율법 아래 놓이게 된 것이라는 기발한 해석을 하면서, 이제 그리스도가 오신 후에는 율법에서 완전히 자유롭게 되었다고 합니다. 물론 로마서 7장 등을 보면 율법에서의 자유를 말씀하고 있습니다. 그러나 어디까지나 율법의 완성이라는 입장에서 실정법이 폐지되고 우리가 실정법에서 자유로워진 것이지, 율법 자체가 잘못 주어진 것이어서 폐기처분한 것은 아닙니다.

마태복음 5장에서 보면 예수님이 분명하게 해석하셨습니다.

> 내가 율법이나 선지자를 폐하러 온 줄로 생각하지 말라 폐하러 온 것이 아니요 완전하게 하려 함이라 진실로 너희에게 이르노니 천지가 없어지기 전에는 율법의 일점 일획도 결코 없어지지 아니하고 다 이루리라. (마 5:17-18)

율법이 완성된다는 말씀을 예수님이 우리 대신 율법을 지키셔서 완성된 것이지 우리가 지키고 완성할 것이 아니라고 해석하기도 하지만, 마태복음 5장에서 가르치신 예수님의 설명은 전혀 그렇지가 않습니다.

이러한 율법 폐기론자나 반율법주의적인 생각을 갖는 분들이 복음주의자들 가운데 적지 않게 있다는 사실을 주의할 필요가 있습니다. 소위 구원파에 대해서는 이단이라고 비판하지만, 사실상 그들의 가르침과 별 차이가 없이 율법을 이해하고 있는 이들이 의외로 많습니다. 성경 어느 곳에서 구약 시대는 율법으로 구원 얻는 시대고 신약 시대는 믿음으로 구원 얻는 시대라고 구분 짓고 있습니까? 혹 다음 구절을 오해했기 때문은 아닌지 모르겠습니다.

모든 선지자와 율법이 예언한 것이 요한까지니. (마 11:13)

이 말씀은 구약의 모든 예언이 세례 요한 때까지만 계속되어 왔고 이제 예수님이 오셔서 그 예언들이 성취되었다는 뜻이지, 예수님이 오신 후에는 율법이 폐기처분된다거나 지킬 필요가 없다는 뜻이 아닙니다. 그래서 예수님은 그 말씀에 이어서 자신을 메시아로 받아들이지 않는 유대인을 책망하셨고 회개를 촉구하셨습니다(11:15-24). 그리고 다음과 같이 말씀하셨습니다.

수고하고 무거운 짐 진 자들아 다 내게로 오라 내가 너희를 쉬게 하리라 나는 마음이 온유하고 겸손하니 나의 멍에를 메고 내게 배우라 그리하면 너희 마음이 쉼을 얻으리니 이는 내 멍에는 쉽고 내 짐은 가벼움이라 하시니라. (마 11:28-30)

이 구절도 끝까지 읽지 않고, 28절만 읽고, 우리의 모든 죄짐이 풀려서 벗겨졌으므로 이제 우리는 자유롭게 되었고 율법의 멍에에서도 해방되었으므로 율법을 지킬 필요가 없다고 오해합니다. 그러나 29절에 분명히 "나의 멍에를 메고 내게 배우라"고 하셨습니다. 그 멍에는 무엇일까요? 다음 두 구절만 읽어 보면 답이 분명해집니다.

> 누구든지 나를 따라오려거든 자기를 부인하고 자기 십자가를 지고 나를 따를 것이니라. (마 16:24)
> 너희 안에 이 마음을 품으라 곧 그리스도 예수의 마음이니 그는……자기를 낮추시고 죽기까지 복종하셨으니 곧 십자가에 죽으심이라. (빌 2:5-8)

십자가는 고난을 의미한다기보다 순종을 의미합니다. 순종 없이는 주님의 제자가 될 수 없고, 순종 없이는 자유를 누릴 수 없습니다. 예수님의 가르침은 뒤에 따로 다루겠지만 율법에 대한 설명만 다시 확인하도록 합시다.

> 그러므로 누구든지 이 계명 중의 지극히 작은 것 하나라도 버리고 또 그같이 사람을 가르치는 자는 천국에서 지극히 작다 일컬음을 받을 것이요 누구든지 이를 행하며 가르치는 자는 천국에서 크다 일컬음을 받으리라 내가 너희에게 이르노니 너희 의가 서기관과 바리새인보다 더 낫지 못하면 결코 천국에 들어가지 못하리라. (마 5:19-20)

이처럼 분명한 예수님의 선언에도 불구하고 아니라고 이의를 제기할 수 있습니까? 그러면 바리새인과 서기관보다 낫다는 말은 어느 정도의 수준을 말하는 것일까요? 예수님은 바로 이어서 21절 이하에서 구체적인 예를 제시하셨습니다. 살인, 간음, 헛맹세, 악한 자에 대한 태도, 원수사랑 등을 예로 들어 율법의 철저한 준수를 강조하셨습니다. 물론 율법의 문자(실정법)가 아니라 그 정신(영원법 또는 자연법)을 따라 더 온전하게 지키고 순종할 것을 강조하신 후 다음과 같이 결론을 내리셨습니다.

> 그러므로 하늘에 계신 너희 아버지의 온전하심과 같이 너희도 온전하라. (마 5:48)

또 다음 구절을 생각하고 있을 수도 있습니다.

> 율법과 선지자는 요한의 때까지요 그 후부터는 하나님 나라의 복음이 전파되어 사람마다 그리로 침입하느니라. (눅 16:16)

이 말씀도 율법 무용론을 말씀하신 것이 결코 아닙니다. 또한 구약 시대와 신약 시대 사이에 구원을 얻는 길이 다르다는 것을 암시하지도 않습니다. 바로 다음 구절을 읽어 보십시오.

> 그러나 율법의 한 획이 떨어짐보다 천지가 없어짐이 쉬우리라 무릇 자기 아내를 버리고 다른 데 장가드는 자도 간음함이

요 무릇 버림당한 여자에게 장가드는 자도 간음함이니라. (눅 16:17, 18)

앞뒤 문맥을 살펴보면 16절의 뜻이 분명해집니다. 즉 "구약 성경에서 예언해 온 메시아가 드디어 오셨고, 그의 나라(하나님 나라)가 시작되어 이미 사람들이 그 나라로 침입해 들어오고 있다(그 나라 백성으로 가입하고 있다). 이제는 본격적으로 그 메시아의 다스림을 받아야 할 때가 되었다, 그러므로 그 나라의 왕이신 하나님과 함께 재물을 겸하여 섬길 수 없고 하나님만을 섬겨야 한다. 그렇게 하지 않은 부자와 그렇게 한 나사로를 보라"고 가르치신 말씀입니다.

아브라함이 이르되 얘 너는 살았을 때에 좋은 것을 받았고 나사로는 고난을 받았으니 이것을 기억하라 이제 그는 여기서 위로를 받고 너는 괴로움을 받느니라. (눅 16:25)

따라서 누가복음 16:16은 이제는 그리스도가 오신 것으로 구약의 예언이 성취되었으며 동시에 그리스도께서 율법을 철저하게 집행하실 것을 보여 주는 말씀입니다.

또 한 가지 잘못된 인식을 살펴봅시다. 성경 어디에 이제 행함은 필요 없고 믿기만 하면 된다고 가르친 곳이 있습니까? 다음 구절을 잘못 알고 그렇게 인식하는 것은 아닐까요?

> 회당장에게 이르시되 두려워 말고 믿기만 하라. (막 5:36)

이 말씀은 구원에 대한 말씀이 아니며, 행함은 필요 없고 믿기만 하라는 말씀은 더더구나 아닙니다. 예수님이 회당장의 집으로 가시는 도중에 12년 동안 혈루병을 앓던 여인이 예수님의 옷자락을 만지고 치료되는 일이 벌어져 예수님의 걸음이 지체되자 회당장의 딸이 죽고 말았습니다. 그러자 그 집 사람들이 와서 이제는 아이가 죽었으니 예수님을 더 괴롭게 말고 그냥 포기하고 가자고 했고, 그때 예수님이 "두려워 말고 믿기만 하라"고 하신 것입니다.

믿음이 아주 중요하며 기본인 것은 두 말할 필요가 없습니다. 문제는 그 믿음이 순종과 실천을 배제하느냐 아니냐에 있습니다. 이 문제를 더욱 확실히 하기 위해서 신약성경 여러 곳을 다시 살펴보도록 하고, 특히 예수님의 가르침도 다시 살펴보도록 하겠습니다.

2. 사도 요한의 가르침

이제 신약성경에서 상고해 봅시다. 예수님의 가르침을 받고 그것을 초대교회 때 가르친 제자들 중에서 먼저 사도 요한의 가르침을 살펴봅시다.

> 우리가 그에게서 듣고 너희에게 전하는 소식은 이것이니 곧 하

나님은 빛이시라 그에게는 어둠이 조금도 없으시다는 것이니라 만일 우리가 하나님과 사귐이 있다 하고 어둠에 행하면 거짓말을 하고 진리를 행하지 아니함이거니와. (요일 1:5, 6)
우리는 형제를 사랑함으로 사망에서 옮겨 생명으로 들어간 줄을 알거니와 사랑하지 아니하는 자는 사망에 머물러 있느니라 그 형제를 미워하는 자마다 살인하는 자니 살인하는 자마다 영생이 그 속에 거하지 아니하는 것을 너희가 아는 바라. (요일 3:14, 15)

요한일서 전체가 이런 말씀으로 이어지고 있습니다. 그러면 예수님이 내 죄를 대속하셨으므로 나는 예수님을 믿고 죄 사함을 받으며 은혜로 구원을 얻는다는 사실은 어떻게 되는 것일까요? 지금까지 여러분이 이러한 질문을 마음속으로 하고 있었을 것입니다. 그 대답이 요한일서에 자세히 소개되고 있습니다. 1장에서부터 글의 문맥을 차례로 읽어 봅시다.

그 아들 예수의 피가 우리를 모든 죄에서 깨끗하게 하실 것이요. (1:7)
만일 우리가 우리 죄를 자백하면 그는 미쁘시고 의로우사 우리 죄를 사하시며 우리를 모든 불의에서 깨끗하게 하실 것이요. (1:9)

이 말씀들은 익숙히 알고 있는 말씀입니다. 그런데 그리스도께서 우리의 죄를 깨끗하게 하신다는 말씀에 한 번 죄 사함을 받은 자는 죄를 지어도 좋다는 뜻이 포함되어 있습니까? 미래의 죄도 사하셨으니 죄를 지어도 구원해 주신다는 뜻이 포함되어 있습니까? 이런 착각이 바로 계명을 지키지 않는 자기의 무성의나 게으름이나 고집이나 완고함을 너그럽게 보아 넘기려는 자기 합리화에서 온 것입니다. 계속해서 읽어 봅시다. 사죄에 대한 말씀 바로 다음에 무엇이라고 했습니까?

나의 자녀들아 내가 이것을 너희에게 씀은 너희로 죄를 범하지 않게 하려 함이라. (2:1a)

이처럼 결론부터 분명히 제시하고 있으며 계속해서 이렇게 설명하고 있습니다.

만일 누가 죄를 범하여도 아버지 앞에서 우리에게 대언자가 있으니 곧 의로우신 예수 그리스도시라 그는 우리 죄를 위한 화목제물이니 우리만 위할 뿐 아니요 온 세상의 죄를 위하심이라 우리가 그의 계명을 지키면 이로써 우리가 그를 아는 줄로 알 것이요 그를 아노라 하고 그의 계명을 지키지 아니하는 자는 거짓말하는 자요 진리가 그 속에 있지 아니하되 누구든지 그의 말씀을 지키는 자는 하나님의 사랑이 참으로 그 속에서 온전하게 되었나니 이로써 우리가 그의 안에 있는 줄을 아노라 그의 안에 산다고 하는 자는 그가 행하시는 대로 자기도 행할지니라. (2:1b-6)

이런 사람을 가리켜 예수님을 믿는 자라고 하고 죄에서 깨끗하게 되었다고 하는 것입니다. 즉, 예수님을 믿고 새 사람이 되어 죄를 멀리 하고 하나님의 뜻대로 살게 되는 것이 사죄의 길이요 구원의 길입니다.

사랑하는 자들아 우리가 지금은 하나님의 자녀라 장래에 어떻게 될지는 아직 나타나지 아니하였으나 그가 나타나시면 우리가 그와 같을 줄을 아는 것은 그의 참모습 그대로 볼 것이기 때문이니 주를 향하여 이 소망을 가진 자마다 그의 깨끗하심과 같이 자기를 깨끗하게 하느니라. (3:2-3)

글의 논리가 명백하지 않습니까? 특히 그 다음 구절을 읽어봅시다.

죄를 짓는 자마다 불법을 행하나니 죄는 불법이라 그가 우리 죄를 없애려고 나타나신 것을 너희가 아나니 그에게는 죄가 없느니라 그 안에 거하는 자마다 범죄하지 아니하나니 범죄하는 자마다 그를 보지도 못하였고 그를 알지도 못하였느니라 자녀들아 아무도 너희를 미혹하지 못하게 하라 의를 행하는 자는 그의 의로우심과 같이 의롭고 죄를 짓는 자는 마귀에게 속하나니 마귀는 처음부터 범죄함이라 하나님의 아들이 나타나신 것은 마귀의 일을 멸하려 하심이라. (3:4-8)

예수를 믿고 죄 사함을 받고 구원을 받았다고 하면서 여전히 죄를 범하는 것은 서로 모순이 아닙니까? 그러면 예수님의 대속은 어떤 것인지 계속해서 더 읽어 봅시다.

죄를 짓는 자는 마귀에게 속하나니 마귀는 처음부터 범죄함이라 하나님의 아들이 나타나신 것은 마귀의 일을 멸하려 하심이라 하나님께로부터 난 자마다 죄를 짓지 아니하나니 이는 하나님의 씨가 그의 속에 거함이요 그도 범죄하지 못하는 것은 하나님께로부터 났음이라 이러므로 하나님의 자녀들과 마귀의 자녀들이 드러나나니 무릇 의를 행하지 아니하는 자나 또는 그 형제를 사랑하지 아니하는 자는 하나님께 속하지 아니하니라. (3:8-10)

예수님이 우리를 마귀에서 건져내 하나님의 자녀가 되게 하셨으므로 이제는 마귀의 일을 하지 않고 하나님의 일을 하게 되는 것이 구원입니다. 이를 가리켜 "마귀의 일을 멸하려" 오셨다고 하는 것입니다. 새로 태어났다고(중생) 하면서 왜 새로운 존재로서 새로운 삶을 살지 못할까요? 새로워지지 않으면 구원이 중생도 아니지 않을까요? 이제는 참 아버지의 뜻(의)을 행하여야 하고 새 가족인 아버지의 가족들을 사랑해야 하지 않습니까? 아직도 교인들끼리 서로 미워하고 갈등을 느끼고 오해하고 만나기를 피하고 동업을 꺼리고 서로 수군거린다면 무엇인가 잘못된 것이 아닐까요? 같은 요한이 쓴 요한계시록에 있는 말씀도 읽어 봅시다.

> 그러나 두려워하는 자들과 믿지 아니하는 자들과 흉악한 자들과 살인자들과 음행하는 자들과 점술가들과 우상 숭배자들과 거짓말하는 모든 자들은 불과 유황으로 타는 못에 던져지리니 이것이 둘째 사망이라. (계 21:8)

요한계시록 22:15에도 위와 같은 말씀이 있습니다. 그리고 다음 구절은 예수님을 믿는 자와 믿지 아니하는 자가 어떻게 구분되는지를 잘 설명해 주고 있습니다.

> 불의를 행하는 자는 그대로 불의를 행하고 더러운 자는 그대로 더럽고 의로운 자는 그대로 의를 행하고 거룩한 자는 그대로 거룩하게 하라. (22:11)

3. 베드로의 가르침

이번에는 열두 제자 중에서도 수제자로 알려져 있고 초대교회에서 복음을 잘 설명했던 베드로의 가르침을 찾아봅시다.

> 또 여러 말로 확증하며 권하여 이르되 너희가 이 패역한 세대에서 구원을 받으라 하니. (행 2:40)

베드로는 구원이 바로 이 패역한 세대와 분리된 새로운 삶으로 옮겨지는 것임을 강조합니다. 그래서 사죄와 구원을 말할 때 회개를 강조합니다.

> 너희가 회개하여 각각 예수 그리스도의 이름으로 세례를 받고 죄 사함을 받으라. (행 2:38)
> 너희가 회개하고 돌이켜 너희 죄 없이 함을 받으라. (행 3:19)

이러한 때에 베드로와 사도들의 가르침을 받고 그리스도인이 된 무리로 구성된 예루살렘 교회는 아주 이상적인 새로운 공동체의 모습을 보여 주었습니다(행 2:42-47; 4:32-35). 또한 베드로는 성령을 속인 아나니아와 삽비라를 꾸짖어 죽게 하기도 했습니다(행 5장). 다음 몇 구절을 더 읽어 봅시다. 그리고 베드로가 쓴 편지들도 같이 봅시다.

하나님 앞에서 네 마음이 바르지 못하니 이 도에는 네가 관계도 없고 분깃 될 것도 없느니라 그러므로 너의 이 악함을 회개하고 주께 기도하라 혹 마음에 품은 것을 사하여 주시리라 내가 보니 너는 악독이 가득하며 불의에 매인 바 되었도다. (행 8:21-23)

베드로가 입을 열어 말하되 내가 참으로 하나님은 사람의 외모를 보지 아니하시고 각 나라 중 하나님을 경외하며 의를 행하는 사람은 다 받으시는 줄 깨달았도다. (행 10:34-35)

너희가 진리를 순종함으로 너희 영혼을 깨끗하게 하여 거짓이 없이 형제를 사랑하기에 이르렀으니 마음으로 뜨겁게 서로 사랑하라. (벧전 1:22)

그러므로 모든 악독과 모든 기만과 외식과 시기와 모든 비방하는 말을 버리고 갓난 아기들 같이 순전하고 신령한 젖을 사모하라 이는 그로 말미암아 너희로 구원에 이르도록 자라게 하려 함이라. (벧전 2:1-2)

그리스도께서 이미 육체의 고난을 받으셨으니 너희도 같은 마음으로 갑옷을 삼으라 이는 육체의 고난을 받은 자는 죄를 그쳤음이니 그 후로는 다시 사람의 정욕을 따르지 않고 하나님의 뜻을 따라 육체의 남은 때를 살게 하려 함이라. (벧전 4:1, 2)

이로써 그 보배롭고 지극히 큰 약속을 우리에게 주사 이 약속으로 말미암아 너희가 정욕 때문에 세상에서 썩어질 것을 피하여 신성한 성품(性品)에 참여하는 자가 되게 하려 하셨느니라. (벧후 1:4)

이런 것이 없는 자는 맹인이라 멀리 보지 못하고 그의 옛 죄가 깨끗하게 된 것을 잊었느니라 그러므로 형제들아 더욱 힘써 너희 부르심과 택하심을 굳게 하라 너희가 이것을 행한즉 언제든지 실족하지 아니하리라 이같이 하면 우리 주 곧 구주 예수 그리스도의 영원한 나라에 들어감을 넉넉히 너희에게 주시리라. (벧전 1:9-11)

만일 그들이 우리 주 되신 구주 예수 그리스도를 앎으로 세상의 더러움을 피한 후에 다시 그 중에 얽매이고 지면 그 나중 형편이 처음보다 더 심하리니 의의 도를 안 후에 받은 거룩한 명령을 저버리는 것보다 알지 못하는 것이 도리어 그들에게 나으니라. (벧후 2:20-21)

우리는 그의 약속대로 의가 있는 곳인 새 하늘과 새 땅을 바라보도다 그러므로 사랑하는 자들아 너희가 이것을 바라보나니 주 앞에서 점도 없고 흠도 없이 평강 가운데서 나타나기를 힘쓰라……그러므로 사랑하는 자들아 너희가 이것을 미리 알았은즉 무법한 자들의 미혹에 이끌려 너희가 굳센 데서 떨어질까 삼가라. (벧후 3:13-17)

이 얼마나 무서운 말씀입니까. 그러나 한편으로는 하나님의 약속이 있기에 두려워할 필요는 없습니다. 주께서 그 약속을 이루실 것이고 친히 온전케 하실 것이기 때문입니다. 그래서 주님을 신뢰하는 믿음이 중요합니다. 또 믿는다면 평안한 마음으로 의지하고 순종하며 주님의 능력의 손에 맡겨야 합니다.

　모든 은혜의 하나님 곧 그리스도 안에서 너희를 부르사 자기의 영원한 영광에 들어가게 하신 이가 잠깐 고난을 당한 너희를 친히 온전하게 하시며 굳건하게 하시며 강하게 하시며 터를 견고하게 하시리라. (벧전 5:10)

　아마 베드로는 예수님의 약속과 경고를 회상했을 것이고, 그래서 자신의 노력보다 주님의 사랑을 신뢰하고 또 체험한 고백을 했을 것입니다.

　시몬아, 시몬아, 보라 사탄이 너희를 밀 까부르듯 하려고 요구하였으나 그러나 내가 너를 위하여 네 믿음이 떨어지지 않기를 기도하였노니 너는 돌이킨 후에 네 형제를 굳게 하라. (눅 22:31-32)

　사실 베드로는 예수님을 세 번이나 부인하고 저주까지 했을 뿐만 아니라 예수님의 부활 후에도 믿지 못하고 고기잡이를 하던 옛 생활로 돌아갔습니다. 그러나 예수님은 끝까지 베드로를 지켜 주셨고 다시 불러서 사도로 세우셨습니다. 그래서 주님을 믿는 것이고 또 확신을 가지고 따르는 것입니다. 그분이 우리를 온전케 하실 것이기 때문에 믿고 순종하는 것입니다.

4. 바울의 가르침

어떤 독자들에게는 요한이나 베드로의 가르침만 다루는 것이 불만일 수도 있겠습니다. 바울의 설명이 적지 않게 오해되고 있기 때문에 다른 사도의 설명을 다 들어 보고 나서 바울의 설명을 들어 보는 것이 도움이 될 것이라 생각되어 그렇게 했습니다. 만일 바울의 설명이 지금까지 살펴본 다른 성경의 설명과 다르다면, 기독교는 설 자리가 없어지고 성경은 믿을 수 없는 책이 되고 말 것입니다. 특히 요한이나 베드로나 바울이나 그 누구도 예수님의 가르침에 위배된다면 우리는 그를 용납할 수 없습니다. 예수님이 언제 믿기만 하면 된다고 가르치셨습니까? 행함이 필요 없다고 부정적으로 말씀하신 일이 한 번이라도 있었습니까? 우리는 조금 후에 예수님의 말씀들을 다시 찾아보려고 합니다. 그러나 먼저 바울의 설명을 찾아봅시다.

(1) 율법의 행위와 믿음   먼저 율법의 행위로는 구원받을 수 없고 예수 그리스도를 믿음으로써만 구원을 받을 수 있다고 가르친 바울의 설명 배경과 바른 뜻을 이해합시다. 그것은 구약의 율법이 그리스도 안에서 온전히 성취(완성)되는 것을 무시하고 신약 시대에도 구약의 율법을 미완성된 구약 시대의 법 그 상태로 지키려는 유대인들에게 말한 것입니다. 즉 구약의 율법은 그림자였으며 그리스도의 오심과 그분의 생애와 구속 사건과 왕권의 행사에 의하여 현실화되었고 성취되었다는 설명을

하고 있습니다. 그 예로서 가장 많이 논란된 것이 할례인데, 바울은 할례를 문자적으로 형식적으로 받을 것이 아니라 그리스도 안에서 마음으로 제대로 받아야 된다고 강조합니다.

(유대인들의 견해)

어떤 사람들이 유대로부터 내려와서 형제들을 가르치되 너희가 모세의 법대로 할례를 받지 아니하면 능히 구원을 받지 못하리라 하니, 바리새파 중에 어떤 믿는 사람들이 일어나 말하되 이방인에게 할례를 행하고 모세의 율법을 지키라 명하는 것이 마땅하다 하니라. (행 15:1, 5)

(베드로의 설명)

형제들아 너희도 알거니와 하나님이 이방인들로 내 입에서 복음의 말씀을 들어 믿게 하시려고 오래 전부터 너희 가운데서 나를 택하시고, 그들이 우리와 동일하게 주 예수의 은혜로 구원 받는 줄을 믿노라 하니라. (행 15:7,11)

(바울의 설명)

또 그[그리스도] 안에서 너희가 손으로 하지 아니한 할례를 받았으니 곧 육의 몸을 벗는 것이요 그리스도의 할례니라 너희가 세례로 그리스도와 함께 장사되고 또 죽은 자들 가운데서 그를 일으키신 하나님의 역사를 믿음으로 말미암아 그 안에서 함께

일으키심을 받았느니라. (골 2:11, 12)

바울은 할례를 반대한 것이 아니라 그리스도 안에서 믿음으로 새 사람 되는 것이 참 할례라고 설명하면서, 이러한 참 할례를 받는 것이 중요하며 그리스도께서 오심으로써 그 할례가 성취되었으니 문자적인 그리고 그림자인 구약의 율법에 따라 할례 받는 것은 무의미하다고 가르친 것입니다.

보라 나 바울은 너희에게 말하노니 너희가 만일 할례를 받으면 그리스도께서 너희에게 아무 유익이 없으리라 내가 할례를 받는 각 사람에게 다시 증언하노니 그는 율법 전체를 행할 의무를 가진 자라 율법 안에서 의롭다 함을 얻으려 하는 너희는 그리스도에게서 끊어지고 은혜에서 떨어진 자로다 우리가 성령으로 믿음을 따라 의의 소망을 기다리노니 그리스도 예수 안에서는 할례나 무할례나 효력이 없으되 사랑으로써 역사하는 믿음뿐이니라. (갈 5:2-6)

바울은 이런 설명에 이어서 참 할례를 받은 그리스도인의 삶과 행함에 대하여 다음과 같이 계속 가르치고 있습니다.

형제들아 너희가 자유를 위하여 부르심을 입었으나 그러나 그 자유로 육체의 기회를 삼지 말고 오직 사랑으로 서로 종노릇

하라 온 율법은 네 이웃 사랑하기를 네 자신 같이 하라 하신 한 말씀에서 이루어졌나니. (갈 5:13, 14)

그리고 이어서 그리스도인은 육에 따라 살지 않고 성령을 따라 살아야 함을 가르치고 있습니다. 이것이 곧 육적 몸을 벗고 성령의 충만을 받는 참 할례며, 그리스도를 믿음으로 그와 함께 죽고 함께 다시 살아나는 구원임을 잘 드러내 보이고 있습니다(갈 5:16-26).

그리스도 예수의 사람들은 육체와 함께 그 정욕과 탐심을 십자가에 못 박았느니라. (갈 5:24)
자기의 육체를 위하여 심는 자는 육체로부터 썩어질 것을 거두고 성령을 위하여 심는 자는 성령으로부터 영생을 거두리라 우리가 선을 행하되 낙심하지 말지니 포기하지 아니하면 때가 이르매 거두리라. (갈 6:8, 9)

즉, 바울의 가르침은 행함이나 새로운 삶을 반대한 것이 아니고, 구약의 율법을 그리스도 안에서 바른 뜻을 따라 지키지 않고 아직 그리스도께서 오시지 않은 것처럼, 그리스도와 상관없이 지키려는 게 잘못이라고 설명한 것입니다. '율법의 행위'로 구원 얻는 것이 아니고 율법의 완성자이신 그리스도를 믿고 그리스도 안에서 변화되어 육에 따라 살지 않고 성령을 따라 사는 자만이 구원을 얻는다는 뜻에서, '그리스도를 믿음으로' 구원을 얻는다고 가르친 것입니다.

그러므로 율법의 행위로 그의 앞에 의롭다 하심을 얻을 육체가 없나니 율법으로는 죄를 깨달음이니라 이제는 율법 외에 하나님의 한 의가 나타났으니 율법과 선지자들[구약성경]에게 증거를 받은 것이라 곧 예수 그리스도를 믿음으로 말미암아 모든 믿는 자에게 미치는 하나님의 의니 차별이 없느니라. (롬 3:20-22) 그런즉 자랑할 데가 어디냐 있을 수가 없느니라 무슨 법으로냐 행위로냐 아니라 오직 믿음의 법으로니라 그러므로 사람이 의롭다 하심을 얻는 것은 율법의 행위에 있지 않고 믿음으로 되는 줄 우리가 인정하노라. (롬 3:27, 28)
그런즉 우리가 믿음으로 말미암아 율법을 파기하느냐 그럴 수 없느니라 도리어 율법을 굳게 세우느니라. (롬 3:31)

다음 구절들도 같은 배경에서 이해하면 됩니다.

의의 법을 따라간 이스라엘은 율법에 이르지 못하였으니 어찌 그러하냐 이는 그들이 믿음을 의지하지 않고 행위를 의지함이라 부딪칠 돌에 부딪쳤느니라. (롬 9:31-32)

이 구절이 확실해 보이지 않으면 이어지는 설명을 들어 보십시오.

그들이 하나님께 열심이 있으나 올바른 지식을 따른 것이 아니니라 하나님의 의를 모르고 자기 의를 세우려고 힘써 하나님의 의에 복종하지 아니하였느니라 그리스도는 모든 믿는 자에게 의를 이루기 위하여 율법의 마침이 되시니라. (롬 10:2-4)

(2) 바울의 구원관   앞에서 설명한 것처럼, 인간은 자기 노력으로 율법을 제대로 지키지 못하였으므로 하나님이 요구하시는 수준(義)에 이르지 못했습니다. 그래서 하나님이 그리스도를 보내 우리를 중생시키고 재창조하셔서 옛 사람은 죽고 새 사람이 되게 하셨으며, 이제는 육을 따라 살지 않고 성령을 따라 사는 자가 되게 하셨고, 드디어 하나님의 의(요구하시는 수준)에 이르고 율법을 완성할 수 있게 하신 것입니다. 이것이 십자가와 부활의 의미입니다. 로마서 전체의 설명이 바로 이 구원의 도리입니다. 이 재창조사역(구속)으로 말미암아 우리를 거룩하고 흠이 없게 만드시는 것입니다. 그래서 바울은 이 하나님의 구속을 놀라운 신비요 비밀스런 경륜이라고 극찬하고 있습니다.

곧 창세 전에 그리스도 안에서 우리를 택하사 우리로 사랑 안에서 그 앞에 거룩하고 흠이 없게 하시려고 그 기쁘신 뜻대로 우리를 예정하사 예수 그리스도로 말미암아 자기의 아들들이

되게 하셨으니. (엡 1:4-5)

영원부터 만물을 창조하신 하나님 속에 감추어졌던 비밀의 경륜이 어떠한 것을 드러내게 하려 하심이라. (엡 3:9)

너희가 서로 거짓말을 하지 말라 옛 사람과 그 행위를 벗어 버리고 새 사람을 입었으니 이는 자기를 창조하신 이의 형상을 따라 지식에까지 새롭게 하심을 입은 자니라. (골 3:9, 10)

바울의 구원관을 좀더 생각해 봅시다. 바울의 글은 상당히 자세한 설명을 필요로 하지만 로마서 6장을 잘 이해하면 답을 쉽게 얻을 수 있을 것입니다. 흔히 로마서 6장을 칭의와 구별하여 성화의 단계로 해석하지만, 사실 로마서의 흐름을 잘 읽어 보면 6장도 칭의의 단계 또는 구원이나 중생의 단계를 설명한다고 보는 것이 옳을 것입니다.

로마서 3-8장의 내용은 점진적이고 단계적인 것이 아니라 동시적인 것입니다. 즉 예수님을 믿고 구원 얻는다는 사실을 율법의 행위와의 관계에서(2장), 믿음의 관점에서(4장), 아담과 그리스도 두 대표자의 비교에서(5장), 내적인 변화(중생)의 관점에서(6장), 율법에서의 해방과 성령의 법 아래 있게 되는 새로운 관계라는 측면에서(7장), 그리고 육에 속한 자가 성령에 속한 자가 되는 소속의 변화 또는 중생의 관점에서(7-8장) 하나씩 다루고 있으므로, 이 모두는 그리스도의 구속 사건에 의해 동시적으로 일어나는 사건이요, 역동적이고 총체적인 사건입니다. 조직신학에서는 하나님의 우주적인 구원을 구속사적으로 이해하기보다 개인 구원에 초점을 맞춰 이해하기 때문에 항상 구원의 순서(order of salvation)에 집착해서 성경을 이해하려 했습니다. 그래서 철학적인 논리나 기계적인 틀에 맞추려는 과오를 범하고 있습니다. 즉, 부르심-중생-회개-믿음-칭의-성화-견인-영화의 순서로 구원이 진행된다고 주장합니다. 그러다 보니 중생이나 회개나 믿음이나 칭의는 단번의 행동이나 사건으로 이해하게 되고, 성화와 견인은 일평생에 걸쳐 행해지는 것으로 이해하게 되었습니다. 그러한 인간적 논리에 집착하다 보니, 이미 중생했고 믿음으로 의롭다하심을 받은 사람이 성화가 되지 못하더라도 구원을 받은 것으로 볼 수밖에 없는 결론을 내리는 경향이 우세하게 되었습니다. 그러나 중생은 순간적인 것이라기보다 성화와 동시적인 것이라고 볼 수 있습니다. 중생은 육에 속한 자가 영에 속한 자로 변화되는 것을 의미하기 때문에, 순간적이거나 신비적인 변화라고만 할 수는 없습니다. 또한 성화와 구별해서 다루기도 어렵습니다. 믿음도 단회적인 또는 일순간의 사건은 아닙니다. 믿음이 계속 자라 가야 하기 때문입니다. 예수님을 구주로 믿고 받아들이는 믿음도 일순간의 행동으로 이루어진다고 보기 어렵습니다. 오히려 점진적입니다. 그렇다면 칭의도 단회적이고 순간적인 것으로만 볼 수는 없습니다. 물론 하나님의 법적인 인정만을 칭의라고 본다면 순간적일 수도 있겠지만 성경은 더

폭 넓게 다루고 있는 것 같습니다. 더구나 성화와 상관없이 성화 이전의 사건으로만 보는 데도 문제가 있습니다.

로마서는 개인 구원의 순서로 볼 것이 아니라 구속사적인 관점에서 우주적인 구원으로 보아야 합니다. 즉, 로마서는 그리스도가 오셔서 일어나는 변화들을 칭의(3장), 믿음(4장), 하나님과의 화목(5장), 두 대표자(5장), 중생(6장), 성화(6장), 율법에서의 자유(7장), 육에서의 해방과 중생(7장 후반부), 육과 영의 대조(중생, 8장) 등 여러 측면에서 설명하고 있습니다. 하나님의 구원사역을 구속사적으로 설명한 내용입니다. 로마서를 개인 구원의 순서로 이해한 종전의 조직신학적인 설명을 따른다면 칭의(3장) 후에 믿음(4장)이 거론된다는 모순을 주의할 필요가 있습니다. 물론 4장의 믿음을 3장의 칭의 다음에 오는 사건이라기보다 3장의 칭의에 나오는 "믿음으로 말미암아"라는 단서를 설명하는 것에 불과하다고 볼 수는 있습니다. 그렇더라도 4장에서 설명하는 아브라함의 믿음은, 3장에서 "예수 그리스도를 믿음으로"라고 한 내용과 달리, 아버지 하나님을 믿는 믿음을 설명하기 때문에 3장의 칭의를 뒷받침하는 설명으로만 보기 어렵습니다.

> 성경이 무엇을 말하느냐 아브라함이 하나님을 믿으매 그것이 그에게 의로 여겨진 바 되었느니라. (4:3)
> 그[아브라함]가 믿은 바 하나님은 죽은 자를 살리시며 없는 것

을 있는 것으로 부르시는 이시니라 아브라함이 바랄 수 없는 중에 바라고 믿었으니……그가 백세나 되어 자기 몸이 죽은 것 같고 사라의 태가 죽은 것 같음을 알고도 믿음이 약하여지지 아니하고 믿음이 없어 하나님의 약속을 의심하지 않고 믿음으로 견고하여져서 하나님께 영광을 돌리며 약속하신 그것[아들을 주실 것]을 또한 능히 이루실 줄을 확신하였으니 그러므로 그것이 그에게 의로 여겨졌느니라. (4:17-22)

그[아브라함]에게 의로 여겨졌다 기록된 것은 아브라함만 위한 것이 아니요 의로 여기심을 받을 우리도 위함이니 곧 예수 우리 주를 죽은 자 가운데서 살리신 이[하나님]를 믿는 자니라. (4:23-24)

이 마지막 구절은 다시 한 번 생각해 볼 말씀입니다. 아브라함의 믿음과 칭의가 우리의 믿음이나 칭의와도 연결된다고 하면서, 우리도 예수 그리스도를 부활시키신 하나님을 믿을 때 의롭게 된다고 설명하기 때문입니다. 그 말씀은 25절에 이렇게 보충 설명되고 있습니다.

예수는 우리가 범죄한 것 때문에 내줌이 되고 또한 우리를 의롭다 하시기 위하여 살아나셨느니라. (4:25)

이 구절은 해석이 용이하지 않고 학자들 사이에 논란이 있는 구절이긴 하지만, 그 중심 되는 뜻은 우리의 칭의가 그리스도의 부활과 관계가 있다는 것이며, 그리스도를 부활시키신 하나님을 믿어서 의롭게 된다는 말씀입니다. 이와 동일한 설명이 10장에서도 반복됩니다.

> 네가 만일 네 입으로 예수를 주로 시인하며 또 하나님께서 그를 죽은 자 가운데서 살리신 것을 네 마음에 믿으면 구원을 받으리라. (10:9)

이러한 칭의의 근거는 그리스도의 부활과 관계가 있으며 그리스도의 부활은 옛 시대, 이 세상, 또는 육의 시대를 청산하고 새 시대, 오는 세상, 또는 영의 시대를 여시는 구속사적인 재창조의 사건임을 보여 주고 있습니다. 다시 말하면 우리의 구원은 그리스도의 구속 사건, 특히 부활 사건에 의해 완전히 새로운 시대와 새로운 피조물이 되는 변화 사건이며, 이를 중생, 성화, 영화 등 여러 가지로 표현하면서 우리의 신관(神觀)이나 가치관이나 세계관이나 주인이 바뀌는 전인적(全人的)인 변화를 의미하고 있음을 보여 줍니다. 그것이 로마서 6, 8장에서 가장 잘 다루어지고 있습니다. 말하자면 우리의 구원은 로마서 1-3장에서 다룬 죄 된 존재와 삶이 그리스도 안에서 변화되고 재창조되어 하나님의 종이 되고 아들이 되는 놀라운 사건이며 법적으로만 의롭다고 하시는 것이 아니라 실제적으로 의롭게 만드시는 강력하고 완전한 하나님의 구원임을 인식해야 합니다.

다시 로마서 4장에서 아브라함의 믿음을 정리해 보면, 로마서 4장은 믿음이 먼저 있었고 율법이 후에 주어진 것으로, 그 율법은 믿음으로 의롭게 되는 것을 확증하는 인(印)침에 불과하며, 그 율법을 다 지켰느냐의 여부와 관계없이 하나님을 믿는 믿음 때문에 아브라함이 의롭게 된 것임을 강조하고 있습니다. 즉, 하나님을 신뢰하는 것의 중요성을 강조하는 말씀입니다.

이와 같은 맥락의 설명이 그 앞뒤에 잘 드러나고 있습니다.

> 그런즉 자랑할 데가 어디냐 있을 수가 없느니라 무슨 법으로냐 행위로냐 아니라 오직 믿음의 법으로니 그러므로 사람이 의롭다 하심을 얻는 것은 율법의 행위에 있지 않고 믿음으로 되는 줄 우리가 인정하노라. (롬 3:27, 28)
>
> 만일 아브라함이 행위로써 의롭다 하심을 받았으면 자랑할 것이 있으려니와 하나님 앞에서는 없느니라……일을 아니할지라도 경건하지 아니한 자를 의롭다 하시는 이를 믿는 자에게는 그의 믿음을 의로 여기시나니. (롬 4:2-5)

이러한 말씀들을 얼핏 보면 하나님이 우리의 행함을 전혀 고려하시지 않은 채 믿음만 보고 이를 의로 여겨 구원하신다는 말씀으로 이해될 수도 있지만, 글의 전체 설명을 잘 읽어 보면 그런 뜻이 아닙니다. 1-3장에서 모든 인류가 예외 없이 죄인이며 행함이 없음을 먼저 지적한 후에, 하나님이 우리에게 그리스도를 보내셔서 그리스도를 믿음으로 의롭다함을 받도록 하는 새로운 구원의 길을 주셨다고 설명하는 말씀입니다. 좀더 구체적으로 말하면, 인간 스스로의 행함이나 노력으로는 의로운 자가 하나도 없고 구원에 이를 수 없음을 먼저 확인시키신 후에, 하나님이 친히 그리스도를 보내시고 그리스도 안에서 죄인인 우리, 곧 육에 속한 우리를 재창조하셔서 의로운 자로 만드시겠다는 것을 확실히 보여 주면서 그 구원의 혜택을 누리려면 그리스도와 연합되어야 함을(믿음) 강조하는 말씀입니다. 능히 의롭게 만드실 하나님에 대한 신뢰가 없이는 그리스도와 연합할 수(믿을 수) 없음을 보여 주시는 말씀입니다. 그래서 아브라함처럼 "약속하신 그것을 능히 이루실 줄을 확신"하여야 한다고 강조하는 것입니다(4:21). 그리고 나서 그러한 하나님의 능력을 그리스도를 부활시키신 사건으로 믿을 만한 증거를 주셨다고 합니다. 그래서 "그리스도를 죽은 자 가운데서 다시 살리신" 능력의 하나님을 믿어야 한다고 결론을 내립니다(4:24; 10:9).

> 이에 그를 죽은 자 가운데서 다시 살리신 것으로 모든 사람에게 믿을 만한 증거를 주셨음이니라 하니라. (행 17:31b)

사실 성경은 그리스도의 부활에 대한 신앙이 있어야 구원 받을 수 있다고 강조한다는 점을 유의해야 합니다. 그런 관점에서 로마서 6장을 다시 살펴봅시다.

> 그런즉 우리가 무슨 말을 하리요 은혜를 더하게 하려고 죄에 거하겠느냐 그럴 수 없느니라 죄에 대하여 죽은 우리가 어찌 그 가운데 더 살리요 무릇 그리스도 예수와 합하여 세례를 받은 우리는 그의 죽으심과 합하여 세례를 받은 줄을 알지 못하느냐 그러므로 우리가 그의 죽으심과 합하여 세례를 받음으로 그와 함께 장사되었나니 이는 아버지의 영광으로 말미암아 그리스도를 죽은 자 가운데서 살리심과 같이 우리로 또한 새 생명 가운데서 행하게 하려 함이라 만일 우리가 그의 죽으심과 같은 모양으로 연합한 자가 되었으면 또한 그의 부활과 같은 모양으로 연합한 자도 되리라 우리가 알거니와 우리의 옛 사람이 예수와 함께 십자가에 못 박힌 것은 죄의 몸이 죽어 다시는 우리가 죄에게 종 노릇 하지 아니하려 함이니 이는 죽은 자가 죄에서 벗어나 의롭다 하심을 얻었음이라. (6:1-7)

이 말씀은 하나님이 그리스도를 믿는 우리를 그리스도와 연합시키시고(믿음), 그리스도 안에서 그리스도와 함께 우리의 옛 사람을 죽이고 그리스도와 함께 다시 살리셔서 새 생명 가운데 행하게 하시며, 이제는 죄의 종노릇을 청산하고 죄에서 벗어나 의롭다함을 받는다고 가르치고 있습니다. 이처럼 명백한 설명을 듣고도 새로운 삶과 행함을 부정할 수 있습니까? 설령 이것이 칭의인지 성화인지 논란하고 싶은 분이 있다면, 자유롭게 전통적인 구원의 순서에 맞추어 성화 단계라고 이해하셔도 좋습니다. 문제는 그 성화라고 분류된 단계의 새로운 삶이 구원과 관계가 있느냐 없느냐 하는 것입니다.

> 너희 자신을 종으로 내주어 누구에게 순종하든지 그 순종함을 받는 자의 종이 되는 줄을 너희가 알지 못하느냐 혹은 죄의 종으로 사망에 이르고 혹은 순종의 종으로 의에 이르느니라. (롬 6:16)
> 그러나 이제는 너희가 죄로부터 해방되고 하나님께 종이 되어 거룩함에 이르는 열매를 맺었으니 그 마지막은 영생이라 죄의 삯은 사망이요 하나님의 은사는 그리스도 예수 우리 주 안에 있는 영생이니라. (6:22-23)

이 구절들의 내용을 예수를 믿기 전의 모습이라고 잘못 생각해 이런 구절을 심각하게 읽지 않는 것은, 글의 문맥과 논리를 무시하고 이 구절들을 주제별 증명구절(proof text)로 발췌해서 3장 초반의 죄론에 연결 지었기 때문입니다. 그러나 이 구절들은 3장에서가 아니고 (조직신학에서 주장하는 대로라면) 엄연히 성화의 단계인 6장에서 설명되는 결론입니다.

너희가 육신대로 살면 반드시 죽을 것이로되 영으로써 몸의 행실을 죽이면 살리니. (롬 8:13)

이 구절도 아직 예수님을 믿기 전의 상태를 설명한 것이라고 가볍게 읽고 넘어가면 안 됩니다. 지금 이 구절은 조직신학적으로 말하면 성화와 영화의 단계에 대해 설명하는 말씀입니다. 8:1에서 "그리스도 예수 안에 있는 자에게는 결코 정죄함이 없나니"라고 하여 예수님을 믿고 구원 얻은 자가 누리는 특권을 거론한 후에 하신 말씀입니다. 즉, 예수님을 믿고 구원 얻었다고 생각하는 사람이라도 여전히 육신대로 살면 구원을 얻지 못할 것이라는 말씀입니다.

이렇게 말하면, "그런 사람은 참으로 믿는 자가 아니고 구원 얻은 자도 아닐 것이라"고 대꾸하시겠지요. 결국 같은 말입니다. 생활이 바뀌지 않고 여전히 육을 따라 사는 사람은 구원받은 자가 아니고 믿는 자라고 할 수 없을지도 모릅니다. 그렇다면 참 믿음이나 구원은 언제부터며, 무엇으로 판단할 수 있습니까? 성령을 따라 사는 변화된 새로운 삶이 있어야 합니다. 그것을 행함이라고 야고보는 표현하는 것입니다. 사실 로마서의 말씀은 3장이나 6장이나 8장이나 모두 그리스도가 오셔서 행하신 구원사역을 구속사적으로 설명한 동시적이고 총체적이고 역동적인 내용입니다. 그렇다면 믿기만 하면 됩니까? 아마 참으로 믿어야지 가짜로 믿으면 안 된다고 대답하시겠지요.

그러면 야고보의 설명과 다른 점이 무엇입니까?

5. 야고보의 가르침

내 형제들아 만일 사람이 믿음이 있노라 하고 행함이 없으면 무슨 유익이 있으리요 그 믿음이 능히 자기를 구원하겠느냐…이와 같이 행함이 없는 믿음은 그 자체가 죽은 것이라…아아 허탄한 사람아 행함이 없는 믿음이 헛것인 줄을 알고자 하느냐…네가 보거니와 믿음이 그의 행함과 함께 일하고 행함으로 믿음이 온전하게 되었느니라…이로 보건대 사람이 행함으로 의롭다 하심을 받고 믿음으로만은 아니니라…영혼 없는 몸이 죽은 것 같이 행함이 없는 믿음은 죽은 것이니라. (약 2:14, 17, 20, 22, 24, 26)

야고보서는 분명히 "사람이 행함으로 의롭다 하심을 받고 믿음으로만은 아니니라"라고 했습니다. 성경 말씀인데 이를 부정할 수 있습니까? 신학자가 무어라고 말하건 성경이 표준이지 신학자가 표준이 될 수는 없지 않습니까! 물론, 이 말씀은 믿음과 대조되거나 반대되는 행함을 말한 것이 아니고 믿는 자에게 나타나는 믿음의 행함을 의미합니다. 그러기에 소위 행위구원론을 뒷받침하는 말씀은 아닙니다.

야고보서를 읽으면 다시 반항심이 일어납니까? 그렇다면 루터의 과오를 당신도 똑같이 범하는 것입니다. 물론 야고보서는 행위보다 믿음을 강조하고, 믿음이 주제입니다. 그리고 그 믿음이 참된 믿음이면 삶이 변화된다는 것을 강조할 뿐입니다. "믿기만 하면 된다"는 잘못된 강조가 우리의 구원에 대한 심각한 오해를 가져왔고, 그 결과로 예수님의 가르침까지 적당히 덮어 버리거나 억지 해석을 해 왔습니다. 따라서 바울의 설명을 우리에게 유리한 방향으로 잘못 해석해 온 데서 돌이켜, 다시 한 번 성경의 문맥에 따라 충실히 연구하고 그 가르침을 온전히 받아들여야 할 것입니다.

사실 야고보서의 설명은 행위를 더 강조하거나, 믿음과 행위를 동시에 강조한 것이 아닙니다. 흔히 믿음과 행함은 수레의 두 바퀴와 같다고들 합니다. 그러나 야고보는 그런 뜻으로 말하지 않았고, 또 그렇게 이해한다면 지금까지 이해하던 행함이 아니고 믿음으로만 의롭게 된다는 사상과 여전히 대치됩니다. 답은 이렇습니다.

(1) 인간 스스로는 하나님의 뜻대로 산 사람이 없기 때문에 의로운 자가 하나도 없으며, 인간 스스로의 노력이나 행함으로는 의롭게 될 자가 없다는 것입니다.

(2) 그래서 하나님은 예수 그리스도를 보내기로 창세전부터 계획하셨고, 그리스도의 구속에 의해서만 의롭게 될 수 있기 때문에, 우리는 그리스도를 믿음으로 그리스도와 연합하되 자

기를 부정하고 그리스도를 주(主)로 받아들여야 한다는 것입니다. 즉, 그리스도를 믿음으로써만 의롭게 된다는 말입니다.

(3) 그리스도를 믿고 신뢰한 자는 그리스도 안에서 옛 사람(자아)이 죽고 새 사람(성령에 속한 사람)이 되어 변화된 삶을 살게 된다는 것입니다.

(4) 다시 정리하면, 자기를 부정하고 그리스도를 주님으로 받아들인 자는 새로운 주인에게 순복해야 하고, 순복하면 자연스럽게 의로운 행동이 따르게 됩니다. 만일 순복하지 않는다면 주인으로 받아들인 것이 아니기 때문에 참된 믿음이라고 말할 수 없습니다.

(5) 야고보의 독특한 주장은 하나님을 참으로 신뢰한다면(믿는다면) 순종하기가 쉽지만, 참으로 신뢰하지 못하기 때문에 시련도 기쁘게 견디지 못하고(1:3-4), 지혜를 구하지도 않고(1:5-8), 허탄한 것을 자랑하고(1:9-11), 자기 욕심을 따라 살고(1:12-18), 말씀을 듣고 배우고도 행하지 않고(1:19-27), 교회에서 부자와 가난한 자를 차별대우한다고(2:1-13) 지적합니다. 아브라함도 하나님을 참으로 신뢰했기에 이삭이 메시아의 약속을 받은 외아들임에도 불구하고 기꺼이 바칠 수 있었고, 라합도 하나님을 신뢰했기에 자기 나라를 배신하면서까지 이스라엘 국민이 되려는 용감한 행동을 할 수 있었다는 지론이 야고보서의 요지입니다.

(6) 왜 예수님을 믿으면 죄 사함을 받는다는 것을 믿으면

서, 거룩하게 성화된다는 것은 믿지 않는지요? 그렇다면 온전한 믿음이 아닙니다. 하나님의 구원사역은 우리를 온전케 하실 것을 포기하고 소극적인 용서의 구원을 주시는 것이 아니라, 우리를 변화시키고 재창조하셔서 온전케 하시는 적극적이고 완전한 구원사역입니다. 그래서 십자가와 함께 부활을 강조하고 온전한 믿음을 요구하십니다. 천국은 죄인들이 모여서 살 나라가 아니고 온전해진 거룩한 성도들이 모여서 살 의로운 나라입니다. 요한계시록을 살펴보십시오.

(7) 단독으로 선을 행하여 구원을 얻을 수 있다는 소위 행위구원론은 물론 잘못된 사상입니다. 그러나 예수 그리스도를 믿고 그리스도 안에서 재창조되어 거룩한 백성이 되어 구원을 얻는다는 의미에서 "행함으로 의롭다 하심을 받는다"는 야고보의 주장(2:24)은 믿음으로 의롭다 하심을 받는다는 다른 성경의 가르침과 일치되는 설명입니다.

우리는 마르틴 루터의 귀한 깨달음과 그의 수고를 통해 이루어진 종교개혁의 중요성을 귀하게 여기고 높이 평가해야 합니다. 그렇지 않았으면 우리가 아직도 행위구원론을 믿고 고행을 일삼거나 로마서 7장 후반부에 나오는 바울의 고민과 갈등을 겪으면서 탄식하고 있었을지도 모릅니다. 그러나 루터의 그 귀한 깨달음에서 불충분했던 부분이 있는데, 그것이 지금까지 살펴본 내용입니다. 야고보서의 가르침을 받아들이지 않는다면 무엇인가 잘못된 것이며, 야고보의 가르침과 바울의 가르침이 상반된다거나 모순된다면 심각한 혼란에 빠지게 됩니다. 그래서 많은 사람이 바울과 야고보를 조화시키려고 노력하지만, 바울에 대한 오해를 덮어둔 채 야고보를 바울에게로 끌어들이려는 헛된 수고를 하고 있습니다. 그러나 예수님의 가르침을 잘 살펴보면, 야고보에게 문제가 있기보다 바울을 오해하거나 그의 설명을 지나치게 이해한 우리에게 문제가 있음을 발견할 수 있습니다. 종교개혁 당시는 천주교의 잘못된 구원론을 비판하고 바른 구원론을 옹호해야 하는 중요한 과제를 안고 있을 때여서 바울에 대한 이해가 지나쳤다고 생각할 수도 있습니다. 그런데 20세기에 와서 전도 단체들이 이보다 한 걸음 더 나아가 믿음으로 구원 얻는 도리를 잘못 설명하고 있기 때문에 문제가 더 심각해진 것이라고 할 수 있습니다. 그 단체들도 좋은 의도를 가지고 있고 복음적이기 때문에 그들의 수고와 생각을 전적으로 반대하는 것은 아닙니다. 다만 성경이 제시하는 복음을 바로 이해하도록 노력해야 하며, 전도의 열매가 적더라도 복음을 변질시키면서까지 편중되게 전하는 일은 삼가야 하고, 그 결과로 구원에 이르지 못할 복음을 전한다면 심각한 일이 아닐 수 없음을 다시 한 번 반성해야 할 것입니다.

『성경묵상과 우리의 구원』(모리아출판사) 중에서

하나님의 지혜인 십자가

십자가의 도와 지도자 분쟁

고린도전서는 문안과 감사기도(1:1-9)에 이어 바울의 첫 번째 교훈인 십자가의 도를 소개하고 있습니다. 바울이 이 십자가의 도를 설명하게 된 배경부터 살펴봅시다.

> 형제들아 내가 우리 주 예수 그리스도의 이름으로 너희를 권하노니 모두가 같은 말을 하고 너희 가운데 분쟁이 없이 같은 마음과 같은 뜻으로 온전히 합하라 내 형제들아 글로에의 집 편으로 너희에 대한 말이 내게 들리니 곧 너희 가운데 분쟁이 있다는 것이라 내가 이것을 말하거니와 너희가 각각 이르되 나는 바울에게, 나는 아볼로에게, 나는 게바에게, 나는 그리스도에게 속한 자라 한다는 것이니 그리스도께서 어찌 나뉘었느냐 바울

이 너희를 위하여 십자가에 못 박혔으며 바울의 이름으로 너희가 세례를 받았느냐. (고전 1:10-13)

주의해야 할 구절입니다. 10절에서 "분쟁이 없이 같은 마음과 같은 뜻으로 온전히 합하라"라고 했습니다. 이 구절과 십자가의 도가 어떻게 연관되는 주제인지 찾아봅시다.

마음을 같이하여 같은 사랑을 가지고 뜻을 합하며 한마음을 품어 아무 일에든지 다툼이나 허영으로 하지 말고 오직 겸손한 마음으로 각각 자기보다 남을 낫게 여기고 각각 자기 일을 돌볼뿐더러 또한 각각 다른 사람들의 일을 돌보아 나의 기쁨을 충만하게 하라 너희 안에 이 마음을 품으라 곧 그리스도 예수의 마음이니 그는 근본 하나님의 본체시나 하나님과 동등됨을 취할 것으로 여기지 아니하시고 오히려 자기를 비워 종의 형체를 가지사 사람들과 같이 되셨고 사람의 모양으로 나타나사 자기를 낮추시고 죽기까지 복종하셨으니 곧 십자가에 죽으심이라. (빌 2:2-8)

하나님의 나라는 첫째, 위대하시고 완전하신 하나님의 다스림을 잘 받는 나라입니다. 둘째, 그분의 다스림을 받기 때문에 모든 백성은 자기주장이나 이기심을 버리고, 서로 사랑하며 뜻을 합하여 하나님의 뜻만 따르고, 다툼이나 허영심을 버리고 겸손한 마음으로 남을 자기보다 낫게 여기고, 서로 돌아보면서 이상적인 사랑의 공동체를 이루어야 합니다.

　이러한 나라와 백성이 되기 위해 하나님이 마련하신 것이 십자가의 도입니다. 하나님은 먼저 자기 아들을 보내서 이를 잘 보여 주시고 본이 되게 하셨고, 모든 백성을 그 그리스도 안에 함께 새로 지어 가고 계십니다.

　그런데 하나님은 사람을 인격체이자 자유의지를 가진 존재로 지으셔서 주권적으로 새 창조 작업을 해 나가시면서도, 사람에게 당신의 섭리와 지혜를 말씀하신 뒤에 사람들 스스로 하나님의 뜻을 받아들이고 따라오도록 하십니다. 그래서 권면과 가르침과 교육이 필요합니다.

　분쟁의 문제는 고린도 교회만이 아니라 빌립보 교회에서도 있었고, 로마 교회나 기타 모든 교회에도 있었으며, 한국 교회 안에도 있습니다.

　그런데 고린도 교회의 분쟁은 재산이나 지위나 명예 때문이 아니라 교인들이 교회의 여러 지도자 중에서 자기가 좋아하는 지도자를 더 따르면서 생긴 분파 현상이었습니다. 교회는 기본적으로 복수 지도 체제이므로 그런 일이 일어날 수 있습니다.

　십자가의 도를 바르게 가르치면 문제가 해소됩니다. 바울의 설명과 충고를 잘 들어 봅시다.

　교회 안의 분쟁은 1차적으로 지도자의 책임입니다. 지도자의 처신은 십자가의 도에 부합해야 합니다.

그리스도께서 어찌 나뉘었느냐 바울이 너희를 위하여 십자가에 못 박혔으며 바울의 이름으로 너희가 세례를 받았느냐 나는 그리스보와 가이오 외에는 너희 중 아무에게도 내가 세례를 베풀지 아니한 것을 감사하노니 이는 아무도 나의 이름으로 세례를 받았다 말하지 못하게 하려 함이라 내가 또한 스데바나 집 사람에게 세례를 베풀었고 그 외에는 다른 누구에게 세례를 베풀었는지 알지 못하노라 그리스도께서 나를 보내심은 세례를 베풀게 하려 하심이 아니요 오직 복음을 전하게 하려 하심이로되 말의 지혜로 하지 아니함은 그리스도의 십자가가 헛되지 않게 하려 함이라. (고전 1:13-17)

자칫 잘못하면 교회 지도자가 그리스도의 자리를 차지하게 됩니다. 12절에 보면 고린도 교회에서는 바울이나 지도자들을 구원자이신 그리스도에 견줄 만큼(?) 따랐던 것 같습니다. 교인들이 지도자를 존경하고 따르는 것은 좋은 일이지만, 위험한 일이기도 합니다.

지도자는 스스로 이를 방지해야 합니다. 자신의 말을 무조건 믿고 따른다든지, 자신을 하나님처럼 높인다든지 하지 않도록 교육하여야 합니다. 또 스스로 너무 카리스마적이 되거나 추앙되지 않도록 주의해야 하며, 바울처럼 냉정하게 처신해야 합니다.

특이한 것은 바울이 세례를 거의 주지 않았다는 사실입니다. 예수님은 아예 세례를 주시지 않았습니다(요 4:2). 세례나 침례 같은 의식을 너무 부각시키지 않는 것이 좋을 것 같습니다. 흔히 "내가 세례를 주고 내가 집사, 장로, 권사로 세웠는데…" 하면서 교인들을 자기 사람으로 착각하는 지도자들이 있습니다. 지도자가 그런 태도를 취하면 문제가 생깁니다. 세례는 중생을 의미하는 것이고, 성령 세례가 본질입니다. 물세례는 의식일 뿐입니다.

> 예수께서 친히 세례를 베푸신 것이 아니요 제자들이 베푼 것이라. (요 4:2)
> 나는 너희로 회개하게 하기 위하여 물로 세례를 베풀거니와 내 뒤에 오시는 이는 나보다 능력이 많으시니 나는 그의 신을 들기도 감당하지 못하겠노라 그는 성령과 불로 너희에게 세례를 베푸실 것이요. (마 3:11)

그러므로 임직식이나 안수 기도, 축복 기도 등도 절제하여 목사의 위치를 낮추는 것이 지혜입니다. 바울의 말처럼, 하나님은 그런 일을 하라고 목사나 장로를 세우신 것이 아닙니다. 복음을 전하고 십자가의 도를 가르치라고 세우신 것임을 명심해야 합니다(고전 1:17). 왜 외식이나 권위나 카리스마가 십자가의 도에 배치되는지 바울의 설명을 계속 따라 읽으면서 정리합시다.

또 지도자나 설교자가 말의 지혜로 복음을 전하지 말아야 합니다(17절). 너무 유식하고 박식한 설교를 삼가야 합니다. 미사여구나 말재주로 사람들의 마음을 사로잡지 말아야 합니다. 복음이나 십자가는 그 자체가 능력이요 지혜이기 때문에, 사치스런 수식이나 언변이 필요하지 않습니다. 그런 설교는 오히려 십자가의 도를 훼손합니다.

형제들아 내가 너희에게 나아가 하나님의 증거를 전할 때에 말과 지혜의 아름다운 것으로 아니하였나니 내가 너희 중에서 예수 그리스도와 그가 십자가에 못 박히신 것 외에는 아무 것도 알지 아니하기로 작정하였음이라 내가 너희 가운데 거할 때에 약하고 두려워하고 심히 떨었노라 내 말과 내 전도함이 설득력 있는 지혜의 말로 하지 아니하고 다만 성령의 나타나심과 능력으로 하여 너희 믿음이 사람의 지혜에 있지 아니하고 다만 하나님의 능력에 있게 하려 하였노라. (고전 2:1-5)
그러나 무엇이든지 내게 유익하던 것을 내가 그리스도를 위하여 다 해로 여길뿐더러 또한 모든 것을 해로 여김은 내 주 그리스도 예수를 아는 지식이 가장 고상하기 때문이라 내가 그를 위하여 모든 것을 잃어버리고 배설물로 여김은 그리스도를 얻고 그 안에서 발견되려 함이니 내가 가진 의는 율법에서 난 것이 아니요 오직 그리스도를 믿음으로 말미암은 것이니 곧 믿음으로 하나님께로부터 난 의라 내가 그리스도와 그 부활의 권능과 그 고난에 참여함을 알고자 하여 그의 죽으심을 본받아 어떻게 해서든지 죽은 자 가운데서 부활에 이르려 하노니. (빌 3:7-11)

누가 철학과 헛된 속임수로 너희를 사로잡을까 주의하라 이것은 사람의 전통과 세상의 초등학문을 따름이요 그리스도를 따름이 아니니라. (골 2:8)

사실 목사나 장로나 신학교 교수나 제자 양육자가 십자가의 도를 바울처럼 바로 이해하고 있다면 이런 문제들은 잘 정리될 것입니다. 한국 교회가 십자가를 항상 외치지만 십자가의 도는 잘 모르기 때문에 고린도 교회와 같은 현상이 심하게 나타나는 것입니다. 교회의 목회자가 누구입니까? 하나님입니까, 목사님입니까?

그런즉 아볼로는 무엇이며 바울은 무엇이냐 그들은 주께서 각각 주신 대로 너희로 하여금 믿게 한 사역자들이니라 나는 심었고 아볼로는 물을 주었으되 오직 하나님께서 자라나게 하셨나니 그런즉 심는 이나 물 주는 이는 아무 것도 아니로되 오직 자라게 하시는 이는 하나님뿐이니라. (고전 3:5-7)

왜 사람이 목회자의 위치에 앉아서 하나님의 직접적인 양육과 목회를 가로막습니까? 교황이나 대주교나 감독을 보십시오. 총회장이나 당회장은 어떻습니까? 왜 그런 직책을 만들어

놓고 서로 하려고 다툽니까? 권력 다툼은 하지 않더라도 왜 교회의 주인 노릇을 하려고 합니까?

고린도전서 1:10-3:23은 하나님의 지혜인 십자가의 도에 대한 교훈입니다. 그래서 교회의 분쟁이 1차적으로 지도자의 잘못 때문인 것을 밝히고서 결론으로 "사람을 자랑하지 말라"고 합니다. 사람을 지도자로 내세우는 것을 경고하는 말씀입니다. 그러고는 바울이 되었든 베드로가 되었든 어떤 목사나 어떤 장로도 모두 교인들의 것이요, 교인들(교회)은 그리스도의 것이며, 그리스도는 하나님의 것이라고 합니다.

바울은 이 원리가 이해되지 않거나 실천되지 않는 것이 그리스도의 십자가의 도를 제대로 알지 못하기 때문이라고 역설합니다. 그리고 지혜롭게 사역하지 않는 자는 하나님이 멸하실 것이라고 경고합니다.

> 내게 주신 하나님의 은혜를 따라 내가 지혜로운 건축자와 같이 터를 닦아 두매 다른 이가 그 위에 세우나 그러나 각각 어떻게 그 위에 세울까를 조심할지니라…너희는 너희가 하나님의 성전인 것과 하나님의 성령이 너희 안에 계시는 것을 알지 못하느냐 누구든지 하나님의 성전을 더럽히면 하나님이 그 사람을 멸하시리라 하나님의 성전은 거룩하니 너희도 그러하니라. (고전 3:10, 16-17)

십자가의 도, 지혜

이제 바울의 설명의 본론인 십자가의 도에 대해 더 살펴봅시다.

> 십자가의 도가 멸망하는 자들에게는 미련한 것이요 구원을 받는 우리에게는 하나님의 능력이라. (고전 1:18)

지혜와 능력이라는 양면성이 십자가의 도에 담겨 있습니다. 왜 십자가를 말하면서 이 두 가지를 강조하는지 알아야 합니다. 먼저 지혜에 대한 설명을 들어 봅시다.

> 기록된 바 내가 지혜 있는 자들의 지혜를 멸하고 총명한 자들의 총명을 폐하리라 하였으니 지혜 있는 자가 어디 있느냐 선비가 어디 있느냐 이 세대에 변론가가 어디 있느냐 하나님께서 이 세상의 지혜를 미련하게 하신 것이 아니냐 하나님의 지혜에 있어서는 이 세상이 자기 지혜로 하나님을 알지 못하므로 하나님께서 전도의 미련한 것으로 믿는 자들을 구원하시기를 기뻐하셨도다. (고전 1:19-21)

바울은 자신이 깨달은 이 십자가의 도가 성경(구약)에 근거한 것임을 19절에서 분명히 밝히고 있습니다. 그 구절을 구약 성경에서 찾아보겠습니다. 이사야 29:13-14입니다.

주께서 이르시되 이 백성이 입으로는 나를 가까이 하며 입술로는 나를 공경하나 그들의 마음은 내게서 멀리 떠났나니 그들이 나를 경외함은 사람의 계명으로 가르침을 받았을 뿐이라 그러므로 내가 이 백성 중에 기이한 일 곧 기이하고 가장 기이한 일을 다시 행하리니 그들 중에서 지혜자의 지혜가 없어지고 명철자의 총명이 가려지리라.

이 말씀은 백성들이 하나님의 말씀을 순종하지 않고 술 취한 자, 깊이 잠든 자같이 되어 하나님의 말씀을 봉한 책같이 만들었고(1-11절), 말씀을 읽지 않는다고(12절) 책망하시는 말씀에 이어서 나옵니다. 하나님은 그렇게 된 이유가 하나님의 말씀을 가르치지 않고 사람의 계명을 가르친 까닭이라고 하시면서, 그래서 지혜가 없어질 것이라고 하셨습니다.

구약 시대만이 아니라 고린도 교회에서도 그리고 오늘의 한국 교회에서도 같은 현상을 보게 됩니다. 하나님의 지혜는 없어지고 모두 미련해져서, 세상 지혜로 하나님을 가르치고 배우고, 세상 지혜로 세상을 살아가려고 합니다. 그래서 하나님은 "전도의 미련한 것으로 믿는 자들을 구원하시기를 기뻐하셨다"고 했습니다.

그런데 이 말씀도 많은 사람이 오해하고 있습니다. "하나님은 똑똑한 사람보다 똑똑치 못하고 공부도 잘 못하고 못난 사람들을 사용하시고 구원하신다"고 생각합니다. 이 본문이 그런 뜻입니까? 만일 그렇다면 어떻게 이것을 하나님의 지혜라고 할까요? 말이 되지 않습니다.

고린도전서 1:20-23을 다시 보십시오. "이 세상이 자기 지혜로 하나님을 알지 못하므로"라고 했습니다. 지금까지 이야기했던 세상적인 지혜, 정욕적이고 마귀적인 지혜로는 하나님을 바르게 알지 못한다는 뜻입니다. 세상 사람들은 하나님이 가르치신 대로 살아갈 수 없다고 생각합니다. 그래서 세상 지혜를 따라 살아갑니다. 그들의 지혜는 미련한 것입니다. 그런데 그들은 오히려 하나님의 지혜를 미련하다고 생각합니다. 하나님은 이처럼 잘난 척하고 지혜 있다고 생각하는 사람들의 지혜를 폐하셨습니다. 결국 구약 시대의 이스라엘은 어려움에 처했고 계속 하나님의 지시에 따르지 않다가 바벨론에 멸망하고 말았습니다.

이 말씀은 하나님은 세상 사람들이 미련하다고 여기더라도 하나님을 믿고 하나님의 지혜로운 말씀을 따라 사는 자들을 통해 사람들을 구원하신다는 뜻입니다. 그리고 "전도의 미련한 것"이란, 길에서나 지하철 안에서 전도지를 나눠 주고 눈살 찌푸리게 하는 그런 미련함이란 뜻이 아니고, 전도(또는 선포, proclaim)하는 그 메시지 내용이 세상 사람들의 귀에는 어리석은 내용으로 들린다는 뜻입니다. '전도'(kerygma)라는 말은 '선포한다'는 뜻이지만, 선포되는 내용인 그리스도의 구속인 십자가의 도 자체, 즉 전해지는 말씀을 의미하기도 합니다.

세상 사람들이 좋아하는 것이 무엇인지 22절에 나옵니다.

유대인은 표적을 구하고 헬라인은 지혜를 찾으나 우리는 십자가에 못 박힌 그리스도를 전하니 유대인에게는 거리끼는 것이요 이방인에게는 미련한 것이로되 오직 부르심을 받은 자들에게는 유대인이나 헬라인이나 그리스도는 하나님의 능력이요 하나님의 지혜니라. (고전 1:22-24)

유대인은 항상 표적을 요구했습니다(마 12:38-40). 그리고 헬라인들은 지혜를 찾았습니다. 그들이 살던 때는 철학자들이 많았고 항상 새로운 철학 이론이 관심을 끌었습니다.

회당에서는 유대인과 경건한 사람들과 또 장터에서는 날마다 만나는 사람들과 변론하니 어떤 에피쿠로스와 스토아 철학자들도 바울과 쟁론할새 어떤 사람은 이르되 이 말쟁이가 무슨 말을 하고자 하느냐 하고 어떤 사람은 이르되 이방 신들을 전하는 사람인가보다 하니 이는 바울이 예수와 부활을 전하기 때문이러라 그를 붙들어 아레오바고로 가며 말하기를 네가 말하는 이 새로운 가르침이 무엇인지 우리가 알 수 있겠느냐 네가 어떤 이상한 것을 우리 귀에 들려 주니 그 무슨 뜻인지 알고자 하노라 하니 모든 아덴 사람과 거기서 나그네 된 외국인들이 가장 새로운 것을 말하고 듣는 것 이외에는 달리 시간을 쓰지

않음이더라. (행 17:17-21)

  철학을 잘 알던 바울도 그리스도의 소문을 처음 들었을 때는 미련하게 여겼던 것 같습니다. 자기 지식이 훌륭했기 때문이며, 또 그는 구약도 잘 알고 있었고 하나님을 잘 섬기고 있었기에, 예수님이 가르치시는 하나님의 나라, 그 나라의 원리, 구원의 원리, 십자가를 지고 따르라는 말씀은 웃음거리로 여겨졌을 것입니다. 그래서인지 그는 예수님을 찾아가지도 만나지도 않았습니다. 나중에 다메섹으로 가는 길에 예수님을 만나고 나서 그는 큰 충격과 함께 고민에 싸였고 "그리스도의 계시"를 통해(갈 1:12) 십자가의 도를 깨닫고 완전히 새 사람이 되었습니다. 그는 이 사실을 갈라디아서에서 자세히 설명하고 있습니다.

  내가 그리스도와 함께 십자가에 못 박혔나니 그런즉 이제는 내가 사는 것이 아니요 오직 내 안에 그리스도께서 사시는 것이라 이제 내가 육체 가운데 사는 것은 나를 사랑하사 나를 위하여 자기 자신을 버리신 하나님의 아들을 믿는 믿음 안에서 사는 것이라. (갈 2:20)
  그리스도 예수의 사람들은 육체와 함께 그 정욕과 탐심을 십자가에 못 박았느니라 만일 우리가 성령으로 살면 또한 성령으로 행할지니 헛된 영광을 구하여 서로 노엽게 하거나 서로 투기하

지 말지니라. (갈 5:24-26)

그러나 내게는 우리 주 예수 그리스도의 십자가 외에 결코 자랑할 것이 없으니 그리스도로 말미암아 세상이 나를 대하여 십자가에 못 박히고 내가 또한 세상을 대하여 그러하니라 할례나 무할례가 아무 것도 아니로되 오직 새로 지으심을 받는 것만이 중요하니라. (갈 6:14-15)

십자가의 도, 능력

바울은 십자가의 도가 참 지혜인 동시에 하나님의 능력이라고 했습니다.

오직 부르심을 받은 자들에게는 유대인이나 헬라인이나 그리스도는 하나님의 능력이요 하나님의 지혜니라 하나님의 어리석음이 사람보다 지혜롭고 하나님의 약하심이 사람보다 강하니라. (고전 1:24-25)

왜 능력이라고 하는지도 생각해 봅시다. 하나님은 인간을 지혜롭고 유능한 존재로 만드실 계획을 세우셨습니다. 그런데 문제는 지혜로워지고 유능해지면 솔로몬처럼 될 위험이 있는 것이었습니다. 잘난 척하고 교만해져서 하나님은 거들떠보지도 않고, 자기 능력으로 살아가려고 할 것이었습니다. 동시에 자기보다 못한 사람을 괴롭히고 착취하고 종으로 부릴 것이었습니다. 힘 있고 똑똑한 사람들끼리는 피나는 싸움을 하리라는 것도 하나님은 잘 아셨습니다.

그래서 십자가의 방법으로 사람들을 가르치고 변화시켜서 겸손히 하나님만 의지할 뿐 아니라 사람들끼리도 서로 섬기고, 서로 도와주는 이상적인 국가를 만드실 계획을 세우신 것입니다. 그러기 위해 하나님은 자신의 아들 그리스도를 보내서 십자가를 지게 하셨습니다. 나무에 달린 것은 드러나 보이는 겉모습에 불과합니다. 그 속에는 자기를 낮춰서 하나님께 순종하고 사람들을 섬기시는 그리스도의 마음과 삶이 담겨 있습니다. 반복해서 다시 읽어 봅시다.

> 너희 안에 이 마음을 품으라 곧 그리스도 예수의 마음이니 그는 근본 하나님의 본체시나 하나님과 동등됨을 취할 것으로 여기지 아니하시고 오히려 자기를 비워 종의 형체를 가지사 사람들과 같이 되셨고 사람의 모양으로 나타나사 자기를 낮추시고 죽기까지 복종하셨으니 곧 십자가에 죽으심이라. (빌 2:5-8)
> 내가 그리스도와 그 부활의 권능과 그 고난에 참여함을 알고자 하여 그의 죽으심을 본받아 어떻게 해서든지 죽은 자 가운데서 부활에 이르려 하노니. (빌 3:10-11)
> 부당하게 고난을 받아도 하나님을 생각함으로 슬픔을 참으면

이는 아름다우나 죄가 있어 매를 맞고 참으면 무슨 칭찬이 있
으리요 그러나 선을 행함으로 고난을 받고 참으면 이는 하나님
앞에 아름다우니라 이를 위하여 너희가 부르심을 받았으니 그
리스도도 너희를 위하여 고난을 받으사 너희에게 본을 끼쳐 그
자취를 따라오게 하려 하셨느니라 그는 죄를 범하지 아니하시
고 그 입에 거짓도 없으시며 욕을 당하시되 맞대어 욕하지 아
니하시고 고난을 당하시되 위협하지 아니하시고 오직 공의로
심판하시는 이에게 부탁하시며 친히 나무에 달려 그 몸으로 우
리 죄를 담당하셨으니 이는 우리로 죄에 대하여 죽고 의에 대
하여 살게 하심이라 그가 채찍에 맞음으로 너희는 나음을
얻었나니. (벧전 2:19-24)

실제로 베드로, 바울, 야고보, 요한과 많은 주의 제자들이 십
자가의 도를 깨닫지 못했을 때의 모습과 십자가의 도를 깨닫
고 변화된 모습은 완전히 다릅니다. 처음 모습을 보십시오.

가버나움에 이르러 집에 계실 새 제자들에게 물으시되 너희가
길에서 서로 토론한 것이 무엇이냐 하시되 그들이 잠잠하니 이
는 길에서 서로 누가 크냐 하고 쟁론하였음이라. (막 9:33-34)
여짜오되 주의 영광중에서 우리를 하나는 주의 우편에, 하나는
좌편에 앉게 하여 주옵소서…열 제자가 듣고 야고보와 요한에
대하여 화를 내거늘. (막 10:37, 41)

입은 자니라. (골 3:5-10)

이런 고백들은 성경에 수없이 나타납니다. 얼마나 놀라운 변화며 능력입니까? 어떻게 보면 능력이고, 또 어떻게 보면 지혜입니다. 이제 다시 고린도전서 1장으로 돌아가서 바울의 설명을 들어봅시다.

하나님의 어리석음이 사람보다 지혜롭고 하나님의 약하심이 사람보다 강하니라 형제들아 너희를 부르심을 보라 육체를 따라 지혜로운 자가 많지 아니하며 능한 자가 많지 아니하며 문벌 좋은 자가 많지 아니하도다 그러나 하나님께서 세상의 미련한 것들을 택하사 지혜 있는 자들을 부끄럽게 하려 하시고 세상의 약한 것들을 택하사 강한 것들을 부끄럽게 하려 하시며 하나님께서 세상의 천한 것들과 멸시 받는 것들과 없는 것들을 택하사 있는 것들을 폐하려 하시나니 이는 아무 육체도 하나님 앞에서 자랑하지 못하게 하려 하심이라. (고전 1:25-29)

이 말씀은 못나고 똑똑하지 못하고 힘없고 천한 사람들만 사용하신다는 뜻이 아니고, 유능하고 똑똑한 사람들을 변화시켜 낮아지게 하시고 자신의 무지를 깨달아 십자가의 도를 순종하는 새로운 피조물, 참으로 유능하고 지혜롭고 고귀하고 완전한 자로 만들어 사용하신다는 뜻입니다.

십자가의 도에는 사람을 변화시키는 능력이 있습니다. 무력으로 압박하거나 벌을 내리거나 야단을 쳐서 순종하게 하실 수 있음에도, 예수님의 십자가를 보고 배워서 마음속으로부터 가치관도 바꾸고, 이기심도 버리고, 사랑의 마음으로 순종하게 하시는 것은 참으로 대단한 하나님의 능력입니다.

이 비밀은 만세와 만대로부터 감추어졌던 것인데 이제는 그의 성도들에게 나타났고 하나님이 그들로 하여금 이 비밀의 영광이 이방인 가운데 얼마나 풍성한지를 알게 하려 하심이라 이 비밀은 너희 안에 계신 그리스도시니 곧 영광의 소망이니라 우리가 그를 전파하여 각 사람을 권하고 모든 지혜로 각 사람을 가르침은 각 사람을 그리스도 안에서 완전한 자로 세우려 함이니 이를 위하여 나도 내 속에서 능력으로 역사하시는 이의 역사를 따라 힘을 다하여 수고하노라. (골 1:26-29)
그러므로 땅에 있는 지체를 죽이라 곧 음란과 부정과 사욕과 악한 정욕과 탐심이니 탐심은 우상숭배니라 이것들로 말미암아 하나님의 진노가 임하느니라 너희도 전에 그 가운데 살 때에는 그 가운데서 행하였으나 이제는 너희가 이 모든 것을 벗어 버리라 곧 분함과 노여움과 악의와 비방과 너희 입의 부끄러운 말이라 너희가 서로 거짓말을 하지 말라 옛 사람과 그 행위를 벗어 버리고 새 사람을 입었으니 이는 자기를 창조하신 이의 형상을 따라 지식에까지 새롭게 하심을 베드로는 목숨을 걸고 주를 따르겠다고 큰소리쳤으나, 막상 죽음 앞에서는 비겁한 자가 되었습니다. 그러나 십자가의 도를 깨닫고 자기를 낮춘 후에는 하나님을 절대적으로 의지하고 하나님의 명령에만 순종하면서 담대한 자가 되어 죽음도 두려워하지 않았습니다. 제자들도 서로 다투지 않았습니다.

믿는 무리가 한마음과 한 뜻이 되어 모든 물건을 서로 통용하고 자기 재물을 조금이라도 자기 것이라 하는 이가 하나도 없더라. (행 4:32)
베드로와 사도들이 대답하여 이르되 사람보다 하나님께 순종하는 것이 마땅하니라. (행 5:29)
사도들은 그 이름을 위하여 능욕 받는 일에 합당한 자로 여기심을 기뻐하면서 공회 앞을 떠나니라 그들이 날마다 성전에 있든지 집에 있든지 예수는 그리스도라고 가르치기와 전도하기를 그치지 아니하니라. (행 5:41-42)
이에 베드로는 옥에 갇혔고 교회는 그를 위하여 간절히 하나님께 기도하더라 헤롯이 잡아내려고 하는 그 전날 밤에 베드로가 두 군인 틈에서 두 쇠사슬에 매여 누워 자는데 파수꾼들이 문 밖에서 옥을 지키더니. (행 12:5-6)

지혜와 구속

바울은 분쟁이 있는 고린도 교회에 십자가의 도를 설명한 후 다음과 같이 결론을 내립니다.

> 그러나 여러분은 하나님의 자녀로서 그리스도 예수 안에 있습니다. 그는 우리에게 하나님으로부터 오는 지혜가 되시며, 의와 거룩함과 구원이 되셨습니다. 그것은, 성경에 기록되어 있는 바, "누구든지 자랑하려거든 주님을 자랑하라" 한 대로 되게 하시려는 것입니다. (고전 1:30-31, 새번역)

이 구절의 개역개정판 번역이 이해하기 어려워 새번역을 소개했습니다. 우리가 관심을 기울일 것은 그리스도는 우리의 지혜가 되실 뿐 아니라 의(義)도 되시고 거룩함도 되시고 구원이 되신다는 사실입니다. 이 네 가지 주제나 표현은 같은 것입니다.

죄의 형벌과 억압에서 해방시킨다고 할 때는 구원이라 하고, 죄인을 의인으로 만드시는 것은 의(칭의)라 하고, 하나님을 떠난 자를 악한 데서 구별하여 내셔서 거룩한 자기 백성으로 만드시는 것은 거룩함(성화)이라 하고, 자기 꾀에 빠져서 마귀의 지혜를 따라 살던 자로 하나님을 제대로 알고 믿고 따르게 하시는 것은 지혜라고 하는 것일 뿐입니다. 29절과 31절은 이 모두를 통틀어서 "사람을 자랑하지 말고, 자랑하는 자는 주 안에서만 자랑하라"고 합니다. 우리에게는 자랑할 것이 없었습니다. 그러나 이제 자랑할 것이 생겼습니다. 거룩하고 지혜롭게 되었으니 자랑해야지요.

새 창조는 이처럼 사람을 온전하고 지혜롭게 만드셔서 자랑할 것이 있게 하시는 것입니다. 물론 이것은 그리스도 안에서 은혜로 이루어진 것이므로 주 안에서만 자랑해야 합니다.

『하나님의 지혜인 십자가』(모리아출판사) 중에서

윤종하를 추억하며

고김람(KOH GIM LAM, 전 성서유니온 동서아시아 대표)
채종욱(선교사, 재단법인 빈손채움 이사장), 박동희(SU 협력선교사)
천상호(토론토열린한마음교회 은퇴장로)
나기호(독일 부퍼탈교회 담임목사)
이승장(아름마을교회 목사, 성서한국 공동대표)
박상은(샘병원 대표원장, 전 한국누가회 이사장)
김한식(전 국방대학교 교수, 전 에스라대학원대학교 총장)
김원모(화성장로교회 담임목사)
도문갑(전 OMF 설립총무, 전 성서유니온 대표)
이성주(메릴랜드 하늘문교회 담임목사)
유미열(전 한국성서유니온 사역국장)
박경식(에스라성경연구원 3기, 제주등대교회 담임목사)
윤덕희(전 한국성서유니온 간사, 에스라성경연구원)
백정란(에스라성경대학원대학교 이사장)

영감을 주었던 친구, 윤종하

고김람

그가 아버지의 집으로 돌아간 날(2007년 1월 25일)

1999년, 성서유니온 국제 위원회에서 동아시아 성서유니온은 서아시아로 사역을 확장하기로 결정하고 동서아시아 위원회를 조직했다. 동서아시아 위원회는 서쪽으로는 터키부터 동쪽으로는 일본까지, 또한 북쪽으로 몽골에서 남쪽으로는 인도네시아까지 담당해야 했다. 하지만 성서유니온의 동서아시아 대표였던 나는 터키를 방문할 기회를 전혀 얻지 못했다. 그런데 윤종하 총무가 터키 이스탄불에서 성경 세미나를 성공적으로 인도한 덕에 2002년 처음으로 터키를 방문할 수 있었다. 윤 총무가 터키에 미친 영향력은 정말 컸다. 그래서 2007년 그가 사고(윤종하 총무가 카리브 해에서 사고를 당한 것은 정말로 슬픈 일이다)로 세상을 떠난 후에도, 터키를 여행하다 보면 사람들이 종종 윤 총무를 언급하는 것을 들을 수 있었다.

초기 사역

1966년, SU ANZEA(오스트레일리아, 뉴질랜드, 동아시아)는 존 프라이스(John Price)에게 한국에서 성서유니온 운동을 시작할 수 있는지 물었고, 존은 UBF(대학생성경읽기선교회)와 함께 성서유니온의 성경묵상 자료를 번역해서 1968년에 첫 책을 출판했다. 하지만 이 책은 처음부터 대학생들을 대상으로 출판되었기에 한국 교회에 크게 영향을 미치지 못했다. 하지만 당시 OMF 선교사로 한국에서 사역하던 피터 패티슨과 존 윌리스는 이 책을 한국성서유니온을 세우는 기초로 사용했다.

한국성서유니온 사역의 시작

1972년, 한국을 방문한 SU ANZEA의 대표 데이비드 첸의 제안을 받아들여 윤종하는 한국성서유니온의 총무가 되었다. 당시 한국의 성서유니온 운동은 김행권 교수와 존 윌리스의 리더십 아래 태동되어 막 움직이기 시작하려던 단계였는데, 윤종하가 총무를 맡으면서 급속도로 성장했다. 윤 총무는 분명한 목적의식을 가지고 한국성서유니온을 한국인 특유의 활력이 넘치는 기관이 되도록 이끌었다.

1978년, 홍콩에서 열린 제4차 SU ANZEA 회의에서 윤 총무를 처음 만났다. 윤 총무는 진지하게, 하지만 정열적으로 한국성서유니온의 사역을 보고했다. 그의 보고를 들으며, 나는 하나님이 한국 교회의 빈틈을 성서유니온의 사역으로 채우시려고 윤 총무를 택하셨다고 생각하게 되었다. 그리고 내 생각은 틀리지 않았다. 나는 윤 총무를 만날 때마다 영감과 도전을 받았다. 윤 총무는 1986년까지 한국성서유니온의 총무로 섬겼고, 그 후에는 에스라성경연구원을 시작해 1997년부터 2001년까지 섬겼다.

에스라성경연구원

성서유니온의 동아시아 대표로 섬기며 한국을 자주 방문했던 나는 한번은 그가 원장으로 사역하던 에스라성경연구원의 이사장인 백정란 권사와 함께 그 학교를 방문할 특권을 얻었다. 그가 학교를 운영하는 '방식은 역시 감동적이었다. 만약 내가 한국말을 할 줄 안다면, 한 해 휴가를 내고 그 학교를 다니고 싶을 정도였다.

윤종하는 나의 가까운 친구였지만, 한편으로 나를 자극해서 주님을 위해 더 헌신하게 만드는 영감(inspiration)이었다. 나는 그를 통해 주님 안에서 흔들림 없이 헌신하는 것이 무엇인지 배웠다. •

모든 일에 하나님의 뜻을 물었던 사람

채종욱, 박동희

나는 1980년에 성서유니온 이사로 섬기게 되고, 그 이듬해에 성서유니온의 사무실을 종로로 옮기면서 재정 담당 이사를 맡게 되었다. 새로 이사 온 사무실을 꾸미기 위해 창문에 커튼을 설치하기로 했다. 이사회에서 재정을 지출하기 위해 이에 관한 예산을 요청했는데 뜻밖에 윤 총무로부터 엉뚱한 질문을 받고는 모두 어안이 벙벙했다. "저희 사무실에 커튼을 다는 것이 성경적입니까?" 너무나 당연한 일인데도 이런 질문 앞에서 우리는 일상적인 일들에서도 성경적인 것이 무엇인지, 하나님이 기뻐하실 만한 일인지 다시 점검하는 계기가 되었다.

당시 사무실 공간이 협소해서 바로 옆 건물에 방 한 칸을 더 빌렸다. 그 방은 창문을 열면 한 공간같이 붙어 있는 위치였다. 새로 마련한 방에 전화를 설치하기 위해 통신공사에서 사람이 왔다. 전화가 흔치 않은 시절이었고, 백색전화는 꽤 비싼 편이라 옆방의 전화를 같이 사용하기 위해 전화선을 사무실 창문 너머로 설치하려 했다. 그때는 회사에서 전화선 하나를 여러 대에 연결해서 쓰는 것이 일반적이었다. 그런데 윤 총무가 공사를 하고 있는 사람에게 물었다. "건물 번지가 다른데 같은 전화를 쓸 수 있습니까?" "엄격히 말하면 지번이 다르면 위법이지만 창문 하나 사이니까 괜찮습니다"라는 전화국 직원의 말이 떨어지기 무섭게 윤 총무는 "그렇다면 설치를 하지 마십시오. 위법은 안 됩니다"라고 답했다. 설치를 하려던 기사는 조금 당황하는 기색으로 물었다. "이 회사가 무슨 회사입니까?" 윤 총무의 대답은 매우 단호했다. "이런 일을 하지 말라고 가르치는 회사입니다."

70, 80년대에는 번역서를 출판하면서 정식으로 판권을 사서 내는 경우가 드물었다. 기독교 출판이나 일반 출판이나 해적판이 난무했다. 이런 관행 속에서도 윤 총무는 해적 출판은 절대 안 된다며 직접 해외 출판사에 연락해서 정식으로 저작권 계약을 하고서야 책을 냈다.

그는 '성경대로 사는 삶'이 무엇인지, 어떻게 사는 것인지 성경을 풀어 우리에게 가르쳤을 뿐 아니라, 말 그대로 성경대로 산 사람이었다. 우리는 가까이에서 그런 모습을 보고 배운 사람들이다. 해외에서 사역하면서 성경묵상을 소개할 때마다 종종 "혹시 윤 장로님 아세요?"라는 인사를 받으면 그를 알 뿐만 아니라 그에게서 성경을 묵상하는 법을 배우고 성경대로 사는 모습을 보고 배웠다는 사실에 감사하다.

때로는 강렬한 메시지와 조금도 타협하지 않는 선포 때문에 종종 강의를 요청한 교회에서 불안해하는 것 같아서, 그를 마중나간 자리에서 늘 "이번 뉴욕 집회는 어렵게 성사시켰으니 제발 좀 살살 말씀해 주이소"라고 읍소하면, 그때마다 "저는 하나님 말씀을 전할 뿐이지요"라는 대답만 돌아왔다. 그래도 만날 때마다 "그렇게 하시면 「매일성경」 독자 교회가 줄어듭니다. 제발 살살 해주세요"라고 부탁하면 그는 큰 교회들의 문제가 복음을 사람들의 비위에 맞춰 전하기 때문이라면서 더 강하게 말씀을 전했다.

그럼에도 미국에 해마다 오셔서 말씀을 전해 주신 덕에 많은 교회가 성경묵상을 하면서 하나님과 좋은 관계를 맺어 가는 것을 볼 때 뿌듯하고 감사하다. 당시엔 혈기 왕성해서 독자 교회가 떨어져 나가는 것을 속상해하면서 윤 장로께 성화였는데, 돌아보면 그의 그런 모습 때문에 지금까지도 미국에서 「매일성경」 하면 오직 하나님의 말씀만 골똘히 전하는 매체로 자리매김 되어 있는 것 같아 감사하기만 하다.

온갖 가르침만 난무하고 정작 가르침대로 사는 삶이 없어서 세상 사람들에게 비난거리가 된 이 시대에 그가 더욱 그립고 생각난다. •

말씀이 인도하시는 대로

천상호

1980년대 초 2박 3일 일정의 춘천 LTC에서 처음 그를 만났다. 아무리 젊은 시절이었다 해도 아침 경건의 시간부터 하루 열두 시간 이상을 혼자서 강의하는 그를 보며 굉장하다고 느꼈던 기억이 지금도 생생하다. 그 후 1991년 토론토로 이민 온 후, 윤 장로는 1992년부터 매년 한두 차례 꼭 토론토를 방문하여 한인 교회와 목회자를 대상으로 세미나를 진행했고, 그와 동시에 「매일성경」이 보급되었다. 처음엔 열두 권에서 시작했는데 해가 지날수록 토론토, 몬트리올, 워털루, 런던, 해밀턴 등지의 한인 교회로 확대되었다. 그런데 몬트리올 한인 교회는 집회 후에 교회가 갈라지는 가슴 아픈 일도 생겼다. 그때 주제가 '하나님 나라' 강의였는데, 성경대로 사는 삶에 대한 도전보다는 성경해석과 적용에 대한 신학 논쟁이 이슈가 되면서 벌어진 후유증이었다. 나는 처음 그를 통해 하나님 나라에 대한 도전을 받은 후, '말씀대로 사는 삶이 이런 삶이겠구나' 하는 확신이 들어 조금이라도 더 그렇게 살려고 애쓰면서 당시 섬기던 교회에 건의해서 성경묵상 세미나를 열기도 했다. 하지만 교회의 반응은 언제나 받아들이는 쪽과 그렇지 않은 쪽으로 나뉘었고, 이것은 곧 말씀을 받는 토양의 문제라는 생각이 들었다.

복음전도자로서 그의 이미지는 '단순한 삶을 사는 사람'이라는 것이다. 거기에 '변방의 영성가이며, 전도자'라는 인상이 더해진다. 무엇보다 '인격적인 하나님'에 대한 온전한 신뢰를 지닌 사람으로 세계 곳곳을 다니며 한인 교회들을 돌아보고 교회를 바르게 세우기 위해 노력했다. 묵상강의 요청을 받으면 항상 비행기 삯 외에 강사료는 사절했고, 도리어 남미 지역에서 요청이 들어오면 그곳에 전할 선교헌금을 별도로 준비해 갔다. 평소 성경묵상에 대한 그의 가르침을 요약하면, "성경을 오늘 나에게 주시는 하나님의 음성으로 들어야 하며, 동시에 인격적이고 구속사적인 안목으로 해석할 수 있어야 일상의 영성이 영위되고 성경적 세계관 아래 물질생활을 할 수 있다"는 것이다. 그는 자신이 먼저 그 가르침대로 사는 모습을 우리에게 보여 주었다.

1998년에는 토론토에서 젊은 목회자들을 중심으로 LTC와 성경 권별 집중 강의를 통해 묵상목회를 접목시키려 했다. 그 결과 1992년부터 시작된 토론토 성경묵상 운동은 「매일성경」 독자세미나 18회, 목회자 대상 집담회 10회를 열 수 있었고, 2016년 현재 열다섯 교회가 성경묵상 운동에 참여하고 있다. 이런 사역들 중에서도 틈틈이 기관들을 방문했는데, 캐나다 성서유니온을 방문해서 한국의 「매일성경」을 소개하기도 하고, 메노나이트 공동체와 교회, 기념관 등을 방문해서 그들의 신학과 영성에 대해 질문하고 토의하기도 했다. 또 '토론토 블레싱'으로 유명한 에어포트교회 소그룹모임에 참석해서 그들과 신학적 논쟁을 하고 다양한 질문을 나누었다. 그 외에도 수시로 박물관과 신학교, 도서관 등을 방문하여 배우고 연구하며 여행을 즐겼다.

윤 장로에 대한 이야기를 하면서 무엇보다 기도에 대한 모습을 나누고 싶다. 그에 대한 사전 지식이 어느 정도 있는 사람들은 그를 강사로 초청하고 나서 꼭 부탁하는 내용이 있다. "강의 내용에 대해 수위 조절을 부탁드립니다"이다. 그러면 언제나 돌아오는 대답이 있다. "인도하시는 대로 전할 겁니다." 윤 장로를 오랫동안 가까이에서 본 내가 볼 때 이 말은 "기도드리겠습니다"라는 대답이다. 윤 장로는 토론토에 방문할 때마다 주로 우리 집에 묵었는데, 단순한 삶을 지향한 그가 여행 시에 지니고 다니는 것들은 성경과 몇 가지 옷, 낡은 가방 그리고 점점 두꺼워지는 중보기도 수첩뿐이었다. 집에서 쉴 때면 세계 각처에서 만난 사람들의 사진을 보고 그들의 이름을 기억하며 매일 기도하는 모습을 잊을 수가 없다. 그에게 말씀 묵상과 기도는 따로 떼어 생각할 수 없는 것이었다. 그가 기도하는 모습은 마치 부모님 면전에서 이런 일 저런 일 일상의 일들을 자세히 아뢰며 답을 구하는 자녀의 모습과 같았다. 그 모습을 보는 것만으로 은혜가 되었다.

그가 세상을 떠나기 2주 전에 토로토를 방문했다. 그때 우리가 모일 때마다 부른 찬송이 모두 '하나님 나라'에 대한 것들이었다. 그가 내게 귀띔해 주었다. "하나님 품으로 부르시는 것만 같다." 그리고 요한계시록 본문으로 2주 내내 하나님 나라에 대해 집중 강의했다. 요한계시록 1장에서 성자와 성령께서 성부 하나님께 경배하시는 것을 주해하시는 말씀을 들으며 전율이 일었다. 그것이 그를 본 마지막이었다. 그리고 다른 사람들이 생각하기에 비보라고 할 수 있는 그분의 소천 소식을 내게 전하면서 최진한 사모님은 웃음지은 목소리로 "우리 장로님, 하늘나라 가셨어요!"라고 전화하셨다. 토론토에 오실 때마다 캐나다의 여러 지역을 여행하시도록 권했지만, 그때마다 항상 구체적인 인도를 받고 가겠다고 해서 많이 못 모시고 다닌 것이 아쉽다. 내게는 늘 인자하고 배려심이 깊은 큰형님 같았던 그분을 따라 조용히 나의 길을 갈 뿐이다. •

처음부터 끝까지 총무 윤종하

나기호

내가 한국에서 학생 선교단체(ESF) 사역을 하고 있을 때(1978-80년) 윤종하 총무와 몇 번의 만남이 있었고, 독일 슈투트가르트에서 목회할 때 그를 모시고 특강을 들은 적이 있다. 내게는 처음부터 지금까지 '윤종하'라는 이름 뒤에 늘 '총무'가 따른다. 윤종하 총무 외에 다른 직함으로 불러 본 적이 없다. 다른 호칭으로 부르면 오히려 어색하고 '윤종하'라는 인물이 떠오르지 않는다. 사실 일반적으로 '총무'라는 직함을 통해서는 그 사람이 하는 일을 가늠할 수 없다. 총무는 아주 많이 쓰는 호칭이기 때문이다. 일반 회사, 관공서, 학교 등 어디에나 총무로 불리는 사람은 있다. 내가 섬기는 부퍼탈교회 성가대에도 총무가 있다. 지휘자가 곡을 고르고 연구하며 찬양 지휘를 하지만, 총무는 성가대가 활동하는 데 필요한 많은 것을 세심히 살펴 성가대 활동이 원활하도록 돕는다. 지휘자가 사정이 생겨 못 오면 지휘를 해야 할 때도 생긴다. 그런데 성경에서 '총무'라고 하면 떠오르는 인물이 있다. 창세기의 요셉이다. 그는 친위대장 보디발 집의 가정 총무였다가, 누명을 쓰고 옥에 갇혀서도 총무 역할을 감당했다. 그리고 나중에는 이집트의 국가 총무가 되었다. 창세기는 요셉을 하나님 중심의 사람으로 소개한다. 요셉은 오직 하나님 앞에 살면서, 죄를 짓기보다 차라리 세상에서의 파산을 택했다. 그는 구차하게 변명하지 않았으며, 굳이 외국에서 자신의 능력을 과시하려는 뜻도 없었다(40:8; 41:16). 성경은 이런 사람을 '총무'라고 불렀다. 그래서인지 나에게 윤총하 총무는 요셉과 같은 사람으로 계속 기억된다. 천국에서 그를 만나도 나는 '윤종하 총무님'이라 부를 것이다.

전 세계 성서유니온에서 공통으로 사용하는 로고는 등잔불이다. 이 등잔불 로고를 1960년대 언젠가 UBF의 묵상 교재인 「일용할 양식」에서 한동안 사용한 적이 있었다. 그러나 국제성서유니온과 UBF는 사역 원리에서 서로 맞지 않는 부분이 있어서 사용하지 않게 되었고, 1971년에 정식으로 한국성서유니온이 생겼다. 그리고 1972년부터 한국성서유니온이 독자적으로 「매일성경」을 집필하여 출간하면서 이 등잔불 로고도 새롭게 사용되었다. 이 로고는 "주의 말씀은 내 발에 등이요 내 길에 빛이니이다"(시 119:105)라는 성서유니온 표어와 관련이 있다. 사실 지금은 등잔불 시대가 아니다. 그럼에도 등잔불이 상징하는 의미는 오늘뿐 아니라 오고 오는 모든 세대에 살아 있다고 생각한다. 성경묵상지인 「매일성경」은 멀리 비추는 탐조등이 아니라 내 발을 비추는 등불이며 내 길을 비추는 빛이 되어야 한다는 뜻일 것이다. 이는 윤종하 총무 개인의 삶을 닮은 로고이기도 하다. 그는 화려하고 주목받는 삶 대신에 소박하게 한 사람 한 사람을 말씀 앞으로 인도하고, 그들이 직접 자신의 삶을 말씀이 비추는 대로 걸어가도록 도와주었다. 자신을 드러내지 않고 하나님의 말씀을 따라 하나님의 인도를 받는 삶이 얼마나 중요한지 잘 보여 주었다.

한국에서나 독일에서나 그를 제대로 대접한 기억이 없다. 강사 사례비나 숙박을 위한 장소도 부담을 느끼며 접대한 일이 있다면 기억이 날 텐데, 전혀 그런 기억이 없다. 그는 등잔불처럼 자기가 머무는 곳, 그 자리만 은은히 비출 수 있다면 만족할 줄 아는 사람이었다. 그래서 언제 어디서 만나도 친밀하고 부담 없이 교제할 수 있었다.

한번은 독일 성서유니온 본부가 있는 도시 마리엔하이데(Marienheide)의 한적한 곳에 위치한 독일 성서유니온 수양관(Bibellesebund Deutschland)에서, 윤 총무를 모시고 열다섯 명 정도의 한인 목회자들이 큐티 강의를 듣고 실습하며 적용하는 시간을 보낸 적이 있다. 당시 묵상의 적용에 대한 가르침을 들을 때는 저렇게 해도 되나 싶을 정도로 조금 불편했던 기억이 있다. 그리고 그를 따라서 나도 억지로 적용을 해서 다른 사람들과 나눠 보기도 했다. 하지만 지금까지 성경묵상을 해 오면서 당시 분명하게 실패했던 나의 적용사례들이 오히려 나의 성경묵상 여정에서 중요한 경험과 해답이 되었다. 이런 과정들을 거치면서 묵상한 것을 적용한 대로 무리하게 실행하는 것보다 주께서 열어 주시는 상황에도 잘 순종하는 것이 중요하다는 것을 배웠다. 그리고 혹시 잘못 적용하였더라도 그것을 실패라고 할 수 없는 것은, 하나님이 결국은 말씀을 통해 깨닫게 하시고 합력하여 선을 이뤄 주시기 때문이다. 윤 총무의 개인적인 적용에 대한 그런 강조가 없었다면 지금까지도 성경을 김빠진 역사책처럼 대하고 있었을 것이다. 윤종하 총무, 아! 참으로 다시 만나고 싶은 사람이다. 이 땅에서의 인생을 마친 후에 이런 아쉬움을 남길 수 있는 사람이 그리 많지 않을 것이다. 오늘따라 그가 많이 그립다.

스스로 비주류의 길을

이승장

1968년, 나는 성서유니온에서 출간한 최초의 묵상 교재를 편집하는 일을 함께 했다. 그리고 1972년, 말레이시아에서 열린 성서유니온의 동아시아, 호주, 뉴질랜드 대회에 참여했다. 그 후 내가 섬기던 선교단체에서 하던 성서유니온의 사역을 현재의 한국성서유니온에서 맡아 새롭게 출발하게 되었다. 그래서 첫 총무로 혼자 일하던 윤종하 총무를 배도선 선교사의 소개로 만났을 때, 처음부터 동역자 의식이 들었다. 그의 특이한 헤어스타일(본인 표현으로 '돼지털 머리'), 검소한 옷차림, 겸손한 성품 등에서 풍기는 아우라가 사람을 무장 해제시키는 것 같았다.

그후 OMF 창립 이사회에서 함께 이사로 섬기면서 교제했다. 1976년경, 내가 신촌에서 ESF 사역을 하던 시기였다. 겨울성경학교에서 창세기 강해를 하는데, 뜻밖에도 윤 총무가 내 강의를 들으러 온 것이었다. 나보다 일곱 살 연상의 대선배였고, 저명한 목사의 아들이었는데, 나 같은 평신도가 성경을 가르치는 자리에 참석해서 열심히 강의를 들었다. 얼마나 긴장되던지…. 당시 한국 교회는 신학교 출신이 아닌 사람이 성경 가르치는 것을 거의 이단시하던 때였는데, 그도 영문과 출신의 평신도 사역자였고, 나도 전기공학과 출신의 평신도 대학생 사역자였기 때문에 이심전심 동지 같은 마음을 갖게 되었던 것 같았다.

그리고 꿈같은 일이 일어났다. OMF 이사 세 사람이 영국 런던신학교에서 만난 것이다. 이중수 목사와 나는 1년 먼저 와서 공부 중이었는데, 1980년 우리가 2학년일 때 윤 총무가 1년 과정으로 온 것이다. 세 사람이 1년 동안 거의 매일 만나다시피 했으니, 스트레스 많은 유학 시절에 유창한 모국어로 대화를 나누며 참으로 즐거운 시간을 보냈다. 당시 나는 학교 밖에서 가족과 함께 생활했고, 이중수 목사는 혼자 기숙사에서 생활하다가 윤 총무와 함께하게 되어 학교생활이 얼마나 유쾌했는지 모른다. 물론 서로의 영어 발전에는 좀 방해가 됐지만.

하루는 윤 총무가 슈퍼마켓에서 예쁜 강아지 사진이 있는 통조림을 사 왔다. 기숙사에서 주는 밥이 항상 양이 적어 출출할 때 간식으로 먹기 위해서다. 그런데 통조림을 따서 먹어 보는 데 입안이 까칠까칠하고 맛이 이상해서 자세히 살펴보다가 "아차, 강아지 음식이구나!" 하고 기겁했다. 아마도 영국 역사상 강아지 사료를 처음 먹어 본 인물이지 않을까. 또 하루는 셋이서 기숙사 방에 모였는데, 윤 총무가 자못 심각한 표정으로 말하는 것이었다. "영국 사람들은 확실히 진화가 덜 된 인종이야. 샤워장에서 보니까 이 친구들 너무 털이 많아." 이런 즐거운 대화로 우리는 함께 행복해했다.

유학 중에도 그는 주말과 방학이 되면 열심히 이곳저곳 여행과 방문을 쉬지 않았다. 기숙사 식당에 부탁해서 샌드위치를 싸들고 영국 교회와 기독교 단체를 찾아가 그곳에서의 사역을 조금이라도 더 배우려고 애썼다. 한번은 그와 함께 영국 성서유니온 본부를 방문했다. 당시만 해도 한국에서는 어른용 큐티책만 발간되던 시절이었는데, 100여 년 앞선 영국교회에서는 청소년용, 어린이용 큐티책을 발간하고 있었고, 디자인이나 그림 그리는 파트도 따로 있어서 그 규모에 함께 놀랐다. 아마도 지금은 한국이 영국보다 이런 면에서 앞서지 않을까 싶다.

가끔 우리 집에서 함께 식사하고 이야기꽃을 피울 때는 영국 교회와 한국 교회에 대한 이야기, 또 강의 중에 배운 내용을 가지고 긴 시간 토론도 꽤 했다. 아직도 생생한 것은 대부분 그의 결론이 언제나 자연스럽게 '하나님 나라' 신학과 연결되었다는 것이다. 특히 한국 교회의 구원론에 대한 비판이 동반되었다.

그는 내 인생길에 잊을 수 없고 마음 깊이 존경심을 갖게 하는 몇 안 되는 인물 중 한 사람이다. 그는 성직자 그룹이 주류 세력이 되어 있는 한국 교회에서 스스로 비주류의 길, 평신도 사역자의 길을 용기 있게 걸었다. 하나님 말씀에서 "하나님은 어떤 분입니까?", "내게 주시는 교훈은 무엇입니까?"로 단순하게 질문하며, 삶의 변화를 일으켜 나가는 진정한 의미의 제자훈련을 시킨 말씀의 종이었다. 오늘날 복음주의권에서 대세가 되어 있는 '하나님 나라 복음'의 선구적 전파자로, 말씀 운동, 평신도 운동의 개척자로, 세례 요한의 이미지를 온몸으로 보여 주고 주님 품에 안긴 진실한 주의 종이었다. 그의 삶과 섬김은 하나님이 한국 교회에 보내신 참 귀한 선물이었음을 감사하며 찬양하게 된다.

말씀과 삶의 일치를 이룬 가르침

박상은

나를 포함한 한국누가회(CMF) 초창기 멤버들은 윤종하 총무를 결코 잊지 못할 것이다. 1980년 2월 첫 한국누가회 수련회가 열렸을 때, 배도선 선교사가 주강사로 수고해 주었고 윤종하 총무가 큐티를 알려 주었다. 그 이듬해부터 우리는 자연스럽게 성서유니온을 드나들며 윤종하 총무가 직접 등사용 잉크로 만들어 준 「매일성경」을 들고 다니며 각 학교에 보급했다.

윤종하 총무는 한국누가회 수련회에서 가장 자주 모신 단골 강사였는데, 말씀만 강론하면서 삶과 신앙이 일치해야 함을 역설했다. 당시 의대생과 의사라는 이름으로 허세를 부리려던 우리에게 참 신앙의 길이 무엇인지 분명하게 보여 주었다.

스포츠형 헤어스타일, 검소하면서도 단정한 복장, 흐트러짐 없는 자세는 그 자체로 당시 우리가 추구해야 할 심플 라이프를 보여 주는 메시지였다. 목사와 박사라는 타이틀 없이 우리는 그냥 그를 끝까지 '윤 총무님'이라고 불렀는데, 지금 생각해 봐도 종교개혁의 의미를 가장 잘 실천한 사람이라 여겨져 종교개혁 500주년을 맞아 더욱 그가 그립다.

이제 37년의 세월이 지나 당시 학생이었던 우리도 머리가 희끗한 중년의 의사들이 되었지만, 그의 모습을 그리며 오늘도 「매일성경」으로 큐티를 이어 가며 지금 여기서 하나님 나라 백성의 삶을 실천하려고 애쓴다. 말씀과 삶이 일치하는 가르침을 강론뿐 아니라 삶으로 보여 준 그가 보고 싶다. 윤 총무님, 사랑합니다.

그의 고집을 추억하며

김한식

윤종하 선생은 내게 '총무'라는 호칭으로 더 익숙하다. 그를 통해 「매일성경」을 접했고, 1970년대 중반부터 1993년까지 근 20년간 성서유니온 이사 또는 이사장으로 섬겼던 시절 그의 호칭이기 때문이다. 그는 고집이 세다. 지금 생각해도 그의 고집은 특이했다. 그가 고집불통이었던 일화로 이런 일이 있다. 십일조와 주일성수 문제에 대한 그의 주장은 당시 한국 교회에 큰 파장을 일으켰다. 이 때문에 그가 속한 교단으로부터 비난의 대상이 되었고, 이 불똥이 성서유니온에 떨어졌다. 성서유니온이 건전하지 않다는 의심들이 곳곳에서 흘러나왔고 어떤 교단총회에서는 건전성 여부를 확인하기 위한 조사위원회가 구성되기도 했다. 「매일성경」을 비롯하여 성서유니온에서 출간되는 책들까지 불온하게 여겨지기도 했다. 이 여파는 성서유니온의 생존에 큰 타격이었다. 성서유니온이 겨우 한국 교회에 알려지기 시작했고 조심에 조심을 거듭하면서 살얼음을 걷고 있었는데, 이런 엄청난 도전이 곳곳에서 터져 나온 것이다. 이사장으로서 나는 긴장했고, 걱정이 이만저만이 아니었다. 하지만 그는 자신의 주장을 굽히지 않았다. 자기주장을 굽히기는커녕 성서유니온의 총무직을 사임하는 길을 택했다. 깊이 사랑하고 헌신했던 성서유니온을 떠나기로 한 것이다. 진리의 길이라 믿는 한 그는 어떤 타협도 거절했다.

그런가 하면 그는 약자나 어려운 자 앞에서는 한없이 부드러웠다. 몇 가지 일화가 기억난다. 1970년대에는 우리 모두의 삶이 참 고달팠다. 성서유니온의 살림 형편은 더욱 그러했다. 수입이라고는 간간이 들어오는 헌금에 「매일성경」 판매 대금이 전부였다. 늘 부족했다. 매달 수지타산은 적자였다. 그를 비롯한 모든 간사는 도시락을 싸 가지고 와서 난로 위에 올려놓고 데워 먹었다. 가난한 처지에 모두 비슷한 반찬이라 냄새는 좁은 방을 가득 메웠다. 외식은 꿈도 못 꾸었지만 그래도 점심시간이면 모두 둘러앉아 맛있게 먹으면서 주님의 일꾼 된 자부심을 키워 나갔다. 총무라고 해서 간사들과 다른 점은 아무것도 보이지 않았다. 똑같이 어려움을 겪었고, 월급날이면 그는 늘 신입 간사부터 챙기면서 자기는 맨 마지막 차례였다. 그러니 집에 가져갈 생활비는 몇 달씩 밀리기 마련이었다. 그의 가정생활이 얼마나 힘들었을까. 그런 중에도 그는 교회 등에서 초청받아 강의하고 받은 사례는 여비를 제외하곤 모두 공금으로 처리했다. 그는 언제나 가장 약자의 처지에서 어려운 이를 먼저 생각했다.

옛 생각을 되새기면서 미안한 마음이 다시 밀려온다. 그가 총무직을 사퇴할 때 이사장으로서 이를 말리지 못한 것이다. 말리기는커녕 성서유니온을 위해서는 잘한 일이라고 내심 생각했던 것이다. 윤종하 선생께 이런 말을 하곤 했다. 자신의 주장을 공개적으로 밝히기에 앞서 그 분야 신학자들과 먼저 토론을 펼치고, 그런 다음에 그 내용을 대외에 알리면 부작용이 없을 뿐 아니라 좀더 효과적인 홍보도 될 것이라고. 하지만 그는 이를 수용하지 않았다. 그의 소박하고도 진리라고 생각되는 일에는 조금도 굽힘이 없는 모습, 그 고집을 내가 깊이 이해하지 못했고, 결국 그의 총무 사퇴서를 받아들인 것이다.

미안한 것이 또 있다. 그분의 가정을 돌보고 챙기지 못한 것이다. 몇 달이고 사례가 밀리는 줄 뻔히 알면서도 이사장이라는 사람이 사모께 위로의 말 한 마디 제대로 전하지 못했다. 사모의 가슴앓이는 아무도 모른 채 지금까지 비밀로 남겨져 있다. 그의 가족 모두에게 미안한 마음이 그지없다. 용서를 바랄 뿐이다.

그가 보고 싶다. 그의 고집을 만나고 싶다. 그의 부드러운 손길과 소탈한 웃음이 그립다.

손가락이 파랗게 질리도록 책을 나르며

김원모

많은 이가 윤종하 장로, 윤종하 원장이라고 부르는데 나에게는 윤종하 총무라는 호칭이 훨씬 더 가깝게 느껴진다. 나보다 그를 훨씬 더 잘 아는 분들이 계신데 한참 부족한 내가 이런 글을 쓴다는 것이 그에게 누를 끼칠까 염려되지만, 그럼에도 그를 사랑하는 마음으로 그를 생각해 본다.

그는 36년 전 잠실 장미아파트 부부 성경공부 모임에서 처음 만났을 때 인자한 웃음으로 맞아 주었지만, 나는 그의 머리가 하도 짧아서 산에서 내려오셨나 했다. 그 모임에서 로마서 성경공부를 하다가 그것이 인연이 되어 1984년 1월에 성서유니온에 가게 되었고 지금까지 그와 함께 했던 시간은 내 생애에서 가장 귀하고 아름다운 시간이 되었다.

당시 잦은 지방 출장 속에 성서유니온 지부 설립과 「매일성경」 보급, 서점 거래처들의 개선 등 늘 현실과 부딪히는 일들 속에서 힘들었지만, 그와 함께했던 버스 안에서, 기차 안에서, 잠자리에서의 대화들은 내게 너무나 엄청난 은혜의 시간들이다. 좀처럼 자신의 속내를 잘 드러내지 않는 사람이지만 많은 시간을 함께해야 했기에 누릴 수 있었던 특별한 혜택이다. 수로보니게 여인처럼 식탁에서 떨어지는 부스러기도 나에게는 빼앗길 수 없는 귀중한 교훈이 되곤 했다.

한국 기독교 역사 110년의 세월 속에 성서유니온의 45년은 짧지 않았다. 조국 강산에 녹음이 짙어 가던 1972년 6월 28일 늦은 오후 YMCA호텔 한편에서 이 땅에 성경묵상이라는 놀라운 사건이 태동할 때 윤 총무는 바로 그 역사의 한가운데 있었다. 지금은 '큐티'라는 말이 사랑받고 있지만, 그때는 매우 생소한 단어였다. 그는 당시 동아시아 책임자였던 데이비드 챈, 그리고 존 월리스와 피터 패티슨 선교사, 고 김인권 장로 이렇게 다섯 사람이 모였을 때 초대 간사가 되었다. 종로 2가 연합빌딩 502호에 성서유니온 사무실을 열고 책 이름을 「매일성경」으로, 단체 명칭을 '한국성서유니온'으로 해서 광화문 우체국 사서함 347호를 개설했다. 그리고 성서유니온의 이름으로 제일 먼저 출판한 책이 1972년 9월 7일에 나온 『영생의 길』과 요한복음을 묵상해 온 것을 교재로 만든 『삶에의 초대』였다.

그로부터 6개월 후인 1973년, 「매일성경」 성인용 4천부와 학생용 1천부를 출판했지만 당시엔 거의 대부분 윤 총무가 직접 책을 들고 다니면서 팔아야 했다. 지금 생각하면 정말 가시밭길 같은 여정이었지만 그는 그것을 고생이라 생각하지 않았으니 고마운 일이다. 그리고 1976년 2월에 성서유니온에서 제일 처음 개척된 마산 지부를 설립했는데, 지금은 전국에 13개 지부가 있고, 「매일성경」도 한국 교회 안에 누룩처럼 번져 가서 30만 부가 넘게 발행된다고 한다. 당시 마산 지부는 마산 결핵요양소 밑에 있는 작고 초라한 집이었는데, 어느 날 그와 함께 한밤중에 도착했을 때 불빛 하나 없는 집을 내 집처럼 들어가서 불을 켜고 낡은 의자에 앉아 기도하던 모습이 아직도 눈에 선하다.

한국 교회 성경묵상 보급을 위해 사람과 교회를 찾아다니고, 전국 서점을 돌며 서점들이 성서유니온 책을 받아 주는 것만으로도 고마워서 책 묶음을 양손에 들고 가면 손가락 끝이 파랗게 질려 피가 통하지 않아 두고두고 고생했다. 나중엔 어깨로 메고 날라서 한쪽 어깨가 처지기도 했다. 말씀을 가르치는 강사로 초청받으면 강의 때마다 언제나 책 좌판을 펼치고 조금도 부끄러워하지 않고 감사했다. 지금의 성서유니온이 있기까지, 이 땅에 성경묵상이 지금처럼 보편화하기까지, 숨어 쌓인 그의 헌신을 말로 다 옮길 수 없을 것이다.

당시 서울대학교를 졸업하고 좋은 직장을 골라 갈 수 있었을 텐데 선친 윤봉기 목사님께 받은 영적인 영향력과 어려서부터 읽은 성경 말씀이 그의 현 주소가 되었다. 그는 성서유니온 30주년 기념사에서 "제가 몸담았던 14년 동안"이라고 했지만 사실 14년은 초대 간사와 총무로서의 기간이었고, 나머지 20년은 해외 각처와 전국 각지를 다니면서 성서유니온 총무로 있을 때보다 많은 일을 했다.

지방 출장을 갈 때면 버스나 기차로 움직여서 한 푼이라도 아껴야 한다는 생각이 몸에 배어 있던 분이다. 가까이에서 그와 함께하면서 독특하게 느낀 것은, 지방 어디를 가든지 그의 주변에는 좋은 사람들이 참 많았다는 사실이다. 모두 말씀 묵상을 사랑하고 그에게서 말씀 듣기를 좋아하는 이들이었다. 지금도 그들의 모습이 생생하다. 그리고 지방 출장과 강의 요청, 서점 거래의 어려움, 「매일성경」 보급 등 누군가 마음 깊은 곳을 헤아려 줄 사람을 찾고 있었을 때 하필이면 나 같은 사람을 뽑아서 모든 걸 맡기셨으니 물가에 내놓은 아이처럼 마음이 쓰여 얼마나 힘드셨을까 하는 생각이 든다.

월급 때면 그는 돈이 있으면 받고 없으면 받지 않았다. 살림이 어렵긴 우리와 마찬가지일 텐데도 그럴 때가 셀 수 없이 많았다. 성서유니온 사무실이 상도동에 있을 때, 1층은 OMF 서점이고 지하가 성서유니온 사무실이었는데, 한편은 책을 쌓아 두는 창고였고 다른 한편이 사무실이었다. 점심때면 난로에서 나오는 열기 때문에 천장에 물방울이 맺혀 떨어지는 것을 피해 가며 함께 도시락을 먹곤 했다. 가끔 광야교회 소식을 들을 때마다 소박하고 순수한 그의 삶이 여전한 것 같아, 정말 특별한 분이라는 생각이 더했다.

한번은 마산행 버스 안에서 한참 대화하다가 "조금 피곤한데 눈 좀 붙일게요" 하시더니 금방 코를 골았다. 그래서 정말 잠이 드셨나 하고 가만히 얼굴을 들여다봤더니, 금방 눈을 뜨면서 "내가 잠들었었지요" 하셨다. 그는 종종 피곤하면 바로 잠에 빠지셨다. 한번은 강의 중간 10분 휴식 시간이었는데 금세 7, 8분을 주무시다가 깨면서 "아, 달게 잤다"고 했다. 그때는 그런 모습이 얼마나 부러웠는지 닮고 싶었고, 나 역시 머리만 대면 금방 잠드는 은혜를 전수받게 되었다.

개인적으로 있었던 일도 다 기록할 수 없지만 몇 년 전 아내가 삼성의료원에서 심장수술을 받게 되었을 때 공항에 가다가도 들러서 기도해 주시던 생각도 나고, 1994년 9월 충남 청양 산골에서 교회 개척했다니까 어느 날 와서 하루 저녁 주무시면서 건너편 교회에 땅이며 교회며 다 넘겨주고 서울로 다시 올라오라고 밤늦도록 권하셨던 일도 생각난다. 꼭 시집간 딸을 생각하는 친정 어미처럼 생각날 때마다 안부 전화 주시던 목소리도 생생하다. 몇 년 전 추수감사주일 저녁엔 불쑥 와서 설교하시다가 아이들이 예배 중에 돌아다닌다고 꾸중하신 것이 계기가 되어 우리 교회는 지금까지 아이들도 엄마아빠 옆에 앉아 예배드리는 것이 전통이 되었다. 그의 가르침을 좀더 들었으면, 좀더 배웠으면 하는 아쉬움만 남는다.

새로운 사역으로의 호출

도문갑

내가 윤종하 장로를 처음 만난 것은 1960년대 말, 종로구 관수동에 있던 서울중앙교회에 출석하면서부터였다. 그때 윤 장로는 부친인 윤봉기 목사를 도우면서 봉사했는데, 교인들은 그를 '윤 조사님'으로 불렀다. 내가 윤 장로와 함께 성경공부를 하고 개인적인 교제가 깊어진 것은 윤봉기 목사가 은퇴하면서 동부교회를 분립 개척한 1971년 이후였다. 윤 장로는 여전히 윤 조사로 교회를 도우며 설교와 성경공부를 통해 젊은 대학생들이 많았던 동부교회/등대교회 사역을 이끌어 갔다.
그는 1972년에 발족된 한국성서유니온의 총무 역할을 맡았기 때문에, 나는 70년대 초부터 80년대 후반에 이르기까지 약 20년간을 교회와 성서유니온 사역 양면에서 그와 더불어 교제할 수 있는 기회를 갖게 되었다. 나는 어릴 때부터 착실한 교인으로 무난하게 신앙생활은 해왔지만, 말씀에 대한 진지한 탐구와 실천하는 삶에 대한 도전은 경험하지 못하고 있었다. 70년대에 윤 장로는 꾸준하게 말씀과 신학을 연구하면서 자주 그룹으로 함께 말씀을 묵상하고 개방적으로 토론하기를 즐겼다. 우리는 성경공부 중에 때로 치열한 논쟁에 빠지기도 했다. 나는 70년대 중반부터는 직장생활을 하면서, 틈나는 대로 성서유니온의 자원봉사자로도 참여했다. 나로서는 이 청년 시기가 윤 장로의 가르침과 삶을 통해 성경적인 통찰과 실천적인 삶의 중요성을 깨닫고 배우게 된 소중한 기회였다고 기억한다.
이런 만남은 결국 내 생애에 큰 전환점을 가져오는 계기가 되었다. 평범한 직장인으로 만족하던 내가 매우 생소한 선교사역의 전임 사역자로 방향 전환을 하게 된 것이다. 1960년대 중반에 한국에 들어온 배도선 선교사를 비롯한 OMF 선교사들은 부흥하는 한국 교회가 성경 말씀을 묵상하고 실천하는 교회를 넘어서, 이제 선교하는 교회가 되도록 기도하고 있었다. 70년대 후반부터는 본격적으로 OMF를 통해 해외로 선교사를 파송하는 운동을 시작하기로 하고, 그 일을 맡을 실무자를 찾고 있었다. 윤 장로는 지난 10여 년간 교회생활과 성서유니온 자원봉사를 통해 친숙하게 알게 된 나를 배 선교사께 추천했다. 그때 나는 막 결혼했고, 직장인으로 항공회사에서 재미있게 일하면서 특별한 프로젝트 팀의 일원으로 해외에 파견될 준비를 하고 있었다. 기독교 전임 사역에 대해 전혀 생소했던 나로서는 이런 제안이 매우 당혹스러웠다. 나중에 알고 보니 70년대 말은 세계 선교에 대한 본격적인 여명기가 한국 교회에 아직 오기 전이었다.

나는 배운 대로, 직장도 하나님이 부르신 귀한 소명이고, 또 내가 직장에서 꼭 필요한 사람이라는 변명을 늘어놓았다. 그러면 윤 장로는 "이제 주인이 새로운 일을 하라고 호출하는 것이니, 순종하는 것이 하나님의 인도"라고 주장했다. 그렇게 1년 여를 숨바꼭질하면서 미적거리다가, 나는 결국 그동안 배운 말씀묵상에 덜미를 잡혀, 무릎을 꿇고 순종하게 되었다. 그래서 1980년 3월부터 이 생소한 사역에 뛰어들어 일하게 되었다. 윤 장로는 이후에도 한국 OMF의 설립이사 중 한 분으로, 초창기 선교회의 방향 설정에 기여했고 선교사 양성에 관심을 가지고 선교사 후보자 훈련세미나를 직접 인도하기도 했다. 나도 성서유니온과 OMF의 동역 관계를 위해 80년대 중반까지 한국성서유니온의 전국이사로 섬기기도 했다.

지난 세월을 되돌아보면, 윤 장로는 나에게 영적 스승과 멘토였고, 자상한 동역자이기도 했다. 그러나 80년대 후반에 접어들면서 선교사역이 확장되고 뒤늦게 시작한 신학 수학 등으로 일에 골몰하고 쫓기면서, 90년대 이후에는 정작 그와의 실제적인 교제권이 엷어지고 멀어지게 된 것은 두고두고 나에게 큰 손실과 상실감으로 남게 되었다. 그런 아쉬움과 안타까움 때문에 70년대에 대학생들이었던 동부교회/등대교회 교우들과 지금도 매년 1월이면 모여서 윤 장로의 삶과 사역을 회고하고 추모하고 있다. 2017년 1월 25일이면 그의 10주기를 맞이한다.

그가 보여 준 삶의 모범

이성주

1974년 즈음, 「매일성경」을 소개받으면서 윤종하 장로와의 만남이 시작되었다. 그는 1975년 이후부터 내가 출석하던 교회(내수동교회) 대학부에 강사로 오셔서 묵상훈련과 소그룹 성경공부 그리고 특강으로 섬겨 주었다. 1982년부터는 내가 윤종하 장로가 섬기던 등대교회에서 전도사로 사역했다. 그리고 40년 넘게 오늘도 「매일성경」으로 변함없는 아침을 열고 있다. 그런 면에서 윤종하 장로는 나에게 큰 스승이다.

그는 말씀 묵상을 하지 않는 교우들을 늘 안타까워했다. 전도서 5:1-2을 들어 당시 많은 교인이 하나님의 말씀을 깨닫지 않고 기도에만 힘쓰는 것은 하나님이 어떤 분인지 알지 못하고 자신의 필요만 하나님께 아뢰는 것이라면서, 그것을 샤머니즘적인 신앙이라고 질타했다. 그는 신앙의 기본이 하나님이 어떤 분인지 아는 것이고, 하나님과의 인격적인 교제가 이루어지는 신앙이 되어야 한다고 강조했다. 어린이도 말씀 묵상이 가능하기 때문에 이런 묵상을 통한 하나님과의 교제는 어려서부터 훈련되어야 한다고 했고 실제로 함께 섬겼던 등대교회에서는 장년은 말할 것도 없고 어린이들도 주일에 만나면 말씀 묵상과 적용을 분반 공부 시간에 나누었다.

그는 늘 검소하고 겸손한 사람이었지만, 하나님 나라의 삶에 맞지 않는 모습에 대해서는 강한 책망도 서슴지 않았다. 한번은 교회 공동체의 삶에 대해 강의할 때였다. 믿는 사람들이 사랑의 공동체를 이루지 못하는 이유가 있다면 신자들이 너무 이기적으로 살기 때문이며 믿음이 있다는 부모들조차 어려서부터 자기 자녀들에게 다른 친구들과 경쟁해서 이겨야 된다고 가르치기 때문이라고 질타했다. 부모가 학교에 찾아가서 자녀의 자리를 옮겨 달라고 요청하는 것은 자기 자녀 때문에 그 자리를 내주고 다른 자리로 옮기는 학생의 형편을 도무지 생각하지 않는 매우 이기적인 처사며 이런 일들이 실제로 그리스도인 부모들 사이에 일어나고 있다고 안타까워하던 모습이 아직도 눈에 선하다.

그는 늘 하나님의 인도를 구하며 순종하는 사람이었다. 1989년 즈음, 이사를 하게 되어 집을 계약하고 살고 있던 집을 부동산에 내놓은 지 한 달이 지나도록 세입자가 나타나지 않았다. 이사해야 할 날로부터 1주일 전 즈음 그의 집을 방문했다. 일주일 후에는 이사를 해야 하는데 아직 세입자가 나타나지 않아 걱정이라고 말했다. 그러자 그는 하나님께는 하루만으로도 일하시는 데 충분한 시간이라고 하면서 주님을 신뢰하라고 말해 주었다. 그러면서 성서유니온 사무실을 하루 만에 이사했던 경험도 말해 주었다. 상도동에 사무실이 있었을 때 이사해야 할 마지막 날에 하나님이 이사할 사무실을 주셔서 이사한 일이 있었다는 것이다. 집으로 돌아와서 기도했다. "하나님께 필요한 하루보다는 그래도 여러 날이 더 있으니 마음 편히 자겠습니다." 그 후 3일이 지나고 정확히 이사 3일 전에 어느 회사의 직원들을 위한 집으로 바로 계약되었다. 그의 말이 맞았다. 하나님은 하루라는 시간에도 충분히 일하실 수 있는 분이었다.

그는 성경 본문에 대한 열정을 지닌 사람이었다. 성경 본문과 문맥을 중심으로 하는 관찰과 해석과 적용을 중요하게 여겼다. 본문에 대한 올바른 이해 없이 아전인수 격으로 구절들을 인용하거나 해석하는 일들에 대해 늘 조심해야 한다고 했다. 문맥에 따른 본문 이해가 없는 주제 설교보다는 본문 문맥을 중요시하면서 말씀 본문이 설교하게 하는 강해설교를 해야 한다고 했다. 두란노서원에서 처음 〈데니스 레인 강해설교 세미나〉를 개최했을 때였다. 데니스 레인은 당시 OMF 선교사로서 싱가포르에 있는 국제 선교본부에 있는 네 명의 국제 디렉터 가운데

한 사람이었다. 윤종하 장로는 한국 이사회의 멤버였기 때문에 데니스 레인 선교사와 강해설교에 대한 의견을 나눌 기회가 있었다. 그리고 세미나에 참석했던 많은 목회자가 강해설교 준비에 어려움을 느끼는 것은 문맥과 본문 말씀을 묵상하지 않기 때문이라는 결론을 내리게 되었다. 그래서 두 번째 강해설교 세미나에서는 윤종하 장로가 목회자들에게 말씀 묵상을 강의하기로 했고 이 강의를 위해 말씀 묵상에 관한 책을 일주일 만에 집필해서 발간했다. 그렇게 집필된 책이 성서유니온에서 발간된 『묵상의 시간』이라는 작은 책자다.

늘 온건하면서도 말씀을 떠나는 일에 대해서는 강직했던 그와 함께하는 시간을 통해 배운 그의 삶과 사역은 나에게 큰 유익이다. 지금도 내 신앙생활과 목회의 중심에는 묵상을 통해 익힌 하나님의 말씀이 있다. 많은 스승 가운데 그가 보여 준 삶의 모범을 잊을 수가 없다. 내게 주어진 큰 은혜다. 그래서 여전히 부족하지만 오늘도 하나님 나라의 삶을 살아가려고 애쓰는 중이다.

복음을 새롭게 깨달으며

유미열

1981년, 친구이며 내수동교회 대학부 엘더로 섬기던 이성주 목사 소개로 '로마서 성경공부'에 참여하면서 윤종하 총무를 알게 되었다. 그 후로 매주 한 번씩 총신대학교 신관 201호에서 열린 성경공부에 한 학기 동안 빠지지 않고 참여했다. 당시 로마서 성경공부는 신선한 충격으로 다가왔고, 복음에 대해 새롭게 깨닫게 되었다. 십자가와 부활의 의미뿐만 아니라 로마서 7-8장을 중심으로 율법의 폐지와 완성에 대한 강의를 듣고 복음에 대한 감격이 너무 크고 기뻐서 몇 달 동안 만면에 미소를 띠며 다녔던 기억이 새롭다. 그 후로 큐티와 본문 중심의 성경공부에 눈을 뜨게 되었고, '성경신학과 하나님 나라'에 대하여 집중적으로 공부하게 되었다. 그의 모든 강의 테이프를 노트에 정리하며 들었고, 녹음기를 구입하여 그의 강의가 있는 곳이면 어디든 따라다니며 녹음도 하고 책도 팔았다. 그러다가 사역하던 교회를 사임하고 1989년 1월부터 등대교회에 출석하며 월요일마다 교역자 성경공부에 참석하게 되었다. 그때 성서유니온에서 처음으로 목사를 사역간사로 뽑기로 결정했다고 알려 주면서 사역간사 모집에 한번 응해 보라고 하셔서 이후로 성서유니온에서 일하게 되었다.

그는 어떤 주제에 대한 강의를 해도 성경 전체의 흐름과 성경 본문에서 원리를 도출하여 적용으로 연결시키는 일에 탁월하다. 마치 도서관의 장서처럼 성경 전체 내용이 머릿속에 잘 정돈되어 있어서 필요할 때마다 주제와 관련된 내용을 빼서 쓰는 듯했다. 그리고 매우 논리정연하게 강의를 진행했기에 지성인들이 그 강의를 듣고 회심하여 예수를 믿게 된 경우가 많았다. 뿐만 아니라 누구나 알아듣기 쉽게 말씀을 설명해 주고, 그 내용을 일상에 실제적으로 연결시키는 것에 도움을 주었기 때문에 언제나 많은 제자가 그를 따랐다. 1989년 3월부터 서울 잠실에 있는 등대교회에서 월요신학강좌로 창세기부터 말라기서까지 '성경개요' 강의를 진행했는데, 많은 신학생과 목회자 그리고 지적인 교인들이 참석하여 강의를 들었다. 교회에 다니지 않는 불신자도 호기심과 매력에 이끌려 계속 강좌에 참석하는 경우도 있었다. 군더더기 없는 깔끔한 강의 내용과 그의 복음적인 삶의 모습을 발견하고, 어린 시절 크리스마스 때 교회에서 신발을 잃어버린 후 교회의 부정적인 모습 때문에 교회에 발길을 끊었다던 분이 예수를 믿기도 했다. 저런 분이 가르치는 복음과 하나님 나라라면 예수를 믿겠다고 결심하고 예수 믿은 후 성서유니온 이사가 되고, 교회에서 장로로 섬기는 분도 있다. 삶과 하나 된 가르침을 통해 하나님 나라를 보여 주는 것이 최고의 전도가 된 것이다.

그는 이 세상의 관습과 전통을 따르지 않고 역행한 사람이다. 특별히 관혼상제와 관련된 일에서 더욱 두드러졌다. 장녀 혼인예식을 아무에게도 알리지 않고, 부조도 없이 가족끼리만 조촐하게 진행했다. 그리고 부친 윤봉기 목사가 65세가 되자 목회를 그만 하시도록 강권하면서 젊은 지도자들에게 맡기시게 했다. 또한 평소 검소와 겸손이 몸에 밴 사람이다. 강의를 갈 때면 언제나 큰 가방에 보급해야 할 책과 테이프 등을 무겁게 들고 다녔다. 그러한 모습을 안타깝게 여긴 어떤 분이 승용차를 사 드렸는데 필요하지 않다며 되돌려 주기도 했다. 그리고 늘 지하철을 타고 다니면서 성경도 읽고 묵상도 하는 것이 좋다고 했다. 성경을 읽고 묵상하는 '큐티'를 지나치리만큼 강조하고 사랑한 사람이다. 1992년 한국성서유니온 20주년 기념행사 때, 간사들이 그해 5월에 네덜란드 드브론(De Bron) 센터에서 있었던 성서유니온 국제대회를 참가하고 캠프나 차세대 사역 등 새로운 사역에 도전을 받고 돌아온 터라 앞으로 한국성서유니온이 펼쳐 나갈 몇 가지 주제를 가지고 그룹별로 토의하고 정리된 내용을 발표했다. 당시 그는 그런 발표를 들으면서 한국 성서유니온이 말씀사역을 제쳐두고(말씀사역이 깊이 뿌리내린 것도 아닌데) 다른 사역에 집중하려는 것은 잘못된 일이라면서 크게 꾸짖은 일이 있다. 말씀사역의 중요성을 강조한 것이다.

그는 목회자였다. 본인이 섬기는 교회의 교인들 심방도 잘했지만, 성서유니온 간사들과 만나서 상담도 하고 여러 가지 조언도 아끼지 않았다. 나를 개인적으로 만날 때도 가정생활에 대하여 구체적으로 묻고 조언도 많이 해주었다. 심지어는 어떻게 사글세 집에서 벗어날 수 있는지 경제적인 조언과 함께 어떻게 주님이 공급하시는 범위 안에서 살아갈 것인지에 대해서도 구체적인 방법과 함께 말해 주었다. 개인적으로 만나면 비빔밥 같은 가벼운 식사를 사 주면서 함께 삶을 나누고 마칠 때는 꼭 기도를 해주었다. 주 안에서 그분을 다시 뵈올 날을 소망한다.

아버지 같은 스승을 따라

박경식

에스라성경연구원(3기)에서 윤종하 원장을 만나 배움을 경험한 시간은 하나님이 내 인생에 주신 가장 값진 선물이었다. 그를 통해 평생 가장 많은 것을 배웠고, 받았고, 동시에 가장 많은 것을 비워야 했다. 그의 성경 강의는 광야의 세례자 요한과 같은 충격을 주었다. 큰소리 한 번 낸 적 없지만, 그의 가르침은 내 안에 깊이 박혀 있던 구원의 확신마저 뿌리째 흔들었고, 하나님의 말씀 앞에서 내 신앙과 존재가 얼마나 가짜였는지 드러내 주었다. 처음엔 고통과 갈등 속에서 심하게 흔들렸고 반발했다. 하지만 결국 말씀 앞에서 나를 부인하고 주님을 따르는 것이 무엇인지, 복음을 받아들이는 대가가 얼마나 큰지 깨달아 갔다. 에스라 동산을 몰래 헤매며 얼마나 울고 통곡했는지 모른다. 하루 일과를 마치고 기숙사 불을 끄고 동기들과 함께 누워서도 마음 깊은 곳까지 파고든 말씀들 때문에 "아~ 우리가 도대체 어디에 온 거지? 이 가르침은 뭐고, 또 저 분은 대체 누구지?" 하고 탄식하며 잠 못 이루고 뒤척인 기억이 생생하다. 지금 이 기회를 놓친다면 계속 '가짜'요, '꾼'이요, '거짓 목회자'로 살 수밖에 없을 거란 생각에 위기감과 절박함이 밀려들었다. 지금까지 살아 온 인생이, 교회에서 충성스럽게 봉사해 온 그 모든 것마저, 모두 내 자신의 의를 쌓기 위한 가짜 열정이었음을 깨달았기에, 다시 말씀 앞에 엎드릴 수밖에 없었다. 그렇게 말씀 앞에서 철저히 무너지고 다시 세워졌던 그 시절과 그가 사무치게 그립다.

희끗한 짧은 머리에 노타이는 그의 트레이드마크다. 에스라에서 기수별로 제자들이 그에게 붙인 별명이 있었는데, 1기는 '강력반장', 2기는

'블랙홀', 3기는 '구파발 검문소 헌병대장'이었다. 그 앞에 서면 영락없이 우리 자신이 다 드러나 꼼짝 못하고, 그의 강의는 블랙홀 같이 빨려 들게 하는 능력이 있었다. 당시 에스라 학생들은 전원이 다 기숙사 생활을 했다. 금요일까지 수업이 있지만 토요일에는 수업이 없어 오전에 개인별 성경연구를 하다가 점심식사 후에 가정과 교회로 돌아가게 되어 있었다. 그러나 3기생 중에 나를 비롯한 여러 학생이 금요일 일과를 마친 후 도서관에서 성경과제들을 하다가 해질녘이면 가족들 생각에 한두 명씩 살짝 도망하곤 했는데, 1층에 있던 원장실을 지나 옆문을 열고 나가야 했다. 그때마다 환하게 불이 켜져 있는 창문 틈으로 성경을 펼쳐 놓고 공부하고 계시던 그의 모습이 비치면 마음들이 조마조마했다. 그렇게 무사히 통과하고 서울로 돌아오는 버스 노선은 늘 구파발 검문소를 통과해야 했는데, 차창 밖으로 검문소에 서 있는 군인들을 스쳐 지날 때마다 얼마나 가슴이 뜨끔했는지 모른다. 마치 까까머리 헌병들 속에서 "박 전도사님 어디 가세요?"라고 그가 부르는 듯해서 바짝 가슴 졸이기도 했다.

2006년 5월에 그는 제주도를 방문해 내가 담임으로 섬기던 교회에서 말씀 사경회와 목회자 세미나를 인도해 주었다. 그날 교인들이 강의를 통해 받은 충격과 감동은 잊지 못할 것이다. 그날 저녁, 교회카페 자유게시판에 어느 교우는 "삶의 한 페이지를 다시 쓰는 날이었습니다"라는 소감의 글을 올려 그 감동을 나누었다. 이 말씀 사경회는 내가 이 교회를 떠나기 전까지 10년 동안 교우들에게 말씀 묵상을 훈련시키고 성경을 가르치게 한 원동력이 되었다. 그해 초여름 어느 날, "박 목사님, 이번 10월쯤에 이스라엘 성지여행을 가는데 함께 가면 어떨까요?"라며 전화를 주셨다. 하지만 당시 담임목사로 부임한 지 겨우 1년 반 정도 넘긴 시기였고 더욱이 부교역자도 없는 작은 농촌 교회여서 교회를 비우기 쉽지 않았다. 정말 함께하고 싶었지만 "원장님, 교회 사정이 이러니 다음 여행엔 꼭 함께 할게요"라고 대답할 수밖에 없었다. 그 통화가 마지막 대화가 되었고, 그때 함께하지 못한 게 진한 아쉬움으로 남아 가슴에 멍울이 되었다. 어느 날 주님이 나를 부르시는 날, 그 나라에서 그와 못 다한 그 여행을 꼭 함께 하고 싶다.

사경회 후에 몇몇 교우와 함께 그를 모시고 제주의 기생화산 중 한 곳인 아부오름에 올랐었다. 이 오름은 두 개의 이름으로 불린다. '아버지 오름'이라는 뜻의 '아부오름'과 앞에 있다 해서 '앞오름'이다. 그는 내게 아버지 같은 스승이요, 언제나 먼저 앞서 가시며 바른 길로 이끄는 목자가 되어 주었다. 그곳에서 내가 기억하는 그의 마지막 모습을 사진에 담았다. 시편 23편의 말씀처럼 푸른 초장과 쉴 만한 물가에 편안히 앉아서 '여호와는 나의 목자'이심을 묵상하는 그의 뒷모습이다. 성경책 한 권 가방에 넣고 하늘 끝까지 바람처럼 다니시던 그 뒷모습이 정말 그립다. 평생 그 길을 따라가고 싶다.

우리와 재료가 다른 사람

윤덕희

그를 생각하면 낡은 가방 하나 들고 동에 번쩍 서에 번쩍 다니면서 평생을 뚜벅이로 바쁜 일정을 소화해 내던 모습이 떠오른다. 1989년 즈음 내가 성서유니온 초임 간사로 첫 모임에 참석했는데 분명 서열 1위로 보이는 어르신이 의자를 정리하고 열심히 사람들의 필요를 채우느라 분주하던 모습을 보고 적잖은 충격을 받았다.

공적인 일을 처리할 때면 너무 객관적으로 처리해서 간혹 한국인의 정서와 맞지 않아 냉정하다고 서운해하는 사람들도 있었고, 칼 같은 비판을 차갑게 느끼는 사람들도 있었지만 목회자로서 성도들을 챙기는 모습은 아주 따뜻했다. 해외 사역을 나가면 단 한 사람을 만나기 위해 아무리 먼 거리라 할지라도 꼭 심방하곤 했다. 인제와 양구에서 목회하는 남편과 나를 격려하려고 그 먼 길을 한걸음에 달려 온 적도 있다. 물론 버스를 이용하여.

한번은 에스라성경연구원 원장으로 계실 때 휴게실에서 학생들이 가수 설운도에 대한 재미있는 이야기를 하고 있었는데, 옆에서 같이 가만히 웃고 계셔서 학생이 물었다. "원장님 설운도를 아십니까?" 그러자 그의 답변은 "허허, 섬 이름 아니에요?"라는 것이었다.

에스라에서 간사로 근무할 때 원장실에 앉아서 보고를 받기보다는 오히려 내 책상 앞에 서서 "윤 간사 오늘은 내가 뭐하면 되지?"라고 묻곤 했다. 오랜 시간 가까이서 그를 보았지만 권위를 내세우거나 대접 받으려는 모습은 조금도 찾아볼 수 없었다. 가끔 에스라에서 백정란 이사장과 그의 뒷담화를 할 때가 있었는데, 그때마다 결론은 "원장님은 우리

랑 재료가 달라"로 마무리되었다.

에스라에서는 식사 시에 잔반을 남기지 않도록 권고하셨는데, 어느 날은 앞에 앉은 학생이 식탁에 음식을 떨어뜨리자 무의식적으로 집어 드시기도 하셨고, 잔반을 남긴 학생의 식판을 가져다가 잔반을 다 드신 경우도 있었다.

에스라가 고양동에 지어지기 전 봉천동에 있는 광야교회 건물에서 '공개강좌'를 할 때 오전 강좌를 마치면 수강생들과 함께 바로 옆 식당에서 점심을 함께하곤 했다. 메뉴는 항상 돌솥비빔밥이었고 고추장을 넣지 않은 채 비벼서 드셨다. 어느 날 강사로 교수님도 오시고 하니 좀 영양가 있는 것으로 하면 좋겠다 싶어서 "오늘은 삼계탕 먹을까요?" 했더니, 나만 삼계탕을 시켜 주시고 모두 비빔밥을 먹은 일도 있었다.

나는 그를 성서유니온에서 처음 만났고 그의 부름을 받아 에스라에서 초대 간사로 4년 가까이 일하며 가까이에서 가르침을 받았다. 생전에 자신이 드러나는 것을 많이 꺼리셨지만 이 회고록을 통해 많은 사람에게 다시금 일깨워지고, 한국 교회에 선한 영향력을 끼칠 수 있기를 기도한다.

弔詞 2007. 1. 27. 윤종하 추모예배에서

백정란

존경하고 사랑하는 윤종하 원장님,
당신은 엘리야처럼 조용히 흔적도 안 보여 주시고 당신의 가르침을 사모하는 우리 곁을 떠나셨습니다. 새 하늘과 새 땅으로 거룩한 성 새 예루살렘으로 영원한 하나님의 백성으로 입적을 하셨습니다. 거기는 눈물도 없고, 다시 사망도 없고, 애통함도 없고, 곡하는 것이나 아픈 것이 없다고 가르치셨습니다. 이기는 자만 갈 수 있는 곳, 거룩한 자만 갈 수 있는 곳, 싸구려 구원을 외치는 자들이 있는 곳이라면 나는 안 가겠다고 하셨던 그곳, 해와 달의 비춤이 쓸데없는 곳, 하나님의 영광이 비추고 어린양이 그 등이 되시는 곳으로 당신은 먼저 가셨습니다. 우리 모두의 큰 별을 불러 주신 하나님께 찬양을 드리며, 편히 쉬실 당신께도 축하를 보냅니다.

존경하는 윤종하 원장님,
길 잃은 양이었을 때 길을 보여 주시고 영원의 목자가 되어 주셨던 것을 감사드립니다. 당신의 가르침은 지진이었고, 당신의 가르침은 폭탄이었습니다. 내 삶을 송두리째 흔들어 놓았습니다. 가치관도, 사상도, 목표도, 방법도 너무 흔들려서 어지러웠고 폭탄 맞은 자리가 너무 아파서 울고 울었습니다. 가르쳐 주신 자기부정이 너무 어려워 당신 곁을 떠나 볼까 생각한 적도 있지만 어느 틈에 당신의 가르침 앞에 앉아 있는 나를 보았습니다.
순종이 너무 쉽다고 가르치실 때마다 속으로 많이 투덜거렸음을 고백하지도 못했는데 이젠 쪼끔은 자랑도 하고 싶은데 당신은 우리 곁에 계시지 않습니다. 당신의 모든 삶은 지극히 조용했습니다. 역시 가실 때도 당신은 너무 조용합니다. 당신은 강의하실 때도 큰소리 한번 내신 적이 없지만 듣는 우리에게는 호령이었고, 칼이었고, 폭탄이었습니다. 당신의 가르침 비결은 언제나 자기부정이었고, 언제나 말씀에 순종하라는 것이었습니다. 장막에 계시는 동안 간절한 마음으로 교훈해 주셔서 감사합니다.

당신은 가끔 스스로 사랑이 부족한 사람이라고 자책하셨지만 당신의 진실하고도 깊은 사랑 때문에 위로받은 사람들이 너무도 많습니다. 당신의 검소함 때문에 화려할 수가 없었고, 당신의 성실함과 부지런함 때문에 쉬는 것조차 부끄러울 때가 너무 많았습니다. 당신의 절제된 언어 사용 때문에 정리되지 못한 나의 말들이 너무도 부끄러웠고, 배척을 당해도 슬퍼하지 않으시는 당신을 바라보며 억울한 고난도 참을 수가 있었습니다. 이단이라고 공격하는 사람들 앞에서도 당신의 당당함과 담대함은 빛이 났습니다. 묵묵히 십자가를 지고 골고다로 올라가셨던 예수님처럼, 한 마디 변명도 없이 겁도 없이 아무도 말해 주지 않았던 진리의 말씀들을 우리에게 쏟아내 주셨습니다.

예수 그리스도의 십자가 외에 결코 자랑할 것이 없다고 고백하던 사도 바울처럼 당신도 자랑이라고는 하실 줄 몰랐습니다. 당신은 사방에서 욱여쌈을 당하였을 때도 너무 담담했습니다. 당신은 이 땅에 거하든지 떠나든지 주님을 기쁘게 해 드리는 자 되기를 힘쓰신 분입니다. 당신은 가난한 자 같으나 많은 사람에게 부요가 무엇인지 풍요가 무엇인지 가르쳐 주셨습니다. 당신의 가르침 때문에 에스라 동산을 헤매며 통곡하던 형제자매들이 곳곳에서 조용히 당신을 기리며 말씀에 순종하려고 말씀대로 사역하려고 몸부림치며 애쓰고 있습니다. 당신과 같은 이 몇 사람이라도 태어나기를 기다리고 기대하며 세운 에스라가 10주년을 맞게 되었습니다. 당신의 뜻이 퇴색하지 않기를, 변질하지 않기를 기도하고 기도합니다.

사랑하는 윤종하 원장님,
당신은 이 세상에서 단 한 분인 나의 스승이셨습니다. 그리움이라는 낱말이 절실히 느껴질 것 같습니다. 당신은 가셨지만 당신의 가르침들은 곳곳에서 조용히 싹트고 조용히 열매를 맺어 가고 있습니다. 당신을 사랑하는 수많은 막달라 마리아도 향유를 뿌려 드리지 못해 안타까움에 눈물로 이야기꽃을 피우고 있습니다. 복음에 대한 열정도 당신을 닮아서, 조용히 가르침들을 진행하고 있습니다. 당신의 가르침을 사모하는 우리에게 엘리야처럼 물어 주십시오. 저희는 엘리사처럼 당신의 영감을 갑절이나 달라고 주문합니다.

존경하는 윤종하 원장님,
편히 쉬십시오. 짐을 서로 짐으로 그리스도의 법을 성취하라고 하신 말씀에 따라 당신의 남은 고난을 우리가 채우겠습니다. 성경이 하느님의 말씀임을 믿도록 간절히 가르쳐 주셨기에, 이제 당신이 계시지 않아도 말씀이 내 마음 가장 후미진 곳까지 뚫고 들어올 수 있도록 깊은 묵상을 하겠습니다. 온몸과 정성을 다해 말씀에 순종하겠습니다. 당신이 언제까지나 계실 줄 알고 듣기만 하며 만족했던, 당신이 사랑했던 게으름쟁이들도 이제 정신이 번쩍 들었습니다. 마음을 놓으시고 편히 쉬십시오.

사랑하는 윤종하 원장님,
그 냉정한 거절 뒤에 숨겨진 인자하고 다정한 티 없는 미소가 많이 그리워질 것입니다. 당신이 계신 그곳을 향하여 더 죽겠습니다. 더 섬기겠습니다. 더 남을 세우겠습니다. 더 많이 더 열심히 사랑하겠습니다.

당신의 영원한 제자이며 친구

윤종하 연보

ⓒ이애란, 고무판화

1935. 4. 6.	경상남도 합천군 야로면 하빈리 457번지에서 출생하다(윤봉기 목사의 1남 2녀 중 1남). 경주읍교회 출석하다(그 후, 서울중앙교회, 동부교회, 등대교회, 광야교회 출석).
1950년대	경주중고등학교를 졸업하다.
1959. 2.	서울대학교 문리과대학 영어영문학과를 졸업하다(종교학 부전공).
1964-65	컴패션에서 근무하다.
1967. 3. 30.	최진한과 결혼하다(슬하에 신영, 은영, 소영 1남 2녀).
1972. 6. 28.	한국 성서유니온선교회 초대 총무를 역임하다(~1986. 6. 30). 1972년 6월 28일(수) 저녁 7시 종로 2가 YMCA에서 한국성서유니온선교회 설립을 위한 준비위원회(ANZEA 지구 총무인 데이비드 챈, 성서유니온 초대 이사장인 원의수 선교사, 배도선 선교사, 고려대학교 김행권 교수, 윤종하 선생)가 열렸고, 이 자리에서 윤종하 선생을 한국성서유니온선교회 초대 간사로 임명하다.
1972. 9. 7.	한국성서유니온선교회의 첫 도서 『영생의 길』 1,000부를 출간하다.
1973. 1.	성경묵상지 「매일성경」 성인용 4,000부, 학생용 1,000부를 처음으로 출간하다.
1980-81	영국 런던 바이블 칼리지(런던 신학교의 전신)에서 1년 수학하다.
1987. 12. 3.	실로암 출판사(모리아 출판사의 전신)를 설립하다.
1991-92	영국 런던킹스턴한인교회에서 1년 목회하다(김북경 목사 안식년 중).
1991. 1.	한국성서유니온선교회 해외 담당 협동 총무로 사역하다.
1995~	광야교회에서 말씀사역을 하다(2000. 5. 7 - 2005. 4. 24 광야교회 장로).
1997. 3. 1.	에스라성경연구원 초대 원장으로 취임하다(~2001. 2. 28).
2007. 1. 25.	미국에서 말씀사역 중 주님 품에 안기다.
	그 외, 성서유니온, OMF 선교회, IVF 이사 등을 역임하다.
저서	『묵상의 시간』, 『QT 첫걸음 마태복음』, 『QT 첫걸음 사도행전』, 『예수님의 생애』, 『에베소서에 나타난 하나님의 교회』 등(이상 성서유니온) 『창세기공부』, 『마태복음공부』, 『로마서공부』, 『교회와 국가의 관계』, 『성경묵상과 우리의 구원』, 지혜시리즈(이상 모리아 출판사)

성서유니온선교회(Scripture Union)는 1867년에 영국에서 어린이 전도와 성경읽기 사역을 시작하여, 현재 120여 개국에서 다양한 사역을 펼치고 있는 국제 선교단체입니다.

한국성서유니온선교회는 1972년에 시작되어 한국 교회에 성경묵상(QT)을 소개하였고, 현재 전국 13개 지부에서 성경읽기, 어린이·청소년 전도, 캠프, 개인성경공부(PBS), 그룹성경공부(GBS), 지도자 훈련, 기독교 서적 출판 등의 사역에 힘쓰고 있습니다.

성서유니온선교회의 목적은 어린이와 청소년 그리고 그들의 가정에 하나님의 복음을 전하는 한편, 모든 그리스도인이 규칙적이고 체계적인 성경묵상을 통해 온전한 믿음에 이르도록 돕는 것입니다.

광야의 소리, 윤종하

엮은이_ 성서유니온 편집부
판권_ ⓒ (사)한국성서유니온선교회 2017
펴낸곳_ (사)한국성서유니온선교회

초판 발행_ 2017년 2월 6일

등록_ 제14-6호(1978. 10. 21.)
주소_ 138-852 서울시 송파구 오금로 22길 13
전화_ 02-2202-0091 팩스_ 02-2202-0095
이메일_ subook@su.or.kr
홈페이지_ http://www.su.or.kr

ISBN 978-89-325-5049-7   03230